浙江省哲学社会科学规划重点课题"新形势下大学生思想道德教育针对性和实效性研究"（08MLZB005Z）的研究成果

　　浙江省教育科学规划重点课题"和谐德育视域下大学生思想道德教育教学创新研究"（09SB52）的研究成果

　　湖州师范学院人文社科学术著作出版资助

现代德育论

Modern moral education theory

王荣德◎著

中国社会科学出版社

图书在版编目（CIP）数据

现代德育论／王荣德著．—北京：中国社会科学出版社，
2016. 1
ISBN 978 – 7 – 5161 – 8311 – 3

Ⅰ．①现…　Ⅱ．①王…　Ⅲ．①德育－研究　Ⅳ．①G41

中国版本图书馆 CIP 数据核字（2016）第 124032 号

出　版　人	赵剑英
责任编辑	任　明
责任校对	王　影
责任印制	何　艳

出　　　版	中国社会科学出版社
社　　　址	北京鼓楼西大街甲 158 号
邮　　　编	100720
网　　　址	http：//www. csspw. cn
发 行 部	010 – 84083685
门 市 部	010 – 84029450
经　　　销	新华书店及其他书店

印刷装订	北京市兴怀印刷厂
版　　　次	2016 年 1 月第 1 版
印　　　次	2016 年 1 月第 1 次印刷

开　　　本	710×1000　1/16
印　　　张	18. 5
插　　　页	2
字　　　数	305 千字
定　　　价	58. 00 元

序

　　党的十八届三中全会的《决定》中提出："深化教育领域综合改革。全面贯彻党的教育方针，坚持立德树人，加强社会主义核心价值体系教育，完善中华优秀传统文化教育，形成爱学习、爱劳动、爱祖国活动的有效形式和长效机制，增强学生社会责任感、创新精神、实践能力。"立德树人是教育的根本任务，是培养什么人、怎样培养人的根本问题。要培养德智体美全面发展的社会主义建设者和接班人，就必须把德育放在首位，立德树人，使我们培养的人才既有高度的道德素养，又有建设社会主义的真实本领。

　　我国有立德树人的传统。中国传统文化特别强调人的道德主体精神的弘扬，人的精神境界的追求；注重个人的道德修养，从而正确处理个人与家庭、个人与国家的关系。习近平总书记去年年末在山东考察时指出："国无德不兴，人无德不立。必须加强全社会的思想道德建设，激发人们形成善长的道德意愿、道德情感，培养正确的道德判断和道德责任，提高道德实践能力尤其是自觉践行能力。"

　　当前我们的教育正在遭遇到多元文化、多元价值观的挑战。社会各种思潮通过各种信息媒体影响着我们的青少年。如果我们不能用正确的人生观、世界观、价值观加以引导，我们的青少年可能就会迷失方向，走入歧途。加强道德教育是时代的要求，是当前形势的迫切要求。

　　道德教育怎样进行，如何更有效？这是大家都在思考的问题。我认为，要使道德教育更有效，一是要更新道德教育的内容，使它跟上时代的要求、新世纪青少年的特点，摒弃大而空的口号和理论，用现实生活中的问题让学生明白应该遵守的道德规则。二是改进方法，反对形式主义、满堂灌，要遵循儿童青少年成长规律，与他们的生活、学习结合起来，循序渐进。学生成长在活动中，这是教育的一条重要规律。德育工作要以学生为主体，充分发挥学生在教育教学活动中的主体作用。要让学生走到大自然中，走到社会中去，引导学生在实践中认识世界，认识社会；在活动中体悟生活，在与同伴交往中，养成正确地对待自然、正确地对待社会、正确地对待他人、正确地对待自己，从而提升自己的道德修养。

　　湖州师范学院王荣德教授多年研究德育，新作《现代德育论》分析了我国德育的历史和现状，研究于德育的时代特征，系统地论述了现代德育的目的论、价值论和理论基础，比较全面地阐述了现代德育的内容和方法。其中一个特点，是不就德育论德育，而是结合了新世纪对人才的要求，把德育融入整个教育过程中，具有时代的特点，感到颇有新意。

2014 年 4 月 5 日

目　　录

导　论

传统德育的困境与现代德育的重构

学校教育，德育为先。德育是教育的灵魂。美国教育家德怀特·艾伦认为，"如果我们使学生变得聪明而未使他们具有道德性的话，那么我们就在为社会创造危害"。① 重视德育是我国的文化传统，长达几千年的中国古代教育，是以德育为中心的教育。《大学》中明确写道："大学之道，在明明德，在亲民，在止于至善。"我国古代丰富而珍贵的教育思想和教育经验，实际上大部分是德育方面的思想和经验。中国共产党在领导革命战争和新中国社会主义建设过程中，也高度重视德育，紧紧围绕党的中心任务进行德育，坚持以全心全意为人民服务的思想教育青少年，要求青少年把坚定正确的政治方向放在第一位。

教育是环境和遗传的产物，在传统的封闭环境下形成了传统德育。传统德育强调德育政治化。新中国成立后，由于整顿复杂的国内环境、巩固社会秩序的迫切需求，社会政治力量在逐步强化统摄经济、文化过程中，使之成为生产社会秩序的唯一主宰。社会的经济、文化与社会的政治处于合一状态，经济政治化，文化政治化，德育政治化。传统德育强调"灌输"，用"政治标准"衡量一切，培养"驯服工具"，抹杀人的个性。而冷战的国际政治格局对中国社会德育的政治化起了催生作用。国际国内的背景条件强化了特殊历史时期德育政治化的倾向，从某种意义上说，德育的政治化是冷战思维的必然产物。

但是，自20世纪80年代以后，中国的社会结构、社会关系、社会生产及生活方式等方面均发生了显著的变化，迎来了改革开放的社会新图景。第一，社会经济因其在社会生活中地位的强化而逐渐走向独立。经济全球化和社会主义市场经济使经济自身在结构、发展水平等方面获得了长

---

① 陈治亚：《推进高校人才培养质量提升的路径分析》，《中国高等教育》2014 年第 11 期。

足的进步，成为影响社会进步与发展的主要力量，这无疑改变了以往政治在生产社会秩序中的"唯一"地位。第二，在政治领域，伴随着现代民主政治的不断发展，政治的影响方式也在经济、文化等领域发生了重大变化。第三，在经历经济权威主义以及政治中心主义之后，社会文化在社会实践中的作用以及地位得到了强化。由文化自身所具有的批判反思精神以及引领功能所决定，现代文化正从与政治的"捆绑"中相对剥离出来，主导文化、精英文化和大众文化三足鼎立，文化呈现出多层次、多形态并存的格局：先进文化和落后文化、健康文化和腐朽文化同时并存，正确思想和错误思想、主流意识形态和非主流意识形态相互交织。第四，现代科学技术提出的新挑战。科学技术极大地提高了人类的能力，推动了社会生产力发展，但科学技术在应用于社会时所遇到的问题也越来越突出，工业发展带来的水体和空气的污染；大规模地开垦和过度放牧，造成森林和草原生态的破坏；信息科学、生命科学的发展，提出了涉及人自身尊严、健康、遗传以及生态安全等热点问题；在信息网络时代，计算机犯罪已经成为全球共同面临的棘手问题。现代科技的发展必然出现从体能、技能到智能的转变，容易产生追逐物质利益、弱化淡化人格精神需要的倾向。第五，数字化和新技术革命引发的现代社会信息化和大众传媒的现代化发展，使民众了解、接受信息的渠道多样、畅通、便利，新传媒的发展也意味着人类感知世界和把握世界方式的变化，网络代表了一种新的交往方式、生存方式和生活方式，已经成为人类的第二个生存空间，是人类有史以来的巨大变革。信息化和传媒的发展急速扩展了社会对德育的需求。

这一切正是中国社会融入世界"现代性"发展的变化。从起源上看，"现代化"与"现代性"是自启蒙运动以来西方历史和文化的一个重要主题，是以西欧为中心的西方历史文化发展的产物。韦伯从宗教和形而上角度分离现代性，从而得到科学、道德和艺术三个方面。加拿大学者泰勒在《两种现代性》一文中，提出了现代性的两种模式，其一就是从韦伯的思路发展出来"科技的传统"，出发点在于所谓现代性的发展是一种不可避免的现象，从西方的启蒙主义以后，理性的发展，工具的理性，工业革命到科技发展，甚至民族国家的建立、市场经济的发展，加上资本主义，这一系列的潮流是不可避免的。韦伯当时创出了一个名词，叫"合理化"。其二是在道德现代性方面，倾向于反思、自由、理性、进步等特点，集中体现为 19 世纪末期发展起来的启蒙主义精神。以启蒙主义理性原则建立起来的对社会历史和人自身的反思性认知体系开始建立，教育体系以及大规模的知识创造和传播，各种学科和思想流派的持续产生，这些思想文化不断推动社会向着既定的理想目标发展。"现代化"与"现代性"不仅标示着一个历史发展阶段，更代表着一种精神和价值，一种不断地改造世界的要求。"'现代性'永远是在向人类提问：我们'现在'应该怎样做才能更好呢？在此意义上，'现代性'具有'解构'和'重建'的双重取向。它注重的是'当前'，对过去持批判态度，以新知识和新发现构筑更美好的未来。"① 这里所说的"解构"与"重建"正是安东尼·吉登斯在其《现代性的后果》中所强调的"现代性的断裂特性"。就社会来说，现代性意味着从传统的社会秩序中析离出来的新的社会制度、社会组织形式。现代性所欲揭示的重点在于"新"，即事物应当具有的新质。"新"正是现代性的精神实质。然而，在具体的社会环境中，新质是在旧事物的基础上生成的。因此，现代与传统的结合是历史发展的必然。

现代社会图景展现更多的是多样性和差异性，个体的主体性不断增强，这与传统社会是根本不同的。人的主体意识得到唤醒，对强制性的教育方式越来越反感，更喜欢能结合他们自身实际问题，更能尊重他们的个性，引导性和潜移默化式的教育方式。同时，人们获取信息的渠道也多样化了，尤其是网络的发展，使信息来源更加复杂化，价值取向更加多元化，人们对各种信息有了更多的选择性。传统德育"强制、管制"方式与人的自由选择发生了矛盾，德育的"政治人"目标与现代人的个性化追求产生了冲突。

面对现代社会图景，传统德育陷入了困境：由于传统德育强调灌输，思维定式是整齐划一，习惯按统一要求塑造"统一"的人，导致当下德育缺乏针对性。由于传统德育未能与时俱进，老方法不管用，新方法不会用，德育教育力量薄弱，实效性差。由于德育与时代的紧张关系，缺乏吸引力，德育被边缘化，过去德育无所不在、无所不为，现在无处安身、软弱无力，导致了德育被边缘化甚至被消解的危险，它直接冲击着德育存在的合法性。

从传统社会走向现代社会是从本国历史走向世界历史的过程，是一种全球化的过程，是人类社会无法回避的社会历史进程。现代人走出自己熟

---

① 佘平碧：《现代性的意义与局限》，上海三联书店2000年版，第20页。

悉的社会而接触了一个个陌生人以及陌生的社会。这一"不同"的认识或体验，既是一种空间上的"不同"，更是一种时间上的"不同"。这种"不同"的体验就是一种现代性的体验，因为它产生了人类存在方式的变化。现代性不仅涉及现代社会的总体性特征，而且更关注个体的思维模式和生活方式的变迁。从传统性向现代性的变迁是人类存在方式的质的变迁，从熟人社会走向陌生人社会是其重要标志。舍勒认为："现代性问题首先是人的实存类型的转变，即人的生存标尺的转变，个体的生成可以被视为现代性的标志。"①

在现代中国社会中，一方面，随着社会的发展，德育应当具有越来越多的功能，应当满足多方面的需要，应当有更多的作为；另一方面，社会关系的变化深刻地影响了德育在社会生活中的地位、运作方式和影响力。与此同时，现代社会的日常生活与公共生活出现分离，闲暇生活时间的大量增加，使德育覆盖的问题域发生了变化，也使德育要解决的问题更加复杂。德育面临的大量的问题不再是严肃的政治问题，而是人们日常生活的思想问题、道德问题甚至是心理问题。这就要求现代德育能够适应这种变化，走出传统德育的困境。

德育从原有的传统社会背景置换到现代社会背景之中，社会变革是德育变革的根本原因所在。正如麦金太尔所说，"在这样一种环境里，规则失去了任何能确保它们权威性的地位，假如它们不能迅速取得某种新的地位，对它们的解释和辩护就都成了问题。如果一种文化的资源太贫弱以致不能把重新解释的任务承载下去，那么，为其辩护就是不可能的了"。②德育的特质决定了它在新的历史发展中改革创新的必要性和可能性，德育需要有新的承担。而现代社会实际发生的变化也为德育的现代变革与发展提供了可能性前景。毫无疑问，传承与创新成为德育唯一的选择。德育需要不断地自我超越、自我完善和发展，就必须不断地反思、不断地扬弃传统、不断地创造新的东西。正如《国家中长期教育改革和发展规划纲要（2010—2020年）》中指出的："切实加强和改进未成年人思想道德建设和大学生思想政治教育工作。构建大中小学有效衔接的德育体系，创新德育形式，丰富德育内容，不断提高德育工作的吸引力和感染力，增强德育

---

① 刘小枫：《现代性社会理论绪论》，上海三联书店1998年版，第45页。

② ［美］麦金太尔：《德性之后》，龚群等译，中国社会科学出版社1995年版，第172页。

工作的针对性和实效性。"

在建构现代德育的过程中，需要我们特别关注：

1. 坚持"以人为本"。科学发展观的核心是以人为本，人才的成长，德和才是不可偏废。"德"是一个人的灵魂，没有"德"，知识和能力就没有了方向。德育应从现实的"人"出发，而不是从道德规范出发。德育的目的是使人的德性获得发展，是为了人的发展。在德育过程中，人是目的，不是手段。德育只有以人为出发点，回到人的感性、具体、现实的生活中，才能真正指导人生，真正培养人的精神，才能实现个体道德品质的完善。德育不能无视人的需求，无视人的价值内涵与精神品性，变成一种在规范控制下的琐屑的行为训练和消极防范，变成一种纯粹的准则与规范的操作，以致我们视界里充斥的是更多的"规范"，而非"人间情怀"。德育从"人"出发，从学生出发，要求我们遵循教育规律和学生身心发展规律，充分考虑学生的理解程度和接受程度，面向每一个真实的个体，重视他们各自的内心感受与情感体验，不能将学生看成同一模式的抽象的人，看成被动接受规范的对象。

2. 突出学生主体。联合国教科文组织国际教育发展委员会编著的《学会生存——教育世界的今天和明天》一书中指出："未来的学校必须把教育对象变成自己教育自己的主体。受教育的人必须成为教育他自己的人；别人的教育必须变成为这个人自己的教育。这种个人同他自己关系的根本转变，是今后几十年内科学与技术革命所面临的最困难的一个问题。"① 充分尊重学生的主体地位，强调学生的自主，是现代德育的内在要求，是学生道德内化的根本保证，反映了现代德育发展的根本趋势。教育是人和人心灵上的最微妙的相互接触。德育过程实质上是教育者与受教育者之间平等交往的过程，教师为主体，学生为主导，成才为主线，教师不能代替学生做出选择判断，控制学生的行为方向，而应充分尊重学生，尊重学生的主体地位，让学生能自愿自主地去选择、去履行、去实现，承担相应的社会责任。实践证明，没有积极沟通平等理解的师生关系，没有学生的自主选择，学生道德的积极发展是不可能的，德育也只能是片面的道德知识的灌输。

---

① 联合国教科文组织国际教育发展委员会：《学会生存——教育世界的今天和明天》，华东师范大学比较教育研究所译，教育科学出版社 1996 年版，第 200 页。

3. 关照现实生活。德育是在生活中进行。"教育要通过生活才能发出力量而成为真正的教育"。① 现代德育必须从人的现实生活出发，对人的生活世界、生活问题、生活关系、生活意义进行理解，形成对现实的价值透视或意义洞察，探寻德育有效的引导方式，这样方能对学生进行意义引导，真正关心学生的精神世界和精神生活，关心学生成为什么样的人。在"左"的思想盛行时，人与道德的关系发生了颠倒，传统德育倡导一些脱离人的实际生活和现实人性基础的呆板的教条，强调人对道德规则的无条件顺从，这样德育并没有改善个人当下的生活状态，个人不可能获得因德育展开的过程而带来生活的充盈与完满，德育影响会自然地受到个人当下生活的拒斥从而使德育在个人生活中趋于失落。从另一角度来说，德育是情境性教育，应贴近学生现实生活，在现实的人生世界中展开；学生的品德也只能在现实的具体生活场景中养成，德育对人的自由幸福的根本价值追求也只有在生活世界中实现。由此，德育要改变疏离生活的形象，主动关怀生活，建立与个人生活世界的广泛联系，拓宽德育影响与个人之间的对话语境，赢得生活的尊重，让学生在活动中成长。

4. 直面网络世界。网络世界的形成与发展大大拓展了人类的活动方式，网络作为信息传递与沟通的工具与载体，逐步成为人们学习、工作、休闲的主要手段，成为人们获得信息、取得交流的新场所。信息海量、性质复杂、速度快捷、途径多源的网络文化对学生道德发展的影响，无论在结构、途径、质量、方法方式等方面，远远不同于传统的以教师经验、教材信息为主的道德教育。网络社会环境下的青少年是首次掌握教育主动权的一代，是更加自主、自由的一代。道德教育要体现学生的内在需求，把他们作为道德教育的主体，加强青少年学生媒介素养教育，明确网络法律法规，普及网络伦理知识，提供网络心理辅导，开辟网络课程资源，建立德育课程信息网，让网络适时、快速、全面而有的放矢地传输德育内容。同时又要关注学生的内心世界，加强网络心理教育，完善网络道德人格，以法治、智慧和人性占领网络阵地。

5. 培育道德智慧。道德作为一种意识形式，它具有特殊的规范；道德作为一种向善的活动，它具有"实践精神"。道德本质上是社会的、实践的，是规范性、约束性和主体性、自觉性的统一。道德智慧是人认识和

---

① 《陶行知教育文选》，教育科学出版社 1981 年版，第 267 页。

处理主客体关系的意识和能力，这种意识和能力来源于人的理性思考，更发端于人的情感体验，是情感和理智的结晶；这种意识和能力依赖于人的认识，更依赖于人的实践，是实践和认识的结晶。道德智慧"使得一个人能干并有远见，能很好处理他的事务，并对事务专心致志。这是一种善良的天性、心灵的努力和经验结合的产物"。① 但丁认为，道德常常可以填补智慧的缺陷，而智慧从来不能填补道德的缺陷。道德智慧是人的内在自觉需要，而非外在强制；它体现了人在实践中的一种价值追求。道德智慧关注外在的道德规范如何在个体身上经历一个心理的发生、发展并内化为个人经验的过程。道德智慧来源于人的生活又高于人的生活，最终仍回到人的生活，使人成为有德性的人。生活实践语境中的人是一种具体、独特和感性的积极存在，是洋溢着生命情思、脉动着智慧心率的特色化主体，教育应该并且可能达到的境界只能是：不仅要使每个学生趋近传统意义上专业领域的"成才"，更应获得和谐完整内涵的"成人"，不仅要使之完成生物学层次上的"成人"，更要达成凸显个人独特的本质规定的"成己"。

6. 共筑中国梦。习近平总书记关于实现中华民族伟大复兴的中国梦的重要论述，为指引全党全国各族人民凝心聚力、共同推进中国特色社会主义事业注入了强大的精神力量。当前，全国人民都在朝着实现中华民族伟大复兴的中国梦而不懈奋斗，这就为青少年学生在当下找到自我、确立人生方向提供时代坐标。身处伟大的时代，面对伟大的梦想，德育应鼓励青少年学生顺应时代潮流，自觉认同、追求中国梦，把个人的梦想融入中国梦之中，融入祖国和民族的发展之中，才能以小我激发大我，实现自身价值，成就人生梦想。用中国梦引领德育，必须弘扬中华民族传统美德，推进社会公德、职业道德、家庭美德、个人品德教育，倡导爱国、敬业、诚信、友善等基本道德规范，培育知荣辱、讲正气、作奉献、促和谐的良好风尚，为实现中华民族伟大复兴的中国梦提供强大精神力量和有力道德支撑。

当前，我国正处在一个思想大活跃、观念大碰撞、文化大交融的新的发展时期，文化作为"软实力"越来越成为民族凝聚力和创造力的重要源泉，越来越成为综合国力竞争的重要因素。中国梦把每个人的前途命运

---

① ［英］洛克：《教育漫话》，傅任敢译，教育科学出版社1999年版，第117页。

与国家和民族的前途命运紧密相连，坚持立德树人、育人为本、德育为先、以文化人，在多元文化背景下努力把社会主义核心价值观融入德育的各个方面，引导青年学生开阔视野，注重修养、磨炼意志、砥砺品格、陶冶情操，培养良好品德，完善健康人格，努力做中华民族传统美德和世界文明的传承者，做体现时代进步要求的新道德规范的实践者，做新型人际关系和良好社会风尚的推动者。这是一个重大而紧迫的课题，也是现代德育的使命。

第一章

现代德育的内涵探析

进入 21 世纪，德育再度引起社会的关注。正如英国哲学家劳威恩斯所言："德育是值得注意与研究的教育上第一号战略问题。"[1] 1993 年 5 月召开的"东方传统伦理道德与当代青少年教育国际研讨会"，就德育问题进行了广泛研讨。75 位诺贝尔奖获得者共同声明："如果人类要在 21 世纪继续生存下去，必须回到 2500 年前去汲取孔子的智慧。"[2] 德育是我们时代的当务之急，但德育又是一个千古难题。德育是一个需要智慧也呼唤智慧的教育领域。这一章，我们以德育概念的讨论为逻辑起点，探讨现代德育的内涵、本质和价值等问题。

一 现代德育内涵论

德育概念是国内德育界长期争论的一个问题，对于德育范畴的具体理解与界定从不同的角度往往可以得出不同的结论。不同的德育定义是不同德育观的反映，对德育实践也会产生不同的影响。因此，研究德育问题，首先必须对德育概念进行界定。我们有必要站在历史和现代结合的高度，对德育概念进行现代阐释，这是研究德育问题的基点。

（一）"德育"一词的由来

德育是由"德"和"育"组成的。"德"的概念经历了一个发展过程。"德"最初见于《周书》，指内心的情感或信念。但儒家和道家的解

---

[1] 田建国：《大学德育新视野》，中国石油大学出版社 2006 年版，第 257 页。

[2] 转引自吴铎、罗振国《道德教育展望》，华东师范大学出版社 2002 年版，第 19 页。

释也不尽相同。儒家认为"德"就是实行某种原则，心中有所得。宋代理学家朱熹在《四书章句集注·论语注》中说："据于德"，"德者得也。得其道于心，而不失之谓也。"道家对"德"的解释，则如庄子所说："物得以生为之德"。① 在他们看来，天地万物全体之自然，即为"道"，用在人伦上，则为人的本性、品德。"育"，意为养，东汉许慎的《说文解字》中说"育，养子使作善也"，就是教人学好，导人向善。在中国古代教育中，德居于首位，所谓"夏曰校，殷曰序，周曰庠，学则三代共之，皆所以明人伦也"。② 人们常常提到古代德育。其实，古人并无德育概念，更未使用"德育"这个名称。"德育"乃是近代以来出现的新概念和新名词。早在18世纪七八十年代，德国哲学家康德就把遵从道德法则培养自由人的教育称为"moralische Erziehung"（道德教育，简称德育）或"practische Erziehung"（实践教育）。与康德同时代的裴斯泰洛齐也使用过"德育"（道德教育）一词，表明西方社会于18世纪后半叶已经形成"德育"这一概念。德国教育家赫尔巴特认为"教育工作者的全部问题可以用一个概念'道德'包括"。③ 而使之风靡全球者，则是英国学者斯宾塞。他在1860年《教育论》一书中，把教育明确划分为"智育"（intellectual education）、"德育"（moral education）、"体育"（physical education）。从此，"德育"逐渐成为教育世界中的一个基本概念和领域。

"德育"一词于20世纪初传入我国。1904年，王国维以"德育"与"知育""美育"三词，向国人介绍叔本华的教育思想；1906年，又将"德育""智育（知育）""美育"合称为"心育"，与"体育"相提并论，论述教育的宗旨。1912年，蔡元培撰文阐述新教育思想，主张"军国民教育""实利主义教育""公民道德教育""世界观教育""美感教育"并举；在其影响之下，当年国民政府颁布了"注重道德教育，以实利主义教育、军国民教育辅之，更以美感教育完成其道德"的教育宗旨，④ 标志着"德育"一词已成为我国教育界通用的术语。

① 《庄子·天地》。
② 《孟子·滕文公上》。
③ ［法］赫尔巴特：《普通教育学》，尚仲衣译，商务印书馆1936年版，第185页。
④ 《教育杂志》（第4卷）第7号"法令"栏，1912年10月10日。

（二）德育概念的界定

什么是德育？学界对此有不同的界定，比较有代表性的观点，如"施加说"："德育是对于受教育者心理上所施加的一种确定的、有目的的和有系统的感化作用，以便在受教育者的心身上，养成教育者所希望的品质。"① "转化说"："教育者按着一定社会或阶级的要求，有目的、有计划、有组织地对受教育者施加系统的影响，把一定的社会思想和道德转化为个体的思想意识和道德品质的教育。"② "内化说"：德育是"教育者按照一定社会的要求，通过特定的教育活动，把特定社会的思想和道德规范内化为受教育者的思想意识和道德品质的过程"。③ "发展说"："德育是教育者根据一定社会和受教育者的需要，遵循品德形成的规律，采用言教、身教等有效手段，在受教育者的自觉积极参与的互动中，通过内化和外化，发展受教育者的思想、政治、法制和道德几方面素质的系统活动过程。"④ "建构说"："德育是教育工作者组织适合德育对象品德成长的价值环境，促进他们在道德价值的理解和道德实践能力等方面不断建构和提升的教育活动。简言之，德育是促进个体道德自主建构的价值引导活动。"⑤ 应该说，这些阐述从不同角度丰富了我们对德育的认识。我们认为，所谓德育，就是教育者与受教育者根据社会和自身发展的需要，以培育人的德性来促进个体社会化的教育实践活动。德育概念有广义和狭义之分，狭义的理解是专指道德教育，亦即西方教育理论所讲的"moral education"。广义的理解，即教育者按照一定社会的要求，有目的、有计划、有组织地对受教育者进行系统的影响，通过教育者和受教育者在实践活动中的互动，把一定社会的政治准则、思想观点、道德规范、法纪规范和心理要求，内化为受教育者个体的政治素质、思想素质、道德素质、法纪素质和心理素质的教育。

在我国，人们一般习惯于将德育与思想政治教育这两个概念通用，而

---

① ［俄］加里宁：《论共产主义教育与教学》，陈昌浩译，人民教育出版社1981年版，第48页。

② 《中国大百科全书·教育卷》，中国大百科全书出版社1985年版，第59页。

③ 孙喜亭：《教育原理》，北京师范大学出版社1993年版，第290页。

④ 鲁洁、王逢贤：《德育新论》，上海教育出版社1990年版，第128页。

⑤ 檀传宝：《学校道德教育原理》，教育科学出版社2003年版，第6页。

实际上，这两个概念的应用范围是有所不同的。思想政治教育既适用于校内，又适用于校外；既适用于学生，也适用于教师，还适用于其他的教育对象。德育则主要适合于以学生为对象。因此，在以学生为教育对象的条件下，德育和思想政治教育就是同一语。

德育从横向说，涉及社会生活的各个方面，可以说囊括了社会有机系统的各种组织和机构，是全社会全方位的系统运作。因此，我们可以说德育不仅仅是指学校对学生的思想政治教育，而且包括社会、家庭以及其他部门对学生的影响，也就是德育存在一体化或立体化的问题，这就存在一个德育环境的优化问题。从纵向说，孩子出生后，历经学前教育（家庭和幼儿园）、学校教育（各级各类学校）、从业单位的培训教育、现代终身教育，均构成现代德育的主线。

在原始社会，没有学校，但已有了德育的萌芽。那就是上一代对下一代进行的生存训练和朴素而简单的教育，德育和教育几乎是同一词。德育对人类个体而言，有其开始与终结；但对人类整体而言，则构成一代一代生生不息的德育传承过程。

我国现在流行的德育观念及德育实施的范围包括：世界观、人生观、价值观教育，政治教育，法制教育，品德教育。最近若干年间，青春期教育、心理咨询与指导亦被列入德育范围。德育概念在当代德育实践中不断发展变化，由道德教育而变为当代中国德育工作者所公认的兼施"品德教育""政治教育""世界观与人生观教育"。① "品德"即"德"，作为个人素质特性，随着德育内涵的拓宽，"德"也变为"思想品质、政治品质和道德品质"，或称"思想品德"。这就有了所谓的小德与大德之分。② 所谓小德即"道德"之"德"，所谓大德即包含"思想、政治、道德"之"德"。20 世纪 80 年代以来的德育学著作，对德育之"德"，大都取大德概念。如胡守棻先生主编的《德育原理》说，思想品德包含着"思想、政治、道德的因素"。③ 华中师范大学教育系等六单位合编的《德育学》用"品德"一词表达大德概念，指出："所谓品德是指调节一定社会关系的政治规范、思想规范和道德规范表现在个人思想言行中稳固的政治品

---

① 陈桂生：《"教育学视界"辨析》，华东师范大学出版社 1997 年版，第 192—193 页。

② 占人伏：《德育学教程》，华东化工学院出版社 1993 年版，第 13 页。

③ 胡守棻：《德育原理》，北京师范大学出版社 1989 年版，第 19 页。

质、思想品质和道德品质的总和。"①

对于德育外延的界定应当遵循"守一而望多"的原则。"守一"即是强调道德教育作为德育范畴的最基本的内涵，强调学校德育应从最基本的道德品质培养做起；"望多"是指德育还应包括思想、政治教育等基本教育内容。所以，从内容上看，德育主要是指道德、思想和政治方面的教育。法制教育是非常必要的，可从属于广义的政治教育，心理教育、性教育、青春期教育等就只能部分地从属于德育，即只有这些教育领域中涉及教育的部分才归属德育范畴。

我国的"大德育"颇具特色。它虽然越来越"大"，但基本的格局依然是政治教育、思想教育、道德教育三大板块。"道德教育"是"形成人们一定道德意识与道德行为的教育"，"思想教育"是"形成一定世界观、人生观的教育"，"政治教育"是"有目的地形成人们一定的政治观点、信念和政治信仰的教育"。②

我国把政治教育、思想教育、道德教育等统称为"德育"，这种约定不是从概念出发，而是从实际出发。在教育实践当中，道德教育、政治教育、思想教育密不可分。学校生活中不存在绝对独立的道德教育，道德教育必然与政治教育、思想教育发生这样或那样的联系，而且没有明确的严格的界限；学校生活中也不存在纯粹的道德教育，道德教育必然渗透着各种政治思想因素。

我国一向有实施"大德育"的习惯和传统，长期的实践，形成了一套自然而然地把道德教育、政治教育、思想教育融为一体全面实施社会意识教育的经验。这样的传统和经验，不但不应该抛弃，而且应当珍惜和发扬。

况且，"大德育"与当前国际教育的改革趋势相一致。近几十年来，国际社会特别是资本主义世界强烈地意识到，随着现代社会生活的演进，单纯的道德教育不足以使学生社会化。世界各国比以往任何时候都更加强调对年轻一代的政治、法制教育以及宗教的或世俗的世界观和人生观教育，试图通过各种改革加强道德教育与政治教育、法制教育、思想教育的

---

① 华中师范大学教育系等：《德育学》，陕西人民教育出版社1986年版，第19页。

② 顾明远主编：《教育大辞典》（增订合卷本），上海教育出版社1998年版，第236、1463、2013页。

联系。联合国教科文组织近年来组织编写的一系列重要报告，一直把培养人的道德品质作为教育的重要目标。《学会生存——教育世界的今天和明天》（1972）指出，教育的基本目的是"把一个人在体力、智力、情绪、伦理各方面的因素结合起来，使他成为一个完善的人"。《从现在到2000年教育内容发展的全球展望》（1987）认为"教育能够而且应该在发展伦理、培养未来社会必需的性格、品质方面负起责任"。《教育——财富蕴藏其中》（1996）要求"教育应当促进每个人的全面发展，即身心、智力、敏感性、审美意识、个人责任感、精神价值方面等方面的发展"。我国坚持"大德育"的传统，与当今世界教育改革的主流不谋而合。

《礼记》中的《大学》，可视为中国古代大学道德教育的读本。《大学》开篇即说，"大学之道，在明明德，在亲民，在止于至善"。"明德"，"亲民"，"至善"，即对己修养良好德性，对人民亲爱，从而达到至善境界。这里分明把我们所谓"思想""政治"及"道德"要求尽含于其中了。

综观古今中外德育的任务、目标和具体内容，对其进行较高层次的概括和分类，可以看出在德育的外延范围内，可以划分为政治教育、思想教育和道德教育等组成部分。这几个组成部分存在着不可分割的内在联系，特别在其内容上相互交叉、包容的东西更是难分难解，同时它们之间也存在着区别和相对独立的意义。这一概括和分类，与2005年《教育部关于整体规划大中小学德育体系的意见》申明"德育主要是对学生进行政治、思想、道德、法制、心理健康教育"的规定是一致的。

政治教育主要是指对阶级、政党、国家、政权、社会制度和国际关系的立场、态度的教育。其中，虽也有思想观点、道德观念和心理品质问题，但作为行为对象，它与其他品德的性质是不同的。我国德育内容中社会主义、国家观念、民族团结、民主与法制教育等，即属政治教育的范畴。

思想教育主要指对事物的思想观点和思想方法的教育。思想教育的最终目标是使受教育者形成一定的世界观、人生观、价值观和思想方法，在我国就是要形成辩证唯物主义和历史唯物主义的科学世界观、人生观、价值观和思想方法。

道德教育主要指个体与他人、与群体、与社会、与自然的行为准则和道德规范的教育。虽然有些内容与政治、思想和心理品质教育关系十分密切，但由于道德规范的巨细无遗性和维护道德规范多靠内心的义务感和外在舆论的手段等特点，道德教育是其他德育部分不能代替的。道德教育在中小学阶段具有很重要的意义。

法纪教育主要是遵守国家法律、学校纪律和公共场所的秩序，树立敬畏法律、遵纪守法观念，学习民主和法制观念以及宪法为核心法律法规知识，懂得公民的基本权利和义务。

心理品质教育主要指以培养良好心理品质和解决心理困惑为基本目标的教育。心理品质教育包括两种形式：一是积极的、占主导地位的教育形式，即着眼于学生发展、培养健康人格的心理健康教育活动；二是消极的、占辅助地位的教育形式，即侧重于帮助个别学生摆脱心理困惑、预防心理疾病的个别教育形式。

把现代德育作为政治教育、思想教育和道德教育的总称，外延宽广，涵盖齐全，界限明确，减少歧义，在德育决策和德育实践中，有利于准确把握和有效实施，有利于提高德育针对性和实效性。

二　现代德育本质论

本质是指事物内部的必然联系，是对客观事物规律的反映。现代德育作为一种社会现象，区别于其他社会现象的本质特征是什么？它的质的规定性是什么？

教育现象是丰富的，相应的德育问题也是复杂的。这源自剧烈变化的社会经济背景，也源自社会价值取向的变化。现在发生的种种教育事件，很多已经难以用以往的理论阐释。从动荡的环境中把握信息，从复杂的事物中透视内涵，从不确定的世界中求得理解，变得比以往任何时候更加关键。

德育和教育是同质同构的，但是，德育又具有相对独立性，我们要想对德育有深入的研究，就必须将德育相对于教育独立的部分从教育中剥离出来，进行专门的研究。

德育，既同人的思想、行为和人的发展有着直接的关系，又同社会的政治、经济、文化和社会发展有着广泛深刻的联系，我们不能只根据它的结构、功能、过程来认识它，必须从它与人和社会的基本关系层面上，认识和理解它的特殊性质。正如联合国教科文组织国际教育委员会所指出

的："对于教育的实质、教育同人类与人类发展的基本关系、教育同作为
社会产物和社会因素的环境相互作用等等，我们必须进行深刻的检查和广
泛的重新考虑。"① 并且强调指出，脱离人和社会的发展，仅就教育自身
认识教育，是不够的。因此，认识现代德育的本质，也必须从人与社会不
断发展的角度揭示其特殊的社会性质。

（一）现代德育的目的性

以人学视野来探讨德育，则德育具有人类自我塑造生成、使人从动物
性存在不断提升到人性存在的目的性本质。现代德育的目的性，就是德育
的目标指向性或价值取向性，它明确地体现并指示着人的发展和社会发展
的方向性和价值取向。

1. 现代德育的目的性，是由社会发展的本质要求所决定的。道德教
育指向人的精神家园，旨在净化人的心灵，塑造人的健全人格。精神家园
代表着社会的主流意识形态，是国家和民族的精神支柱。任何一个国家、
任何一个民族在长期的历史积淀中，都铸造了凝结民族智慧的价值体系和
精神寄托之所，并通过制度的形式稳固下来。德育的目的，同有些社会活
动的目的不同，它不是德育自身可以确定的，而是根据一定社会的生产力
发展水平和经济、文化发展状况，根据统治阶级的意识形态要求而提出来
的。德育的目的，必须遵循一定社会发展的方向，体现一定社会发展的目
标并为实现社会发展目标服务；必须反映统治阶级的根本利益和意志，为
统治阶级的政治服务。所以，德育目的，既具有广泛的社会性、全局性，
也具有鲜明的阶级性。在现代社会条件下，我国现代德育的目的，必须反
映时代特征，符合现代社会发展的方向，具有现代指向性；同时，又必须
符合广大人民群众的根本利益，坚持社会主义方向。现代性是当代社会发
展的本质要求，社会主义方向是我国广大人民群众的根本价值取向。因
此，现代德育的目的，是社会要求和社会发展目标与德育发生联系的交汇
点，是反映一定社会发展本质和一定阶级根本利益的核心因素。它不仅体
现了社会发展对德育的决定性影响和制约作用，而且体现了德育对社会的
适应和反作用。它既是德育的出发点，又是德育的归宿。所以，现代德育

---

① 联合国教科文组织国际教育发展委员会：《学会生存——教育世界的今天和明天》，华东
师范大学比较教育研究所译，教育科学出版社 1996 年版，第 99 页。

的目的性，从根本上反映了德育的社会性和阶级性。

2. 现代德育的目的性，就是使人的德性获得发展，是为了人的发展。首先，人作为道德性存在，需要为自身与社会做出道德努力。诚如康德所说，人只有通过教育才能成为人，那么，人在道德上的进步同样需要道德教育的推动。因而，道德之知成为理性人教化的重要方面。理论性的、规范性的和实践性的道德教育知识，分别代表了人对道德诉求的基本知性方面，其揭示的是道德之为什么、是什么及怎么办。是人社会化的重要内容。其次，人区别于动物的根本特征，是人具有主观能动性。人的主观能动性就是人的活动的目的性。人的这种能动性特点，决定人在活动中必定受一定的意识、思想的支配。但是，支配人的意识、思想，有先进与落后、科学与经验、系统与零散之分，正是这种受不同思想支配的区分，使人面临两种发展选择：一是以落后的、经验的、自发的意识、思想为指导的自然、自发状态下的发展，也就是拒绝用先进的、科学的思想进行指导的发展；二是自为的、自觉状态下的发展，也就是不断接受先进的、科学的思想，在有目的德育活动作用下的发展。人们的现实存在以及在自然、自发状态下发展的结果，必定是缓慢、曲折的，这种发展状况既不适应社会发展的需要，也不能满足人自身发展的要求。"世界不会满足人，人决心以自己的行动来改变世界。"[1]　人的行动是受目的支配的，因而，从古至今，人总是通过确立、发展并追求理想信念，来改变人的现实存在，实现人的自觉的、全面的发展。

人在社会中的发展，如同其他事物的发展一样，具有广泛选择的可能，呈现多样化发展趋势，现代社会条件下更是如此。同样的客观条件，不同的人，有不同的发展结果，这与人的不同价值取向、主观努力直接相关。人只有选择与社会发展目标相一致的方向、相吻合的价值，人才能从目标中获取正确取向和动力支持，才能发展快。否则，人不仅会在社会中瞎碰乱撞，矛盾重重，而且缺乏精神支撑而陷于困乏。现代德育就是要通过人的主体选择，把人在发展中符合社会目标的思想政治强化，形成理想信念，并对其行为起支配作用，使之与社会发展方向保持一致，并同社会发展形成互动。因此，社会的凝聚力、社会的共识性、社会发展的协调性与一致性，在很大程度上正是通过有目的的德育实现的。所以，现代德育

---

[1] 《列宁全集》第55卷，人民出版社1990年版，第183页。

的目的性，不只满足社会发展的要求，同时也满足人自身发展的要求。

（二）现代德育的实践性

以社会视野来探讨德育，德育又具有维系人类生存、规范社会运转、促进文明发展的实践性本质。现代德育的实践性，就是现代德育的现实性和德育价值实现的实效性，在社会生活中表现为与其他实践活动的结合与渗透，它是现代德育显著的本质属性。

1. 现代德育是以人为实践对象的活动，其出发点和归宿都只能是实践。现代德育是以人为对象或以人为实践对象的。因此，现代德育不可能脱离现实的、具体人的思想，而针对所谓抽象人、虚幻人的思想进行教育，只能从现实人、具体人的实际出发开展教育。现实的人，其本身就是实践活动的主体，即每个人都要担任实际工作，都有自己的生活实际和所处的客观环境。人的思想虽然是一种主观形态的东西，但它产生的基础和根源，发展变化的动力，只能是实践活动和客观实际。所以，从人的思想实际出发进行现代德育，必须分析思想形成、发展、变化的实践基础和客观原因，绝不能脱离人的实践活动和客观条件，空洞抽象地进行现代德育。同时，从现代德育的落脚点来看，现代德育的目的是要帮助人们形成一定的思想品德，提高思想道德素质。而思想品德的形成和思想道德素质的提高的动因，归根结底来自社会实践和社会发展的需要，思想道德素质最终要用于指导人们的实践活动。所以，现代德育不仅要从实际出发，帮助人们实现思想认识上的飞跃，提高思想道德素质，而且要帮助人们运用思想和理论指导实践，完成从认识到行动的飞跃；不仅要引导人们正确地认识世界，更重要的是要引导人们去能动地改造世界，并在认识和改造客观世界的过程中，同时也改造自己的主观世界。因此，现代德育所要遵循的知行统一、认识世界与改造世界的统一、改造主观世界与改造客观世界统一的原则，充分体现了现代德育的实践性本质属性。

2. 现代德育的价值只能在实践中实现。现代德育是有效还是无效，是正效果还是负效果，效果是大还是小，其效果的质和量，都不能用主观认识来检验，而只能用社会实践来检验。社会实践是检验现代德育效果的唯一标准。离开社会实践来谈现代德育的价值，现代德育就会失去客观的衡量准则，只会导致现代德育的主观随意性。同时，现代德育价值的实现，只能坚持理论联系实际，坚持现代德育与业务工作等实际工作相结

合，以正确的理论指导实践活动。现代德育的政治价值、经济价值、道德
价值，只有在政治实践活动、业务工作以及生活实际中，才能显示发挥出
来。理论脱离实际，理论便失去了发挥作用的基础和对象，理论的指导作
用无以发挥，价值无法实现，理论只会成为抽象、空洞的概念和教条。因
此，强调现代德育的有效性，实现现代德育的价值，必须深刻认识和把握
现代德育实践性的本质属性，坚持理论联系实际。

3. 现代德育的实践性是不断发展的。在人类早期，因为"人类差不
多完全受着同他异己地对立着的、不可理解的外部大自然的支配"。[①] 人
类与大自然混为一体，其主要活动是维持生存，以人为实践对象的教育活
动尚未出现。随着人类改造自然、社会实践活动的发展，人与自然界的分
化越来越明显，人的主观能动性也不断增强，这时，既需要一般学校教育
传承文化、发展智能，也需要德育维护统治秩序、传承道德。在剥削阶级
统治的社会，剥削阶级为了维护自身的统治，只会把德育作为推行愚民政
策的手段，不可能把人作为德育的实践对象来培养人的主体性，促进人的
全面发展。随着科学技术的发展和社会的全面进步，人的主体意识不断增
强，人在改造客观世界的过程中，不断意识到人自身的改造与发展逐渐成
为时代的主题。在主体人的发展和客体对象物发展的关系中，人的发展越
来越成为主导方面，即经济的发展主要依靠知识、科技；知识、科技的发
展依靠人才；人才的发展依靠教育；教育的发展要通过开发人的潜能来实
现。人的潜能开发，既包括智能开发和实际能力的培养，也包括能动性开
发，即自主性和创造性的增强。人的主体性发展在很大程度上依靠教育，
包括德育。因此，现代社会是以人为主体的社会，是需要人的主体性充分
发展，即人的智能最大限度发掘，人的能动性最大限度发挥的社会。人的
主体性发展，再不是过去时代的片面性、抑制性发展，而应当是精神、智
能、心理等多方面的和谐发展。一个全面发展的人是"人以一种全面的
方式，也就是说，作为一个完整的人，占有自己的全面的本质"。[②] 人所
面对的对象化世界，是人本质的展现，要使人"占有自己全面的本质"，
就是要把这个对象化世界在文化形态上全面地复归于人，为人所掌握、所
驾驭。现代德育就是要用富有时代特征的先进的精神文化，用人类传承下

①《马克思恩格斯选集》第 4 卷，人民出版社 1995 年版，第 96 页。
②《马克思恩格斯全集》第 42 卷，人民出版社 1979 年版，第 123 页。

来的优秀文化塑造人、开发人、发掘人的内在潜能，实现人的主体性。人没有先进思想、文化的先导与支撑，仅有科学文化知识，科学文化知识也会受到发展和发挥的制约，人甚至会成为现代科学技术的工具和奴隶，人仍然会丧失或缺乏主体性。所以，早在两百多年前德国哲学家拉美特利就认为，只有教育才能把我们从动物的水平上拉上来，终于使我们高出于动物之上。① 联合国教科文组织国际教育委员会也提出：应当把"'学习实现自我'即人的教育，放在最优先的地位"。②

总之，从社会实践的发展可以看出，人类经历了以自然界、社会、人自身为实践对象的发展。以人为实践对象的现代德育，在新的历史条件下与社会的其他教育一样（包括学习、培训、继续教育、终身教育等）成为发展人、开发人的越来越重要的实践活动，现代德育的实践性也越来越丰富和发展。

（三）现代德育的超越性

以文化视野来探讨德育，德育还具有人类精神财富生产、积累、传导和发展的超越性本质。现代德育的超越性，就是其面向未来的发展性，对社会实践活动和人的行为的先导性，它是现代德育突出的本质属性。现代德育的目的性、实践性，内在地包含着现代德育的超越性。

1. 现代德育是既立足于现实，又面向未来的实践活动。现代德育以现实的社会和现实的人为基础，确认现实的客观条件和人们的主观思想认识水平，并以此为出发点，确定现代德育的切入点，有针对性地开展教育，这就是从实际出发，理论联系实际地进行教育。切入点过高或过低，都是脱离实际。找准切入点，加强针对性，是做好现代德育的前提，也是实现现代德育超越的基础。现代德育要承认现实和立足现实，但决不是满足于现实、拘泥于现实，更不是要把现实的社会和现实的人群再复制、再摹写出来，简单而重复地维护社会现状，保守现存的思想水平与认识能力。而是要面向未来，为了未来的发展和目标的实现，改变社会现状，推进社会发展，提升人们的思想政治素质，培养一代又一代新人，实现对现

---

① 北京大学哲学系外国哲学史教研室编译：《18 世纪法国哲学》，商务印书馆 1979 年版，第 25 页。

② 联合国教科文组织国际教育发展委员会：《学会生存——教育世界的今天和明天》，华东师范大学比较教育研究所译，教育科学出版社 1996 年版，第 202 页。

存社会和现实人的超越。在前面我们已经分析过人的能动性决定人不会满足现状，社会也不会维持现状，人的发展和社会的发展仅靠在自然、自发的状态下实现的时代已经过去。在现代社会条件下，发展成为时代主题，并表现为一种世界范围的广泛竞争，反映在社会的各个领域和社会生活的每个环节，"发展才是硬道理"。科学发展观强调以人为本，坚持全面、协调、可持续发展。现代德育只有紧扣时代主题，大力促进人的发展和社会发展，现代德育才能显示其时代特征，体现其超越性本质属性。如果现代德育不能实现人和社会对现存状况的超越，仅仅只是维持现实社会秩序和人们现有思想水平的手段，那么，现代德育在激烈竞争、迅速发展的潮流中，就会陷于保守而成为社会中不起作用的活动，甚至会导致僵化而成为人和社会发展的障碍。因此，现代德育不仅为过去、现在所决定，更重要的要为未来所决定，即为超越现实的目标所决定。现代德育就是要尽可能快地使人们超越现实的思想水平，达到新的目标，成为未来社会所需要的人，这就是它的超越性本质。

2. 现代德育是一项既解决现实问题，又具有先导作用的活动。现代德育要有针对性地解决人们的现实思想问题、实际问题，不能只讲空洞的道理和抽象的概念。解决实际问题有两种方式，一种方式是就事论事地解决，一种是超越式地解决。就事论事地解决，思想认识水平只可能是原地踏步，提高不明显，某一问题解决了，类似问题可能还会出现。而超越式地解决，就是超出事情和认识的现有水平，使思想水平和认识能力得到提高和升华。现代德育不只是解决现有的思想矛盾和已经发生的问题，更重要的是要把人们在思想政治方面的长处和优势以及积极因素充分发挥出来，引导、提升到更高程度，并尽可能有效地预防可能发生的问题和挫折，这就是由现代德育的超越性所要求的主动性、预防性。这就需要积极培育道德智慧。道德智慧是人认识和处理主客体关系的意识和能力，是理智和情感的结晶，也是认识和实践的成果。道德智慧"使得一个人能干并有远见，能很好处理他的事务，并对事务专心致志。这是一种善良的天性、心灵的努力和经验结合的产物"。① 现代德育不仅要关心人们现有的存在，更要关照人们未来可能面对的问题。因为现代社会的复杂性、变更性、竞争性、发展性使每一个人随时都面临着多种选择、多重风险和许多

---

① ［英］洛克：《教育漫话》，傅任敢译，教育科学出版社1999年版，第117页。

思想道德方面的实际问题，人们需要消除对未来发展的无知程度，避免挫折和失败。现代德育必须对人们的发展进行引导，进行符合规律的预测和指导，帮助人们少走弯路、少犯错误。这种预测、预防在现代社会显得越来越重要。因此，现代德育既要有现实的针对性，更要有前瞻性、先导性。超越性是现代德育的本质特性。

综上所述，我们可以对现代德育的本质作如下概括：现代德育是一种有目的的、具有超越性的培养人的德性的实践活动。这种实践活动随着社会的发展和人们的主体性的增强，其作用越来越重要。现代德育的根本目的，是构筑学生的精神支柱，影响学生的价值系统，培养学生的德性，发展学生的创造个性，挖掘学生的内在潜能，促进学生的健康成长。

三　现代德育价值论

现代德育的价值，是现代德育本质的外在集中显露。认识现代德育的价值，有利于更全面、深刻地把握其内在本质。

马克思指出："'价值'这个普遍概念是人们对待满足他们需要的外界物的关系中产生的。"[1] 价值作为主体和客体之间的一种关系范畴，是客体的属性或功能与主体需要之间的现实关系，价值既不单纯是客体的属性或功能，也不单纯是主体的需要，但又离不开客体的属性和主体的需要，它表示客体的属性或功能在多大程度上能够满足主体的需要。德育价值是作为客体的德育活动及其功能对作为德育价值主体的社会、个人的德性需要的满足与否、促进与否的关系。德育价值主要反映的是德育活动的属性、功能与德育价值主体的需要之间的关系，主要是由社会、个人对德性的需要来决定的。

德育的价值是一个多层面的复杂系统，从不同维度观察，包括：个体价值与社会价值，内在价值与外在价值，目的价值与工具价值，理想价值与现实价值。而从价值主体的层面来看，德育的个体价值与社会价值是德育最基本的价值形态。

---

① 《马克思恩格斯全集》第 19 卷，人民出版社 1979 年版，第 405 页。

（一）个体价值

现代德育的个体价值主要表现在个体思想和行为的导向、精神动力的激发、个体人格的塑造、个体思想和行为的规范、开发个体内在潜能等几个方面。

1. 观念导向价值

现代德育的导向价值是指德育能够通过自己的有效活动对学生的思想和行为进行引导。德育的导向价值源于社会对主导价值体系的需要和追求，源于社会个体的价值追求，源于社会现实中多元价值选择的可能性，源于价值观念的多元存在与一元导向的实在性。任何社会都会有自己的主导价值体系，这个主导的价值体系是这个社会的需要和追求的理论表达。社会和谐是人类千百年来的美好理想，也是我们党不懈奋斗的追求目标。我们党领导人民进行革命和建设，归根到底是为了社会和谐与人民幸福。建设和谐社会，是当前我国社会健康发展的要求，也是人类的共同理想，反映了人类社会共同的价值追求。十六届六中全会明确提出了以"马克思主义指导思想，中国特色社会主义共同理想，以爱国主义为核心的民族精神和以改革创新为核心的时代精神，社会主义荣辱观"为主要内容的社会主义核心价值体系。党的十八大又进一步强调："倡导富强、民主、文明、和谐，倡导自由、平等、公正、法治，倡导爱国、敬业、诚信、友善，积极培育社会主义核心价值观。"现代德育要自觉适应社会建设的需要，引导学生树立与社会主义和谐社会相一致的思想价值观念，培育他们的核心价值观。

人的思想观念的形成总是受一定环境的影响，正如马克思所说，环境教育人，环境影响人。当前，市场经济和对外开放的环境，信息传播技术的飞速进步，极大地促进了各种思想文化的相互激荡，学生受各种观念影响的渠道增多，青年学生作为社会中最有活力、最充满希望的群体，必然会受到这种环境的影响。他们思想活动的独立性、选择性、多变性和差异性越来越强。学校要担负起为和谐社会建设培育合格的建设者和可靠的接班人的重任，就必须发挥现代德育的引导价值。所有的德育活动必须要在价值上对学生进行引导，使学生的价值追求与和谐社会所需的核心价值体系相一致、相协调。

理想信念导向就是通过现代德育帮助人们形成正确的理想信念，并通过理想信念来凝聚社会，激发动力，指导行为。理想信念具有指向性、确信性、稳定性的特点。人们总是根据自己的理想信念所遵循的价值观准则，分析问题、评价事物，选择态度和行为。对符合自己理想信念的各种事物和思想行为给予肯定性评价和选择，对有悖于自己理想信念的各种事物和思想行为，则持否定的态度。因此，理想信念对人们的认识活动和实践活动具有明确的指向性或导向性。同时，理想信念作为人们确信不疑的思想，比一般思考对人们的行为的驱动更坚定、持久、有力，理想越远大，所产生的精神动力越是强烈而持久。

帮助人们树立正确的理想信念，既是现代德育的目标，也是现代德育的过程。这是因为，理想信念的确立，不是在短时间内一两次教育可以实现的，需要长时间反复教育才能确立。就是已经形成了的理想信念，也需要通过教育、实践不断丰富和稳定，否则，在一定外在条件影响冲击下，也可能动摇和改变。因此，现代德育要始终把帮助人们确立坚定的理想信念，既作为一个目标来导向，也作为一个过程来实现。

现代德育的目标导向有两个方面：一是社会发展目标，二是人的发展目标。社会发展目标和人的发展目标都是有层次性的。把社会目标转化为人们的奋斗目标，这既是现代德育的任务，也是现代德育的目标。在社会目标转化为人们的奋斗目标的过程中，既要根据人们的思想实际和个性特点，确立转化的目标层次，不可盲目求高求全，使目标的确立具有层次性和个性；又要根据人们向往的意向，启导高层次目标的转化和追求，并尽可能缩短转化和追求的过程，使目标转化和追求富有超越性。

　　2. 精神动力价值

现代德育对于人的智力，特别是精神动力的开发具有重要的价值。德育即育德，就是通过人们有意识、有目的的实践活动来激发人们的精神动力达到促进人的发展和社会进步的目的。现代德育的精神动力价值就是通过培育理想、确定目标来激发学生的主体意识、创造意识和学习的积极性。所谓激发精神动力，就是运用多种手段，充分调动人们的积极性和创造性，从而实现个体价值。人的积极性来源于人的需要，需要越强烈，积极性就越高。人的需要又包括物质需要和精神需要，相应地，激励也就分为物质激励和精神激励两大类。物质是第一性的，忽视或否定物质利益原则，不注意发挥物质力量在推动社会主义经济建设中的巨大作用是错误

的。马克思说过："人们奋斗所争取的一切，都同他们的利益有关。"① 邓
小平也明确指出：　"如果只讲牺牲精神，不讲物质利益，那就是唯心
论。"② 人的物质需要和精神需要是相辅相成的，物质决定精神，精神对
物质又具有反作用。激发人们的积极性，既要靠正确的经济手段，又要靠
有效的精神激励。片面夸大物质利益原则，忽视精神的作用，或是片面强
调精神的能动性，忽视物质利益原则都是错误的。现代德育激发学生的精
神动力主要有两种方式：一是通过坚持不懈地对学生进行理想信念教育来
激发学生的内在动力。二是努力营造和谐的竞争激励机制来激发学生的精
神动力。现代德育只要坚持以学生为本的理念，不断优化育人环境，切实
解决好学生最关心、最直接的问题，使德育目标与学生和社会的发展目标
和谐统一，并成为学生内心的自觉追求，就会产生强大的精神动力。

　　3. 心理协调价值

　　现代德育的目的就是促进学生的健康成长，成为全面和谐发展的人。
而学生的全面发展离不开心理的和谐与健康。当代学生处在一个竞争激
烈、环境复杂的社会环境中，学业、就业与生活的种种矛盾与困惑容易给
学生造成心理的问题。根据教育部对大学生的调查表明，当前大学生的总
体心态是健康的，但不少学生心理压力加大，特别是大学生中环境适应、
自我管理、学习成才、人际交往、理想现实、交友恋爱、求职择业、人格
发展和情绪调节等方面反映出来的心理困惑和问题日益突出。这些心理问
题如不很好解决，必将影响到个人和社会的和谐。现代德育可以通过教育
与引导，帮助学生正确认识和处理各种矛盾、困难与困惑，从而提高他们
迎接各种挑战战胜各种困难的能力。

　　现代德育对学生心理的协调主要通过三种方式：一是通过德育中的心
理健康教育活动和知识传授来提高学生的心理素质，提高学生的心理认
知，使学生正确认识自我、正确认识他人、正确认识社会，消除心理问
题。二是培养学生优秀的道德品质，促进健康人格的养成。观念世界的东
西必须内化成人的内在品质，才能变成真正指导自己行为的标向和动力。
德育的一个重要内容就是塑造学生健全的人格，使学生形成崇高丰富的精
神世界、健康良好的心理品格和高尚优秀的道德品质。人格是个人相对稳

---

　　①　《马克思恩格斯全集》第 1 卷，人民出版社 1972 年版，第 82 页。
　　②　《邓小平文选》第 2 卷，人民出版社 1994 年版，第 146 页。

定的比较重要的心理特征的总和。通俗地讲，人格是指一个人的品格、品质、思想境界、情操格调、道德水平等。德育的重要任务，就是塑造个体健全的人格，使社会成员形成崇高丰富的精神境界，健康良好的心理品质。在这种塑造过程中，德育依据人的意识与活动相关联的规律，一方面通过教育措施使受教育者不断明确自己的奋斗方向，确立相应的认知、态度、情感，产生相应的行为；另一方面，又通过组织大量的、富有成效的实践活动去巩固受教育者的认知、态度、情感、行为等。坚持两者的统一，是德育与一般知识传授教育相区别的重要特点。通过传导社会价值准则、行为规范和社会实践活动相结合的方式，才能使受教育者养成社会所需要的思想品德、心理素质、品德能力等。更具体地说，现代德育通过一系列的教育措施促进受教育者的知行转化。这里所谓的知行转化，是指德育过程中教育者先把外在社会要求（价值准则、理论观点、行为规范等）转化为受教育者的内在的个人意识，而后再由受教育者将个人意识、思想动机转化为外在行为和行为习惯。实现两个转化是德育促进人的人格发展的具体表现。人的人格塑造也包含着丰富的人的需求体系的内容。现代德育在丰富人的需要，尤其是人的高尚的精神需要方面起着导向作用。人格塑造和发展的重要表征是需要的不断丰富，这种丰富性包括物质的、精神的和社会的三个方面。丰富人的物质需要是物质文明建设的目的，而丰富人的精神需要和社会性需要，则是德育的任务。现代德育是丰富人的精神世界的重要方式，它旨在培养高度的政治自觉性和正确的道德观，提升和丰富人的精神世界，发展人的需求体系和选择满足人需求的正确方式，帮助人形成坚定的信念和崇高的理想。20 世纪伟大的物理学家爱因斯坦曾指出："用专业知识教育人是不够的。通过专业教育，他可以成为一种有用的机器，但是不能成为一个和谐发展的人。要使学生对价值有所理解并且产生热烈的感情，那是最基本的。他必须获得对美和道德上的善有鲜明的辨别力。否则，他——连同他的专业知识——就像一只受过很好训练的狗，而不像一个和谐发展的人。"① 三是通过开发人力资源，促进学生的健康和谐发展。现代德育虽然不直接针对学生未来的某种职业能力进行开发，但可通过帮助学生科学规范人生、明确奋斗目标、提供精神动力等方式促进学生自觉开发自己的智力资源，从而提高自己的社会适

---

① 《爱因斯坦文集》第 3 卷，许良英译，商务印书馆 1976 年版，第 310 页。

应能力，最终促进人的身心和谐发展。

4. 秩序规范价值

和谐社会的一个重要的特征就是实现社会的安定有序。任何社会、任何国家都有对秩序的需要。没有健康稳定的秩序，社会就会在一种无序的状态中运行，人们的生活也就无法得到正常的保证。学校作为人才培育、文化传承的集聚区，自然离不开安定有序的秩序，它既是学校自身改革发展与稳定的需要，又是社会秩序的导向与示范。从人类社会对秩序的维系手段来看，主要有两种方式：一种是通过法律和制度，运用强制的手段来维护社会的正常秩序。一种是通过教育，通过提高人们的规范意识，自觉地维护社会的良好秩序。现代德育就是教育学生如何做人，如何适应社会生活的需要，做一个有道德人。从学生自身学习与生活的环境来说，要求我们必须加强对学生进行规范的教育与执行，以建设一个安定有序的校园环境。同时，德育通过有计划、有目的的德育实践活动来培养学生明确规范、维护秩序的意识与自觉性，从而为将来做高尚道德的实践者、示范者、传播者奠定坚实的道德基础。

现代德育的秩序价值主要表现在三个方面：一是帮助学生解读规范的内容体系，让学生懂得社会中有哪些规范，各种规范的效力和作用方式；二是帮助学生理解规范的根据和意义，使学生在对规范认同的基础上达到自觉遵守的目标；三是通过一系列有计划、有目的的实践活动的激励机制来培养学生的规范意识。

所谓规范调控行为，就是对人们的思想、行为的规范性，它肯定符合德育方向、目标的思想、行为的正确性，界定偏离德育方向、目标的思想、行为的不合理性，它排斥干扰、冲击德育方向、目标的思想、行为。德育的方向性和规范性是不可分割的。如果把方向性与规范性分割开来，方向性就会成为飘忽不定的想象与意愿，规范性也会成为没有一定取向的、随意设置的框框与律条。从实际来看，现代社会由于具有开放、复杂、多样、变化快的特点，人们的思想、行为也呈现出多层性、多样性、多变性状况。面对这种状况，如果我们仅用一种原则的、抽象的思想观念进行引导，而没有明确的规范加以规约，就很难把人们的思想、行为导向一个基本一致的方向，甚至可能会出现更多思想道德越轨、失范的情况。无规矩不能成方圆。所以，在现代条件下必须强调德育的规范性，发挥其规范作用，加强民主法制建设，坚持依法治国的方针。德育的规范作用既是德育本身的特性，也是现代社会发展的需要。例如，在对人们进行生态环境教育的时候，就应该发挥德育的规范作用，按照保护生态环境的法规，用以规范人们的行为，从而增强人们保护生态环境的自觉意识。

所谓行为规范导向，就是按照道德、法纪的准则、要求进行导向。世界上一些著名跨国公司的总裁认为，道德行为规范是企业竞争力的源泉，时代不同了，遵守道德规范已经从一种美德变成了必需。他们认为，没有道德观念，就等于同灾难打交道；有了道德观念，才可能在国际市场上立足。在美国《财富》杂志的企业排行榜中名列前茅的美国 500 家企业，都有自己的道德行为规范。

随着社会复杂性增大，变更性加快，民主性加强，我国必须采取依法治国和加强思想道德建设相结合的方式，规范各个领域、各个方面的行为，即提倡什么、允许什么、反对什么的规范必须明确具体。否则，一些人在自己取向、选择过程中，就会出现随意性。这种随意性就会扰乱社会的秩序和发展的目标取向。因而，在现代社会条件下，进行行为规范导向十分重要，它既是现代社会的客观需要，也是理想信念、奋斗目标导向的保证。

行为规范导向，主要是两个方面：一是道德规范导向，二是法纪规范导向。道德规范导向，是通过道德原则、道德规范的教育和道德习惯的养成，以社会舆论、自教自律的方式所进行的行为导向。这种行为导向，体现在人们社会生活的各个方面，是一种经常性、广泛性导向。法纪规范导向，是通过法律制度、具体法规、章程、条例的教育和执行，以监督检查、强化管理方式进行的行为导向。这种行为导向，重在培养人们的法制意识，增强依法治国、依法办事的自觉性，预防、抑制违法违纪行为，保证社会行为的正确性。

5. 开发潜能价值

所谓开发潜能价值，是指通过现代德育，最大限度地调动人的主观能动性和最大限度地发掘人的内在潜能。雅斯贝尔斯说得好："教师要唤醒人的潜在本质，逐渐自我认知知识，探索道德。"①

不管是社会的改革发展、可持续发展，还是经济、政治、文化的发

---

① ［德］雅斯贝尔斯：《什么是教育》，邹进译，生活·读书·新知三联书店1997年版，第269页。

展，归根结底要以人的发展为中心，要以人的发展为基础。而人的发展是指人的全面协调发展，是人对自身原有状态的不断超越，是人的潜能的充分发挥。多元智能理论认为，不要讲哪个人聪明，要讲哪个人在哪个方面聪明，每个人都有成才的潜质和可能，从不同角度评价，每个人都可以是第一。2004 年 5 月，多元智能理论的创立者加德纳在华东师范大学发表演讲，他说："我觉得更好的教育是注重个体发展的教育，这种教育不是自私，也不是自我中心，而是在最大程度上发挥潜能。"① 美国盖洛普公司研究人员发现，每个人都有天赋，只是大部分人的天赋不是被摆错了位置，就是没有努力或没有用正确的方法发掘自己的内在天赋；每个人的天赋都是持久而独特的；每个人的最大成长空间在他最擅长的领域：只要找到自我天赋，并将其在正确的地方发挥到极大值，每个人都可以成功。现代德育之所以具有并可以发展开发功能，是因为人在认识和改造世界的过程中具有能动性。人的能动性，是有层次和深度的，它不可能由人们自发地、完全释放出来，而需要对其进行深度发掘。

首先，尊重人的兴趣爱好，发挥人的感官优势，是形成人的潜能的基础。人的感官各自有其特殊的作用。由于先天遗传和后天培养训练、发掘程度不同的原因，人们感官发挥作用的程度是不同的，即有些感官发挥作用充分，显示出优势，而有些感官发挥作用一般而不突出。例如有的人听力敏锐，声音辨别能力强；有的人视力犀利，过目不忘；有的人头脑敏捷，善于思考，等等。感官优势常常影响人的兴趣和爱好，显示人的特长。而兴趣和爱好往往是最好的老师，它能够引导人去进一步地学习、钻研、创造。重视人的兴趣和爱好，正是尊重人的主观能动性。开发人的潜力如果不以此为基础，就有可能成效不显，甚至流于形式。当然，并不排斥人的感官可以通过训练提高其能力，人的兴趣和爱好也可以通过培养而不断增强。但如果一个人已经有明显的感官优势和一定的兴趣、爱好，我们为何不以此为基础来进一步训练、提高呢？忽视个人的兴趣、爱好与特长，使人才不能尽其所长，甚至对有特殊才能的人进行限制，势必造成人才资源浪费。现在，人们的自主性、选择性、创造性增强了，我们应当重视每个人已经拥有的资源，把它作为进一步发展、开发的基础。

---

① 李宝荣、伍芳辉：《与加德纳先生关于"多元智能研究"的问答录》，《北京教育学院学报》2004 年第 3 期。

　　其次，充分调动人的主动性、积极性，促进人的智力与能力的发展，是开发人的潜能的重点。人的主动性、积极性，既是人工作、学习的动力，也是人智力与能力全面发展的动力，它是人力资源开发的推进器，是充分发挥人的潜力的关键。人的主动性、积极性来自哪里？概括来说，主要来自远大理想、坚定信念的吸引与激励；来自对社会、国家和他人的责任；来自对事业成功的执着追求；也来自对物质利益和精神享受的期望。所有这些，都是现代德育所应当研究的内容。但在现代社会条件下，现代德育要有效调动人们的主动性、积极性，必须以人们所从事的实际工作为基础，必须以促进人的全面协调发展为目的，克服现代德育与业务工作"两张皮"的分离现象，把政治理想、道德理想与事业理想，把德性与智能，把物质利益与精神动力有机结合起来，形成虚实结合、全面综合的目标体系、行为规范和价值取向。这样，人的主动性和积极性就可以向业务工作的成果转化，向人的智能方面转化。

　　再次，培养创造精神是开发人的潜能的最高层次。所谓创造，就是首创前所未有的事物，探索别人没有涉及的领域而有新的发展。创造本身就是一种发掘、开发，而且是一种首创、创新的深度开发，是人的主观能动性的深层发挥。

　　第一，创造的过程，是一个艰难困苦的过程，是一条荆棘丛生的道路，它需要人内在的强大精神力量的支撑。创造性学习，创造性工作，创造性研究，需要创造者付出艰巨的劳动，具有顽强的毅力和勇于探索、不怕失败的勇气。特别是在创造者逼近创造目标的关键时刻，更需要创造者排除一切杂念和干扰，进行忘我的全身心投入。所以，创造精神，实际上是一种顽强的拼搏精神，艰苦的奋斗精神，忘我的牺牲精神。这种崇高的精神境界，没有远大的目标、强大的动力、顽强的意志是不可能达到的。所以，创造精神，是人的创造活动的动力源泉，没有这种源泉，没有这种精神，不可能有创造活动。创造精神的培养，当然不是一般现代德育可以实现的，需要大量、艰苦并富有创造性的现代德育才能担当。

　　第二，影响创造活动的各种矛盾，需要现代德育合理解决。影响创造活动有主、客观两方面因素，客观因素主要有历史因素和现实政策因素，主观因素主要包括人格因素和角色因素等。在我国，漫长的封建社会所形成的好古、保守的文化传统，给人们留下了守成、稳健的心理积淀，冒险、开拓、创新精神不足。这种客观的文化因素与现代改革创新、开拓发展的意识是不相符合的。这种保守的文化因素与文化心理，在很大程度上制约了人们的创造精神的发挥，阻碍了我国现代科学技术的发展与突破。这样的文化心理因素，是不能只靠物质手段和行政管理的方式来解决的，在很大程度上要通过教育、启发、引导的方式加以排解。我们应当看到，我国文化传统，虽然有许多优良的东西要继续发扬，但也有因循守旧，平均主义的积习仍然在妨碍开拓与创造。"枪打出头鸟"，非议冒尖者的现象仍然存在，如果这些深层积淀的文化因素不解决，便不能形成有利于创造的环境与氛围，而没有一个良好的创造性环境，就很难培养出大批创造性人才。因此，现代德育的一项艰巨任务，就是要清除保守、均衡的文化积淀，创设有利创新的文化环境，为培养创造性人才提供良好的条件。同时，保守的文化因素，也铸塑了一种不利于创造的人格特征，例如，不求有功、但求无过的无为人格；安于现状、怕冒风险的守成人格；固守条律、崇祖厚古的教条人格；易于满足、不求进取的小农人格；追求官位、鄙薄科技的官本位人格等，都是不利于创造的。而这些人格特征，在我国并不少见。有这种人格特征的人，不仅自身缺乏创造性，而且还会影响、制约别人的创造性。因此，培养人们敢于开拓、勇于创新的现代品德，也是现代德育的艰巨任务。

　　第三，注重人的鲜明个性培养，需要现代德育的深度开发。个性直接影响创造性，要重视人才的个性培养。所谓个性，是指个体比较稳定的心理特征的总和，包括气质、性格、智力、意志、情感、兴趣等方面，实际上概指人的内心世界。个性既包括了人的兴趣、爱好、性格等主观世界基础性内容，也包括了人的主观能动性方面的理想、信念、情感、意志等核心内容；还包括智能、思维等综合性内容，对所有这些内容进行综合概括的个性概念，实际上是人的内在特征描述。具体到每一个人，个性是不同的，即每个人都有自己的个性。决定每个人个性特征的主要因素还是反映人主观能动性的核心内容，即人是否有远大志向、执着追求、顽强意志、充沛的情感等，舍此来谈个性特征或者不全面，或者不典型。因而，我们谈某人个性有特点、鲜明、突出，判断的内容和标准离不开上面的主要因素。有的人个性鲜明、突出，有的人个性平淡、一般。个性特点鲜明、突出的人，一般富有创造性，而个性平淡、一般化的人，则相对缺乏创造性。个性与创造性的这种内在联系性，实际上是人的主观能动性的发挥与智能发掘的关系。培养个性特点，能够激发创造性，增强创造性，并能促进个性特点的进一步发展。所以，个性与创造性的关系，是一个直接互动的关系。

人的个性是在个人生理素质基础上，在一定社会历史条件下，通过教育、实践逐步形成的。现代德育虽然不是培养个性的唯一途径，但它能够提高个性中主要因素的水平，能够铸塑个性特色，激发创造性。要做到这点，必须切实从受教育者的实际出发，对受教育者的内心世界进行深度发掘。

（二）社会价值

1. 德育的政治价值

由于政治所涉及的是一定阶级、社会的根本利益，因而在任何社会中都要通过学校的教育尤其是德育来维护和发展这种利益。德育的政治价值主要通过传播政治意识、引导政治行动、生成政治关系和培养政治人才表现出来。

传播政治意识包括传播系统的政治主张、政治理论、政治舆论和政治心理。学校德育利用系统的德育学科课程，向受众传播一定的政治理论，并通过问题研讨，发展和创造新的政治理论。

引导政治行动即在一定政治思想观念指导下的有目的行动。

生成政治关系就是通过德育再生产一定的政治角色。德育通过培养受教育者的政治角色意识，使其逐步认识到本人所从属的社会集团，意识到自己所处的政治地位，明了自己所应具有的政治形象与相应的权利义务，进而使受教育者认同自己的政治角色，从而把社会既定的政治关系再生产出来，促进和谐社会的构建。

培养政治人才是德育价值的集中体现。以上几个方面德育政治价值的实现，归根于通过德育培养政治人才，充实、更新政治机构，从而完成其政治价值。

2. 德育的经济价值

随着经济与社会发展，德育的经济价值越来越突出，也越来越引起人们广泛的重视。

德育的经济价值是指学校德育通过培养受教育者从事经济活动时所必需的思想道德素质，而对经济发展具有推动作用。从宏观上看，它表现为形成一定的经济文化、经济思想、经济道德（如市场经济发展过程中倡导的诚信、平等）等来影响社会经济生活、经济行为的价值取向；从微观上看，它可以表现为培养劳动者的纪律观念、敬业精神和负责态度等。现代经济理论认为，经济增长主要取决于四个因素：一是新的资本资源的再投入；二是新的可利用自然资源的发现；三是劳动者技术水平和劳动生产率的提高；四是科学知识储备的增加。现在，全世界都把一个国家的竞争力和综合国力分为三大资本，一是自然资本，这对一个国家实力影响的比重越来越小；二是物质资本，包括固定资产、基础设施和流动资金；三是人力资本，人力资本是全球国民财富中最宝贵的财富。世界银行曾对世界各国的资本存量作过一项统计，提出了"国民财富新标准"，认为目前全世界人力资本、土地资本和货币资本三者的构成约为 64：20：16，这就是说，人力资本是全球国民财富中最大的财富。但是人力资本并不直接等同于人口数量，人力资本是指在一定的社会区域内，作为生产要素，能够推动经济社会发展的人的劳动能力的总和。包括数量和质量两个方面的指标。人力资本相对于土地资源、货币资源来讲，具有主体性、社会性、经济性、能动性等特点。据调查，全球 200 家成长最快的公司认为，使企业领导最为头疼、夜不能眠的事情，排在最前面的三项是：如何吸引高素质的人才？如何留住主要雇员？如何开发现有员工技能？

　　德育的经济价值通过以下方面来实现：第一，影响劳动者的素质。有人说，体育不好是废品，智育不好是次品，德育不好是危险品。劳动者的思想品德素质既决定了劳动者发挥劳动能力的方向（为谁服务）问题，也决定了劳动能力的发挥程度。第二，影响科学技术的发展。现代科技是一把双刃剑，既可以为善，也可以作恶，这就需要强调使用者的社会道德和社会责任。当今社会，已越来越显示出个体思想品德对劳动生产率的提高及正负作用的发挥具有至关重要的作用，而要优化个体思想品德就必须加强德育。第三，影响人们的生活方式。人们的生活方式，归根结底是由生产方式所决定，但不容忽视的是个体情操、价值观念和生活需要也对生活方式具有重大影响，尤其是当前社会上功利主义和拜金主义盛行，更要提倡人文精神，弘扬终极关怀，鼓励乐善好施，发扬人道主义。如今我们正处于全面建成小康社会的关键时期，物质的小康远远不够，还必须有健康的生活方式和奋发向上的精神状态，因此，现代德育任重道远。

　　3. 德育的文化价值
　　文化的力量，深深熔铸在民族的生命力、创造力和凝聚力之中。文化对一国发展的重要性不言而喻。一个国家，一个民族，没有现代科学，没有先进技术，一打就垮；没有民族精神，没有优秀的文化传统，不打自垮。一个民族、一个国家可以暂时经济落后，但不能没有文化和历史的记忆，尤其对一个大国而言，如果失去了文化之根，从文化上说，也就失去了存在价值。当代的国际竞争，本质上也是大国之间的制度竞争，而制度属于文化的范畴，或者制度本身就是文化。因而实际上也是不同文化的竞争。文化的共通、相融和理解，可以促进国家和民族间的政治、经济、贸易诸方面的共同发展；文化的差异、误解和冲突则会引起国家和民族间的政治封锁、经贸壁垒乃至战争。当前许多的政策误读、地区冲突和摩擦对抗，背后都有文化因素。

改革开放以来，中国特色社会主义文化的发展，促进了德育文化价值。德育对于社会文化的保存、传递功能，传播、交流功能，创造、更新功能，都得到了较好的发挥。中国特色社会主义文化，是以马克思主义为指导的，面向现代化、面向世界、面向未来的，民族的科学的大众的文化。这种文化，同社会主义精神文明在主要内容上是一致的，它既是社会主义的重要特征，又是现代化建设的重要目标和重要保证。新时期的德育主动适应了社会文化发展的需要，为现代化建设服务，比较全面地发挥了其文化功能。一是德育在传递道德文化、经济文化、政治文化和其他意识形态，包括哲学、法律、道德、政治、艺术、世界观、人生观、价值观等方面，特别在培育和弘扬以爱国主义为核心的民族精神方面，发挥着其他社会实践活动不可替代的作用，从而实现它对文化的保存与传递功能。二是德育通过培养面向世界的人才，并在对外交流中既吸收借鉴世界文化的优秀成果，又向世界人民介绍中华优秀文化传统和中国特色社会主义文化建设的新成就，从而实现其文化传播与交流的功能。三是通过德育，使人们解放思想、更新观念、与时俱进、不断创新，促进文化的改革、创新与发展，从而实现德育对文化的创造与更新功能。在全面建成小康社会的进程中，我们大力发展先进文化，支持健康有益文化，努力改造落后文化，坚决抵制腐朽文化，仍然需要重视德育工作，并发挥好德育的文化功能。

多元文化的相互渗透、交流和交锋，同样对学校德育价值起着深刻的影响。它一方面有利于学校德育价值主体认知的深化和德育内容的丰富、手段的更新、目标的实现，另一方面也使学校德育价值面对学生道德价值的多元化取向，还使学校德育价值直面西方文化"话语霸权"的挑战。

在文化全球化的背景条件下，应树立正确的全球意识、民族意识、进取意识，以彰显学校德育价值的时代性、民族性与创新性；注重全球意识的养成，使学校德育价值更具时代性；弘扬理性的民族意识，使学校德育价值更具民族性；激发学生的进取意识，使学校德育价值更具创新性。

4. 德育的育人价值

现代德育与其他教育共同担负着育人的任务。现代德育育人是通过培养、提高人们的思想道德素质，完善人们的人格来实现的。育人价值是思想品德形成发展规律的运用，是现代德育的基本价值。

人的问题是世界上最复杂也是最难解决的问题。现实中的人是各种矛盾的统一体，它既具有自然属性又具有社会属性，既是个体的存在物具有个性，又是类的存在物具有社会性，既有物质生活追求又有精神价值追求。因此，人的本质问题历来是思想家们争论不休的问题。马克思通过对人的各种关系的分析，得出了"人的本质不是单个人所固有的抽象物，在其现实性上，它是一切社会关系的总和"① 的科学论断。马克思主义关于人的本质的社会性观点为我们正确地解读德育教育的人本价值提供了科学的依据。

人作为一种社会存在物，只有在社会关系中才能维持自身的生存和延续。人的社会性本质决定了人都有社会化的需要。德育的价值就在于人们的需要，各种德育思想的产生及其为社会所接受，体现了人们之间相互依赖的需要和对社会安定的渴望。任何社会群体要使自己的发展走向有序，总是用代表社会群体整体利益的主流德育思想和道德规范去调整社会成员的行为，使其与社会整体发展要求相一致。但是，由于个体人的社会关系不同，决定了他们的德育观念和道德行为与社会整体的德育希望和道德要求不完全一致。一旦社会的德育希望与社会道德现实出现偏差、社会道德意识与个体道德行为出现不平衡时，就需要通过德育教育来弘扬社会主流德育观念和道德意识，调适和规范社会成员的思想行为。生活在社会群体中的个体只有通过德育教育，接受社会的主流意识，遵循特定社会的行为规范，使自己的思想行为与社会道德要求相适应，才能使自己成为社会的人。所以，德育的本意就在于使社会道德理想转化为社会道德现实，使个体德育意识与社会主流道德意识相和谐，引导社会整体道德素质的提高，

---

① 《马克思恩格斯选集》第 1 卷，人民出版社 1995 年版，第 60 页。

引导个体汇集成一个有秩序、有效率、有整体精神风貌的社会集群。

德育的本意决定了德育的社会功能就在于德化人心、以德化人，在于以良好的社会道德的教育和熏陶去化导人心，引导人性向善、社会向善，使自然人变为社会人。因此"教化人性，化民成俗"历来是德育思想家们的追求。我国古代思想家们认为，德育的目的就是要"德化天下"，建立"礼让有序"的道德社会。缘于人作为一个社会存在物，要使自己被他人和社会所接纳，使自己在复杂的社会中获得生存的一席之地，就必须学会做人处世。只有先学会做人，然后才能做事，才能融入社会，才能找准自己的社会角色。所以，现代德育的首要任务就是要以马克思主义科学理论武装学生的头脑，使学生认识到，自己不仅是自然的存在、个体的存在，更是社会的存在、群体的存在。因而自觉地接受国家意识、主流意识和人类进程基本趋势的引导，自觉地遵守社会道德规范和承担社会责任这就成为每个社会人必须具备的最基本的素质。要使学生认识到，提高自我道德境界和接受德育教育不仅利于他人和社会，是社会"需要我"这样做，而且更重要的是"我需要"这样做。认识到遵守社会道德规范是自己生活的本身，是生活的目的，从而唤起学生的道德自律意识，提高他们履行社会职责、遵循社会道德规范的自觉性。德育教育要引导学生树立脚踏实地、求真务实的人生价值观，引导他们正确地认识社会和自我，降低融入社会的重心点，科学地确定自己的人生定位。增强学生诚实守信的道德情操，使学生认识到严守法规、信守契约、恪守道德规范，既是当前社会主义市场经济社会的基本规则，也是做人的基本道德要求。

对幸福生活的追求和对人生未来的向往，既是人类的本性，也是每个人的人生追求目标。德育教育通过德化人性，使个人的思想认识和道德行为与社会发展要求相适应，从而使个人的理想和价值得以实现。德育可以给人带来幸福和希望，历来是许多德育思想家们的一个基本信念。被美国《时代周刊》誉为"思想巨匠""人类潜能导师"的美国现代思想家史蒂芬·柯维也认为："圆满的生活与基本品德是不可分的。唯有修养自己具备品德，才能享受真正的成功与恒久的快乐。"① 德育之所以能够给人带来幸福和希望，这是因为通过德育教育提升了个体的思想道德境界，全面

① ［美］史蒂芬·柯维：《高效能人士的七个习惯》，高新勇译，中国青年出版社 2004 年版，第 11 页。

优化人的素质，改变了人的生存状态，使人具有良好的生存空间与和谐的生活环境，从而能够尽情地享受生活的幸福与快乐。一个人最终能否把握幸福和希望之路，关键要靠自己的德性。因此，德育要全面优化学生思想道德素质，培养青年学生养成良好心理素质，树立乐观向上的人生态度，引导学生树立自强不息、奋发向上的精神，使他们学会以科学的态度面对各种复杂社会现象和生活中遇到的各种困难和问题。以正确的方法处理各种人际关系，学会与人相处，少一些埋怨，多一些理解和宽容。培养他们厚德载物、宽宏大度的道德境界，在与人相处时宽容待人。引导学生营造和谐协调的生活环境，对生活充满快乐，对人生充满信心。

5. 德育的生态价值

德育的生态价值，是指通过学校德育有助于保护和优化生态环境。长期以来，人们对于德育价值的认识，总是局限于人与人之间关系的协调，片面地认为通过德育使受教育者形成相应的思想道德品质，是为了解决人与人、人与社会关系的问题。但是，从20世纪60年代以来，由于技术革命的发展，人类征服自然的能力大大地扩展，而地球对于维持人类生存的能量则大大地下降，随之出现了人口、能源、环境等生态性危机。面对这样的危机，迫使人类反思自身的行为，重新考量人与自然的关系。在积极探索解决这一危机的良方时，人们已经认识到，一方面要依靠发展环境科学、生态科学、地球科学等，不断加深对自然规律的系统、科学、全面的认识；另一方面，还必须依靠道德的力量来调节人与自然的关系，自觉地控制人对自然的盲目行为。我国是发展中国家，面对资源约束趋紧、环境污染严重、生态系统退化的严峻形势，注重生态问题尤为重要。党的十八大提出生态文明建设，建设"美丽中国"，总体布局又拓展为经济建设、政治建设、文化建设、社会建设、生态文明建设"五位一体"。这"五位一体"的总体布局，对应着全国老百姓的经济、政治、社会、文化、生态五大权益。特别是通过生态文明建设，我们党和国家将在实现当代人利益的同时，给自然留下更多修复空间，给农业留下更多良田，给子孙后代留下天蓝、地绿、水净的美好家园。这是对人类赖以生存的地球家园的尊重和爱护，是中华文化和谐理念的当代彰显。"五位一体"总体布局，标志着我们党对经济社会可持续发展规律、自然资源永续利用规律和生态环保规律的认识进入了新境界。

学校德育的生态价值，首先表现为使受教育者树立起人与自然协调发展的人生观、自然观；其次表现在使人们懂得人与自然交往中的善恶，并调节自身行为；再次表现在教育学生自觉遵守人与自然交往中各种基本行为准则。因此，我们在全面建成小康社会的进程中，开展德育工作，必须充分发挥其生态价值，要培养人们树立科学的发展观和正确的生态伦理观。要实施可持续发展战略，不断改善生态环境，提高资源利用效率，促进人与自然的和谐，推动整个社会走上生产发展、生活富裕、生态良好的文明发展道路，建设"美丽中国"。

第二章

现代德育的理论渊源

德育自有教育活动之后就出现了。随着社会的发展，人们对德育的认识不断深入。历史上许多哲学家、伦理学家、教育家以各自的哲学思想为基础，不断总结、阐述，形成了关于德育方面的许多论著，为我们今天进行德育研究留下了丰富的遗产。毋庸置疑，我们是在传统道德文化和现实生活的土壤里进行现代德育建设，这就需要进行理性层面的分析和思考：向传统寻求可开发的道德资源，向变动着的丰富的现实生活寻求具有新生力的道德资源，向先行现代化国家或地区寻求可供借鉴的现代道德文化资源，以实现文化道德传统的现代化转型。本章从历史的角度对中国传统文化中的德育思想、从人类文明的视域对西方德育思想及其流派、从社会主义意识形态的高度对马克思主义经典作家论德育分别进行梳理，以期汲取教益。

一 中国传统文化中的德育思想

中华民族历史悠久，源远流长，素以文明古国、礼仪之邦著称于世。中国传统文化形成了自强不息、刚健有为的进取精神，以和为贵、和而不同的和谐精神，民为邦本、民贵君轻的民本思想，天人合一、民胞物与的人与自然相统一的思想。塑造了中华民族醇厚中和、刚健自强的人文品格和道德标准，不仅对中国的经济和社会发展发挥着巨大影响，也为中国人的世界观和行为方式的形成奠定了基础。它的影响一直延续至今。

中国古代传统德育的产生和发展与中国古代社会经济发展息息相关，是中国传统文化的重要组成部分。恩格斯指出："一切已往的道德论归根到底都是当时社会经济状况的产物。"① 德育作为传统文化的重要组成部分，一直受到各个历史时期的统治者以及思想家、教育家的重视，它在自己生息繁衍的地域孕育产生，又在自己民族文化传统的影响下独立发展，对世界特别是亚洲一些国家的思想道德教育发展也起到了积极的作用。

（一）我国古代传统德育的形成和发展

德育是一种社会现象，是教育如何做人的一种社会活动，它随人类社会的产生而产生，随人类社会的发展而发展，并以日趋复杂的形式通过培养人适应社会发展的需要，为一定社会的政治和经济服务。

我国传统德育依照其发展历程可分为五个阶段：

原始社会到西周时期是原始社会德育思想萌芽与奴隶社会德育思想初步发展的阶段。原始社会的德育活动和德育思想主要是在长期的社会生产、生活中人们集体创造的和共同遵守的行为习惯中体现的。例如在原始公有制社会中出现的公有观念、平等观念、互助观念、平均分配、热爱集体劳动等。当人类进入有阶级的奴隶社会，统治者从社会治乱、国家兴亡的经验教训中逐渐认识到了德育的重要作用，进而提出"以德配天""德不失民""皇天无亲，唯德是辅"② 等观念，初步形成了较系的德育思想体系，对以后儒家德育思想的发展产生了巨大影响。

春秋战国时期，道德教育进入形成阶段。时逢奴隶社会向封建社会过渡，社会政治、经济的深刻变化决定了统治阶级对人才需求的多样性。儒、道、墨、法等百家争鸣，流派纷呈，相继提出了各种德育观点。春秋时期，以孔子为代表人物创立的儒家学派，将"礼"提到了最高道德规范，又以礼解仁，以仁成礼，提出"立于礼""依于仁"的基本主张，并通过"德治"和"仁政"，完成了儒家的政治道德化、道德政治化。而差不多同期又产生了墨家、道家、法家等学派。其中墨家主张"爱无差等"，道家主张"无为而治""绝仁弃义"，法家强调"以法为教"……各派的政治主张不同，相互争鸣，极大地丰富了人们对道德观念的认识，如关于人性问题，就有性善论、性恶论、性无善无不善论、性有善有恶论等诸多观点，争鸣不休。

---

① 《马克思恩格斯选集》第 3 卷，人民出版社 1972 年版，第 134 页。
② 《左传·僖公五年》。

　　两汉至唐代是中国封建社会德育思想的确立和发展的重要阶段。西汉在武帝以前实行"以道为本，以法为符"的政策，从汉武帝起改为"以儒为主，杂以刑法"。汉代大儒董仲舒继承并发展了孔子、孟子的"仁爱"理论和"忠、孝、仁、义"学说，提出"三纲"（君为臣纲、父为子纲、夫为妻纲）、"五常"（仁、义、礼、智、信）作为儒学基石。其"推明孔氏，抑黜百家"[①] 的建议被汉武帝采纳后，儒学取得了独尊的地位。从此之后，儒家思想成为中国封建德育思想的主流，并作为一种强大的政治力量，在封建社会德育理论与实践中，逐渐占据了统治地位。经过魏、晋、隋、唐时代儒学与道教、佛教思想的反复斗争和相互借鉴、融合，形成以儒学为主干，兼容道佛以及其他杂家学说中，有利于巩固封建统治的思想内容的封建德育体系。从此儒家的道德思想一条主线贯穿长达千余年的封建社会。

　　宋、元、明时期，是中国封建社会德育思想发展的成熟时期，也是传统德育进一步兼收并蓄，充实发展的阶段。这一时期理学兴盛，以程颐、程颢、朱熹等人为代表，以"明人伦""敦教化""存天理，灭人欲"为主要内容的理学思想占据了正统地位，主张"大学"的基本任务是"格物致知"和"修身、齐家、治国、平天下"，以博学、审问、慎思、明辨和笃行作为"大学"的教学次序。到明代，学校不仅以"四书""五经"作为教材而且校规严格，强调以"孝亲敬长""不犯上作乱"的德行作为学生品性的首要要求，重视将道德义理知识的获取与人们的道德实践有机结合在一起，使封建德育体系更为完整，以利培养统治者的"忠臣清官"和顺民。

　　明末到清朝鸦片战争前一个时期，随着资本主义萌芽和封建社会的日趋没落，一批早期启蒙思想家尖锐地批判了封建道德和教育，但也主张用传统道德教育来整治社会，教化纲纪，整顿风俗，以防止"心不思道德，身不蹈礼义，乃为废人"。[②]

　　1840 年鸦片战争后，西方列强入侵我国，外来文化渗透，原有的封建社会的道德教育内容体系遭到冲击，逐步形成了半封建半殖民地的德育思想。从我国古代德育的发展可以看出，传统德育是一个历史范畴，它的

---

① 《汉书·董仲舒传》。

② 《颜习斋先生言行录》。

产生和发展是一个逐渐探索、选择、积累、融合和嬗变的过程。在不同历史时期，由于当时统治阶级的需要和人们的生产、生活实践要求，也呈现某些差异和侧重点不同，但仍然是一个以儒家伦理道德为主并包括诸子百家相关道德思想的精华，以及各民族传统美德相互影响、吸收、融合而成的多层结构和动态发展的大德育体系。

(二) 我国古代传统德育的主要内容

我国古代传统德育理论植根于传统文化的土壤，得益于华夏文明的滋养，内容浩繁，兼容并包，并且随着德育实践的深入和时代的进步不断地丰富、发展，对后世产生了深远的影响，散发着熠熠光辉。

从传统德育理论的内容体系上看，我国古代德育由三个相互联系又纵向传承和发展的内容组成。一是人民群众在生产劳动、文化生活和习俗发展中长期积淀形成的传统道德，例如，千百年来流传至今的勤劳勇敢、敬老爱幼、助人为乐、尊师重教，等等。二是在历史的演变进程以及人与自然、人与社会、人与人的相互联系与斗争中，许许多多仁人志士对国家、民族、社会发展的关切以及对理想、价值、审美的追求而形成并为同代或后世所敬仰、推崇的思想道德言行，经提炼和升华而形成的传统美德，如屈原、苏武、岳飞、文天祥、戚继光等人的流传千古的爱国主义精神，包拯、海瑞等人的疾恶如仇、刚直不阿、秉公执法、廉洁勤政的光明正大的道德传统。三是历代的封建统治者、思想家、教育家在维护国家统一、民族团结、社会稳定、人才培养等方面进行的思想道德教育，经不同历史时期的总结和发展，形成的以儒家文化为中心的传统道德，例如孔子、孟子、荀子、韩愈、朱熹、王阳明、顾炎武等一脉相承的儒家道德观，以及老子、墨子等人的道德观，都对中国的德育发展产生过重大影响。

以上几种道德观的形成发展不是单一的，而是相互影响融会才形成的有中国文化特色的道德传统理论。归纳起来，主要有以下几个方面：

1. 坚持德育首位

中国古代教育是属于德育型，为适应宗法制社会的需要，历代统治阶级、思想家、教育家们都将德育放在首要位置。大思想家、教育家孔子提出："道之以政，齐之以刑，民免而无耻；道之以德，齐之以礼，有耻且格。"① 意思是说，用政令法制压制百姓，用刑罚整治百姓，百姓只能克制自己，而不懂得犯罪是极为耻辱的事；用道德教化百姓，用礼法诱导百姓，使他们不但认为做坏事可耻，而且还要改正自己的言行。汉代思想家董仲舒在文化思想传播中也提出"德日起而有大功"，意思是只要加强道德教育，就可以收到速效。在董仲舒看来，古代圣王之所以能够长治久安，就是重视对人民施行教化，因此，只要"任德教而不任刑""以教化为大务"②，统治地位就可得以巩固。唐代思想家韩愈也把"明先王之教"作为文化教育的根本任务，他阐释说："夫所谓先王之教者，何也？博爱之谓仁，行而宜之之谓义，由是而之焉之谓道，足乎己无待于外之谓德。"③

2. 重视家庭德育

在我国古代德育中，有一条宝贵经验就是重视在家庭中进行思想、政治和品德教育，这是建立在以血缘、血亲为纽带基础上的我国封建宗法制度的必然要求，同时也是封建统治阶级治国安民的"良策"。它以家庭和社会为主要场所或教育力量，个人通过家庭教育、社会监督、舆论矫正等方式来习得社会所要求的基本道德规范。由于是在一种具有道德共识的共同体社会里生活，因此，家庭、乡里、宗教、学校都相互强化，共同作用，形成了一个道德教育网络。"三纲五常""三从四德"等是我国封建社会德育的主要内容和控制同方式和渠道的广泛宣传，体现在"乡约""宗规""家训"等文本要求上，以及通过"乡展里选""重奖孝道"等活动的大力倡导，使它在长达两千多年的封建统治中生生不息，以致家喻户晓，深入人心，甚至使无数家庭为之躬身实践，身体力行，化为人们自觉、自然的行为规范。

3. 强化德育方法

在长期的德育实践中，我国古代的思想家和教育家重视德育方法的研究与总结，具体说来主要有：

第一，立志为先。立志就是确立目标和理想，使一个人有明确的努力方向。孔子很重视立志教育，他不仅要求"志于学"，而且要求他的学生

---

① 《论语·为政》。

② 董仲舒：《对策一》。

③ 《韩昌黎全集》卷十一《原道》。

"志于道""志于仁"。"仁""道"都是指道德修养的最高境界。"志"则是指一个人的动机和决心。在这里,孔子就是要求学生激励自己下决心去实行仁德,达到"道"的崇高境界。孟子和孔子一样重视立志,他认为立志首先是"尚志",即使自己的志向高尚,然后才能"居仁由义"。魏晋南北朝时期的思想家、教育家颜之推曾说:"有志尚者,遂能磨砺,以就素业。"意思是说只有确立远大的志向,才能经受磨难成就伟大的事业。

第二,意志锻炼。古代思想家与教育家关于意志锻炼方面的论述较多。孔子认为要完成道德行为必须持之以恒。他告诫学生们:"譬如为山,未成一篑,止,吾止也;譬如平地,虽覆一篑,进,吾往也。"墨子认为,志不强者智不达,意思是意志不仅是重要的道德品质,对于智力的形成和发展也有着直接的影响。

第三,知行结合。古代不少思想家、教育家在强调思想道德教育的同时,十分注意知与行的结合。孔子认为,立志与力行是分不开的,只有两者有机结合才能真正实现自己的远大志向。他说:"君子耻其言而过其行。""行有余力,则以学文。"说明他对行是非常重视的。墨子在学与行的关系上与孔子一样是强调行的。他说:"士虽有学,而行为本焉。"他要求学生不仅要注意观察,而且更应重视双手操作和亲身实践。

第四,以身示范。古代一些教育家在自己的一系列道德教育实践中深感教育者身教的重要性,孔子说:"子帅以正,孰敢不正。""其身正,不令而行;其身不正,虽令不从。"孟子也说:"身不行道,不行于妻子;使人不以道,不能行于妻子。"

第五,因材施教。孔子是我国教育史上的第一个实践因材施教的人,他善于根据学生不同的性格特点以及他们爱好的差异施以不同的教育。

综上所述,我国古代德育的内容虽然丰富,但其目的是维护和巩固封建统治秩序和封建社会制度。因此,我们对古代德育的理论应批判地继承借鉴,弃其糟粕,光大精华。

二　西方德育思想及其流派

（一）西方德育思想

西方德育思想可追溯到古希腊和古罗马时期。苏格拉底认为美德是可以通过教育培养的。亚里士多德认为，培养美德必须实践，并通过理性的教育，形成道德习惯。到了文艺复兴时期，一些人文主义教育家公开倡导把道德教育从宗教教育中分离出来，资产阶级工业革命后，有许多教育家潜心探讨道德教育理论，这在西方德育理论发展史上具有重要的意义。

1. 卢梭论道德教育

卢梭的道德教育理论主要是通过他的长篇小说《爱弥儿》反映出来的。卢梭用爱弥儿从小在自然环境中生活，接受自然教育，不断增长知识才能并形成良好的道德品质这一过程，阐明了他的整套教育理论观点。

卢梭认为道德教育要在承认人性本善和自爱的基础上进行，他否定教会传统的"原罪"谬论，认为人的本性是善良的、纯洁的。"在人的心灵中根本没有什么生来就有的邪恶"，① 一切错误和罪恶都是由不良的社会环境所造成的。人天生就有自爱和爱人的欲望，自爱是原始的、内在的，是一种与生俱来的情感。

卢梭很注重道德教育的情感因素。他把对儿童的道德教育安排在 15 岁以后，卢梭认为，到了这个年龄的儿童感情发展了，要对他进行道德教育。这种道德教育有三方面任务：培养善良的感情、正确的判断和良好的意志。卢梭认为人因为具有善良天性，所以怀有同情之心、爱所有的人，教育就要发展这种博爱的精神。为了培养儿童善良的感情，不应靠空洞说教，而要引导儿童去观察人类的苦难、贫困和悲伤，了解社会的罪恶，看看一切善良的示范，并要设身处地为别人着想。为了培养正确的判断，最好的方法是学习历史，阅读历史上伟大人物的传记，从中领会如何区分善恶。此外，还要通过善行的练习，形成良好的意志。这种以人道主义和博爱为中心、注重情感因素的道德教育，在当代西方各种德育流派中褒贬

① ［法］卢梭：《爱弥儿》，李平沤译，商务印书馆 1996 年版，第 94 页。

不一。

遵循自然是卢梭教育的基本原则。它要求教育必须从儿童的天性出发，遵循儿童自身发展规律，根据其年龄特点和心理特点进行教育。卢梭要求尊重儿童的自由，反对压抑儿童的个性和束缚儿童的自由。他认为如果儿童偶尔出现了不良行为也不必训斥惩罚，而应采用自然的方法来惩戒和矫正其不良行为。例如儿童把杯子打坏了，成人应让儿童切实体验到没有杯子喝水的不便，意识到自己行为是错误的之后方可给他一个新杯子。这就是卢梭的"自然惩戒法"，或叫"自然后果法"。遵从自然的德育原则还表现在他反对说教式的德育方法，反对严格的纪律和死记硬背，而提倡应把情感陶冶作为道德教育的主要方法。

2. 赫尔巴特论道德教育

赫尔巴特是欧洲资本主义上升时期德国著名的教育家，他提出的一整套教育理论体系对后人影响很大。赫尔巴特的道德教育理论是其整个教育理论体系不可分割的组成部分，包括以下三方面问题。

首先，关于道德教育的地位。赫尔巴特把道德教育看作是教育的最根本、最首要的任务，是全部教育目的的核心。他认为一切教育都应围绕着对学生进行道德教育——培养完善的人这一最根本的问题进行，在任何时候都不能忘记或背离。他在具体论述教育目的时谈道，教育目的包括可能的目的和必要的目的（又称选择的目的与道德的目的）两部分。可能的目的与一个人未来选择职业的能力兴趣等个性特征相关联，他说这是教育的职责而不是真正的目的。教育的真正目的是道德的目的，即是指一个人不管从事什么职业，都必须具有一定的完善的道德品质。在赫尔巴特看来，道德教育是整个教育的最高目的。

其次，关于道德教育的内容。赫尔巴特把全部的道德教育内容概括为"五种道德观念"，即"内心自由""完善""仁慈""正义""公平或报偿"。他认为这五种永恒不变的"美德"是"巩固世界秩序的永恒真理"，也是维持现存社会秩序的行为准则。所谓"内心自由"就是要求个人的意见与行为能受制于内心的判断，由于有内心的理论的判断，在意见和行为之间，便不应有矛盾的斗争。但每个人的内心常出现矛盾斗争，使意志和行动不一致，在这种情况下，就要用"完善"的观念去解决，即用多方面的意志力和坚韧不拔的毅力来协调内心的矛盾。为了具备完善的观念，这就需要形成仁慈的观念。"仁慈"的观念也就是绝对善的观念，它要求一个人的意志要跟别人的意志相互协调，能为别人谋利益，不与别人冲突，这样社会才能安定。但这实际上做不到，冲突是难免的，于是需要用正义法制的观念加以调节，要求人人有"守法"的意愿。如果还发生违反社会"规范"的行为，最后将靠"公平与报偿"来解决，对善行给予奖励，对恶行给予惩罚，即所谓善给善报、恶应恶报。在这种因果报应观念指导下，人们才会公平待己、公平待人。

再次，关于管理、教学、道德教育的关系。赫尔巴特把教育过程划分为三个相互联系的阶段：管理、教学和道德教育。他认为道德教育要贯穿于教育过程的始终，但在每个阶段侧重点不同。在管理阶段，此时儿童年龄尚小，他天生有一颗"盲目冲动的种子"，必须注意对其加以"管理"，以便以后教学和德育的顺利进行，有利于防止他朝反社会的方向发展。关于教学与德育的关系，他提出了"教育性的教学"的原则。他说："教学如果没有进行道德教育，只是一种没有目的的手段，道德教育如果没有教学，就是一种失去了手段的目的。"① 他主张教学的最根本目的是培养儿童的德行。可见，他强调通过教学进行德育的思想不仅在当时，就是在今天也是正确的。他的不足在于没有认识到德育与智育之间的相对独立性，教学不是实施德育的唯一途径，这一点，他有片面性。在他的全部教育过程中，如何进行道德教育是列在最后一部分。他主张道德教育的目的就是进一步实现以他的道德观念为基础的关于性格的训练。他认为主要是通过约束、限定、抑制、制裁、谴责、训诫、劝告以及警告等手段，摧毁儿童"顽强"的意志，使他们从小就成为"恭顺"的人，他认为只有这样，才能免于长大成人后对社会秩序有所危害。

赫尔巴特重视德育的作用，强调教学应具有教育性的主张，提出的五种道德观念学说等方面的见解是值得我们思考探究的；同时对于他提出的进行德育的那些方法以及一些片面的认识等不足之处，我们也不能忽视。

3. 杜威论道德教育

作为著名的哲学家和教育家，杜威的实用主义思想不仅对美国，还对世界许多国家产生了深刻的影响。他的道德教育理论是其整个实用主义教育理论的组成部分，处处渗透着实用主义的特征。

---

① ［德］赫尔巴特：《论世界的美的启示为教育的主要工作》，见《西方资产阶级教育论著选》，人民教育出版社 1964 年版，第 251 页。

作为"进步教育运动"的领袖，杜威对整个传统教育作了批评，在道德教育方面，他对传统的"品格教育"或叫"直接的道德教育"提出了尖锐的批评。在这里，他认为要区别道德教育中的两个不同概念："关于道德的观念"（ideas about morality）和"道德观念"（moral ideas），前者指的只是一些言语上的美德名词或口头上的道德规范，如什么是诚实、仁慈等知识内容；后者才是真正的道德价值观念，也即人们在内心真正掌握或具备的道德认识与道德品性。传统的"品格教育"只是直接讲授一些抽象的关于道德的观念，实质上是将道德"降低为某种问答教学或关于道德的功课"，它只能使学生熟记和背诵各种道德名词概念，学生既不能真正理解相信它们，也不能在实践中实行它们。为此，他提出要改革传统道德教育，建立新道德教育模式的思想。

杜威的一个著名观点是"教育即生长"，也就是他把教育看作是促进儿童天生本能欲望生长的过程。基于这样的认识，他指出道德教育的目的之一就是要发展儿童道德思维和判断的水平。他说在道德教育方面要将注意力集中在心理活动上。只有这种知识——关于心理机能的发展阶段的顺序和联系的知识，才能在消极方面预防那些目的或方法上的弊病，在积极方面保证心理机能得到完美成熟和自由有序的训练。此外，他还提出道德发展的三个水平：前习俗水平，其特点是个体的行为由生物性的和社会性的冲动所驱使；习俗水平，其特点是个体几乎毫无批判地接受其团体的标准；自律水平，其特点是个体依据其对某种目的是否合理的思考和判断指导其行为。杜威的另一个著名论断是："教育即生活"，他认为一切教育的最终目的都是使儿童社会化，道德教育也不例外。道德教育的一个目的就是培养儿童的社会协作精神和有效参与社会生活的能力。

杜威关于道德教育方法论述最多的是社会实践法。他反对在教室里用学习背诵书本教条的方法进行道德教育。这与他的"从做中学"的理论是相通的。杜威要求学校社会生活化，将学校作为一种社会生活方式，让儿童参与学校的一切社会活动，从而达到发展儿童的社会协作精神和有效参与社会生活的能力的目的。这种方法既避免了传统品格教育空洞说教的弊病，同时又避免了道德教育中知行脱节的现象。在道德教育方法上，他还特别强调要注意激发儿童从事积极的道德思维和道德活动，这样才能培养出儿童真正的道德观念与道德品性，并在此基础上培养儿童真正的道德行为习惯。

应该说，杜威批判传统道德教育的空洞无效，轻视儿童，压抑儿童个性发展，这都是有积极意义的，他同时也推动了学校道德教育在形式和方法上的重大改革。但是，由于杜威全面否定传统的道德教育，把一些合理的东西也否定了，这就不免带有片面性和极端化倾向。

4. 苏霍姆林斯基论道德教育

苏霍姆林斯基是原苏联著名的教育实践家和教育理论家。在一生辛勤的教育活动中，他积累了极其丰富的教育经验。他关于道德教育的论述很丰富，很有见解。

苏霍姆林斯基从全面和谐发展的教育目的出发，要求完成德、智、体、美、劳诸育的全面任务，他把这几方面的教育有机地结合起来，并认为和谐全面发展的核心是高尚的道德。集体中的生活、学习和相互关系所有这一切，我们都竭力使它受到崇高道德理想的鼓舞。因此，道德教育应在教育任务中占有统率全局的地位。他要求在各种教育的实施中都应贯彻道德性这一主导原则。他认为道德教育与智育的密切关系在于，在现代社会中没有科学的世界观和文化知识素养，没有丰富的智力发展的人，要使他具有高尚的道德尊严是不可能的，在一个人的充实的精神生活中，知识和高尚的道德情操是最主要的基础，相反，如果一个人精神空虚，拒绝汲取知识，那对他的道德品质与行为的形成必然产生严重的阻碍。德育和体育关系也很密切。健康的身体是人的完满精神生活的基础，儿童在体育中同时也锻炼了他的意志和性格；萎靡不振，经不起身体痛苦的人同样经不起严酷的意志考验。德育和劳动教育的关系更为密切。一个有知识、有技能的自觉的劳动者，需要在高度的过程中才能培养出来。同样，道德教育也要贯穿在美育过程中，在儿童的内心世界中，美的情感与道德情感应是融合为一体的，没有道德的美是不存在的，而道德信念的形成又需要以美的情感为基础。苏霍姆林斯基形象地说，道德是照亮全面发展的一切方面的光源，而同时它又是人的个性的一种个别的特殊的方面。这就是德育与其他各方面教育的关系。

苏霍姆林斯基有一个非常深刻的见解，就是要在儿童的心目中把道德概念变为道德信念。信念，也就是超出了对道德概念的知识性的理解，而升华为内心生活的组成部分，并用以指导自己的行动。他认为，个人的道德信念是道德教育的最终结果，是说明一个人的精神面貌的主要标志。道德信念包含有个人的能动力量，在生活中，它使人能辨清是非，坚持真理，并为之付诸实际行动，甚至做出一定的牺牲。这是牵动感情的表现。因此，他指出，在从道德概念转变为道德信念的过程中，培养学生的真挚情感是极其重要的，没有情感，道德只是一种空洞而枯燥的说教。以自己的情感来体会道德原则的真谛，并在行为上自然地体现出来，这就是道德信念的表现。在论述形成道德信念问题时，他进一步提出，形成学生个人的"社会定向"是形成道德信念的最重要因素之一。所谓的"社会定向"就是要明确培养儿童的社会的、阶级的思想意识和道德品质。苏霍姆林斯基指出，要避免青少年成为"随风而变"的人或"折衷主义者"，就必须培养他们具有牢固的道德信念和明确的社会主义思想方向。他在《帕夫雷什中学》一书中说："坚定的思想，鲜明的政治方向之所以必不可少，是为了保护人免受消极思想的影响，而首先是要让人成为一名为共产主义理想而奋斗的战士。"①

　　苏霍姆林斯基极为重视通过集体教育培养学生的道德思想与品质，坚信集体教育培养学生的道德思想与品质，坚信集体是"培养个性的非常强有力的手段"。他认为青少年，特别是14—15岁的少年，对集体生活有一种日益向往的感情，他们在集体中展开多渠道的精神交流，在同伴中寻求思想观点和道德行为等方面一致。集体中的一切共同活动，强烈吸引着每个学生，集体在他们的心目中有崇高的威信。因此，对教师来说，集体是协助他对少年进行教育的重要手段。在集体中能充分发挥每个学生的个性。从这个基本观点出发，他要求充分发挥班集体、少年先锋队、课外活动小组等各种集体的教育作用。

（二）世界著名科学家论德育

　　世界许多著名科学家十分关注德育，爱因斯坦就是其中的杰出代表。

　　爱因斯坦是20世纪最伟大的科学家、诺贝尔物理奖获得者，毕生致力于物理学的研究和教育工作。他早年当过家庭教师，其后担任过多所大学的物理学教授，到过世界许多著名大学讲学，主持理论物理、相对论高级讨论班，培养了一大批世界一流的科技人才。同时，他也是一位杰出的社会活动家和思想家，他在从事科学研究的同时，热忱地关注着人类的

---

　　① ［苏］B. A. 苏霍姆林斯基：《帕夫雷什中学》，赵玮等译，教育科学出版社1983年版，第209页。

命运，对广泛的社会问题特别是青少年的健康成长十分关心。对于德育问题，他从自己当学生、教师及科学家的切身经历和巨大成功中，提出不少独特而深刻的见解。这些除了《论教育》等专文外，更多地散见于他的其他著作、谈话和通信之中。时至今日，我们从他的德育思想和光辉榜样中，仍可得到许多有益的启示。

1. 一切人类的价值的基础是道德

在人类的价值领域中，究竟什么是首先和基本的要素，抑或说人类应朝着什么价值方向努力呢？这恐怕是现代人类所面临的一个关键问题。爱因斯坦正是着眼于这个关键点，从人类进步和完善的高度，对此作出了明确的回答，他说："一切人类的价值的基础是道德。"① 现代人类亟待努力的，是把自己的行为基点引导到道德目标上来，否则，人类的其他一切价值努力都将被引向歧途。无疑，爱因斯坦的这个思想是深刻的。它不仅集中地反映了当时社会现实和大众的意向，而且在价值体系上也是合乎理论的内在逻辑的。正是基于上述考虑，爱因斯坦开始把自己伦理关注的重心放在对以往价值观念的反思和新的道德行为基本准则的建构上。因为决定一个社会的道德状况，最要紧的莫过于价值目标的正确与否。而现代社会之所以道德无序，其症结就在于资本主义制度所产生的价值观念即利己主义的错误导向。其之所以错误，不只是因为从实践效果上看，利己主义只会引发人们不正当的私欲，严重淡化人们的社会责任感和历史使命感，导致恶性的反社会行为；而且从理论本身来看，利己主义也根本不是对人与社会关系真实本质的反映，不过是对其关系本质的一种极端的曲解，以此来迎合资本主义经济关系的需要。

在爱因斯坦看来，和谐、安定的政治局面的产生及其运行，需要伦理道德的辅佐；另一方面他也指出政治对于道德的重要，政治作为上层建筑因素必然渗透于伦理生活之中，并由此制约着道德的状况。因此，人类道德若要获得健康发展必须有一个良好的社会政治环境。在他看来，各种形式的专制制度显然是不适宜的，甚至只能是对人类道德的破坏。最理想的政治环境莫过于民主主义制度。他说，"我的政治理想是民主主义"，因为它能够"让每一个人都作为人而受到尊重，而不让任何人成为崇拜的

---

① 《爱因斯坦文集》第 3 卷，许良英译，商务印书馆 1979 年版，第 375 页。

偶像"。① 也就是说，这样一种制度最有利于良好的道德环境的建立，在这里没有什么救世主，每一个人都有自主的权利和责任，都有机会充分地发展个性，各民族之间也能得到和谐发展。

爱因斯坦一心希望科学造福于人类，但在他所生活的资本主义社会里所看到的却是另一番情景，这清楚地表述在他给 5000 年后子孙的信中："我们早已利用机器的力量横渡海洋，并且利用机械力量可以使人类从各种辛苦繁重的体力劳动中最后解放出来。""但是，商品的生产和分配却完全是无组织的。人人都生活在恐惧的阴影里，生怕失业，而遭受悲惨的贫困。"② 他认为"资本主义社会里经济的无政府状态是这种祸害的真正根源"，而且私人资本的垄断"造成私人资本的寡头政治"，唯一出路是建设社会主义经济。他于 1949 年 5 月在美国进步刊物《每月评论》创刊号上发表的论文《为什么要社会主义？》中系统地阐述了他对社会主义的看法。他指出："建立社会主义经济，同时配上一套以社会目标为方向的教育制度。""计划经济还不是社会主义。计划经济本身可能伴随着对个人的完全奴役。社会主义的建成，需要解决这样一些极端困难的社会政治问题：鉴于政治权力和经济权力的高度集中，怎样才有可能防止行政人员变成权力无限和傲慢自负呢？怎样能够使个人的权利得到保障，同是对于行政权力能够保有一种民主平衡力量呢？"③

爱因斯坦认为，道德并不是一种僵化不变的体系。它不过是一种立场、观点。据此，生活中所出现的一切问题都能够而且应当给以判断。它是一项永无终结的任务，它始终指导着我们的判断，鼓励着我们的行动。人类最重要的努力莫过于在我们的行动中力求维护道德准则。我们的内心平衡甚至我们的生存本身全都有赖于此。只有按道德行事，才能赋予生活以美和尊严。因此，教育的首要任务是把道德变成一种动力，并使人清楚地认识到这一点。

针对学校中普遍存在的重智育轻德育的倾向，爱因斯坦说："我确实相信：在我们的教育中，往往只是为着实用和实际的目的，过分强调单纯

---

① 《爱因斯坦文集》第 3 卷，许良英译，商务印书馆 1979 年版，第 43 页。

② 赵中立、许良英编译：《纪念爱因斯坦译文集》，上海科学技术出版社 1979 年版，第 56 页。

③ 同上书，第 62—63 页。

智育的态度，已经直接导致对伦理教育的损害。"① 面对社会中的道德衰败的不良倾向，他疾呼："当前政治上所处的可怕的困境，同我们疏忽了这一方面的罪过有很大的关系。要是没有'伦理教育'，人类就不会得救。"② 爱因斯坦主张："对个人的教育，除了要发挥他本人的天赋的才能，还应当努力发展他对整个人类的责任感，以代替我们目前这个社会中对权力和名利的赞扬。"③ 爱因斯坦的这些论述，对我们当前的学校教育和和谐社会建设，很有现实意义。

爱因斯坦强调道德教育，在方法上他主张通过灵活多样的方式进行，不应只限于空洞地说教，他说："言词是并且永远是空洞的，但是人格绝不是靠所听到的和所说出的言语，而是靠劳动和行动来形成的。"学校教育"最重要的教育方法是鼓励学生去实际行动"，"做出榜样"。④ 在道德教育中，除课堂上讲授，应组织学生多接触社会，多参加社会实践活动，多接触、多学习各个领域中的成功者，并要有一定规范及制度约束。从而，通过感召、示范、教化、培养等方式提高学生道德素养。

2. 着力培养人的创造力

从社会发展看，任何时代、任何民族都需要创新，人类社会总是在不断创新中前进。没有创新，社会就会停滞不前，民族的生机就会枯萎，国家就会落后。作为一个极富创造力的大科学家，爱因斯坦在其教育观念中非常注重青少年创造力的培养。他清楚地认识到，"一个由没有个人独创性和个人志愿的规格统一的个人所组成的社会，将是一个没有发展可能的社会"。⑤ 对一个国家来讲，"要是没有能独立思考和独立判断的有创造能力的个人，社会的向上发展就不可想象……"⑥ 因此，他认为"国家的最高使命是保护个人，并且使他们有可能发展成为有创造能力的人"。⑦ 从人生价值来看，爱因斯坦认为真正可贵的是"有创造性有感情的个人，是人格"。他非常崇敬那些具有高度创造性的人，如伽利略、牛顿、法拉

① 《爱因斯坦文集》第3卷，许良英译，商务印书馆1979年版，第273页。
② 同上书，第143页。
③ 同上书，第29页。
④ 同上书，第271页。
⑤ 同上书，第143页。
⑥ 同上书，第39页。
⑦ 同上书，第82页。

第、爱迪生、居里夫人、普朗克等科技伟人。在他的心目中，"有创造才能的人对人的教育作用，归根到底总是远远超过政治领袖"。传统教育往往将学校简单地看作一种工具，靠它来把最大量的知识传授给成长中的一代。教师只要能将知识传授给学生，便是尽了教学之能事；学生能将知识记住，就算是学习的成功。对此，爱因斯坦提出了批评。他认为："知识是死的，学校却要为活人服务。"① 对于学校里妨碍学生创造力发展的众多因素，爱因斯坦认为学生负担过重是一个重要原因。他说："使青年人发展批判的独立思考，对于有价值的教育也是生命攸关的。由于太多和太杂的学科（学分制）造成的青年人过重的负担，大大地危害了这种独立思考的发展。负担过重必然导致肤浅。教育应当使所提供的东西让学生作为宝贵的礼物来接受，而不是作为一种艰苦的任务要他去负担。""发展独立思考和独立判断的一般能力，应当始终放在首位，而不应当把获得专业知识放在首位。"② 他特别强调指出："高等教育必须重视培养学生具备会思考、探索问题的本领，人们解决世界上所有问题是用大脑的思维能力和智慧，而不是搬书本。"③

爱因斯坦本人就是一位极富创造力的人：他从小就有探索自然规律的理想和自然规律可认识的信念，有很强的好奇心和求知欲，有超群的独立思考、独立判断、通过自学获取知识的能力，有适合于做理论物理工作的最佳知识结构，有良好的艺术修养和创造性想象力，有专注的情感和坚强意志力。正是这种创造力，使他在众多领域中做出巨大贡献。从切身经验出发，爱因斯坦特别看重兴趣、意志力、想象力在创造中的作用。爱因斯坦认为兴趣是最好的老师，它可以激发人的创造热情、好奇心和求知欲。他认为"由百折不挠的信念所支持的人的意志，比那些似乎是无敌的物质力量有更强大的威力"。④ 正是人的信念和意志帮助人克服创造过程中的艰难险阻；创造性想象力是发明创造的设计师。所以，爱因斯坦认为，"想象力比知识更重要"。⑤

---

① 《爱因斯坦文集》第 3 卷，许良英译，商务印书馆 1979 年版，第 307 页。

② 同上书，第 144 页。

③ 同上书，第 143 页。

④ 同上书，第 147 页。

⑤ 《爱因斯坦文集》第 1 卷，许良英译，商务印书馆 1976 年版，第 8 页。

3. 强调为社会服务是人生的最高目的

人生的目的是什么？人生的意义何在？这一直是爱因斯坦执着探索的人生课题，并多次反映在他的德育思想之中。1931 年初，他忠告加州理工学院的学生："如果你们想使你们一生的工作有益于人类，那么，你们只懂得应用科学本身是不够的，关心人们本身，应当始终成为一切技术上奋斗的目标；关心怎样组织人们劳动和产品分配这样一些尚未解决的重大问题，用以保证我们科学思想的成果会造福于人类，而不致成为祸害。"[①] 1936 年在《论教育》一文中，他又强调指出："要把为社会服务看作是自己人生的最高目的。"[②]

要通过教育"个人自由而有责任心的发展，使他得以在为全人类的服务中自由地、愉快地贡献出他的力量"。因此，"人的道德行为并不意味着仅仅严格要求放弃某些生活享受的愿望，而是对全人类更加幸福的命运的善意的关怀"[③]。

针对那个时代法西斯肆虐，人们对人生悲观失望的情绪，爱因斯坦严正告诫人们，人生的意义并不在于追求自身的成功及其享受，"我从不把安逸和享乐看作是生活目的的本身这种伦理基础，我叫它猪栏的理想"[④]，"人们应当防止向青年人鼓吹那种习俗意义上的把成功作为人生目标"。按其实质来说，"一个人的真正价值首先决定于他在什么程度上和在什么意义上从自我解放出来"，从而"使一切有生命的东西都生活得更高尚、更优美时才有意义"，这就是要"把为社会服务看作是自己人生的最高目的"。他说："个人的崇高使命是服务"，"一个人对社会的价值首先取决于他的感情、思想和行动对增进人类利益有多大作用"[⑤]，"人只有献身于社会，才能找到那实际上短暂而有风险的生命的意义"[⑥]。这生命的意义，说到底就是对社会、对人类的贡献，"看一个人的价值，应当看他贡献什么，而不应当看取得什么"[⑦]。一个人对社会贡献大，价值就大；贡献小，

---

① 《爱因斯坦文集》第 3 卷，许良英译，商务印书馆 1979 年版，第 73 页。

② 同上书，第 67 页。

③ 同上书，第 135—154 页。

④ 同上书，第 43 页。

⑤ 同上书，第 35—38 页。

⑥ 同上书，第 271 页。

⑦ 同上书，第 145 页。

价值就小。若一个人本应对社会有贡献却没能贡献，反而向社会索取，那他"只能是一个寄生虫"，是最受鄙视的人；反之，"凡是对人类和人类生活的提高最有贡献的人，应当是最受爱戴的人"。爱因斯坦正是如此严格要求自己。他说："我每天上百次地提醒自己：我的精神生活和物质生活都依靠别人（包括生者和死者）的劳动，我必须尽力以同样的分量来报偿我所领受了的和至今还在领受的东西。""照亮我的道路，并且不断给我新的勇气去愉快地正视生活的理想，是善、美和真。"① 正是它们，构成了人类理想的大厦，催发着人们积极地投身生活，自觉地进行价值创造，并在富有意义的生活创造中达到社会和个性的完美实现。

为此，爱因斯坦提出了理想人格的要求：（1）做"社会公仆"，为人类服务，勇于献身，把整个身心全部献给自己的事业；（2）"酷爱正义"，爱好和平，并竭尽全力为改善人类境况而奋斗；（3）"对真理和知识的追求，并为之奋斗"；（4）"谦虚诚实"，"严于律己"，"简单淳朴的生活"；（5）善良友好，乐于助人，宽容厚道。他极力赞赏居里夫人"人格的伟大"，认为"第一流人物对于时代和历史进程的伟大意义，在其道德品质方面，也许比单纯的才智成就方面还要大"。② 认为学校教育和社会应当大力培养和塑造这种人格典范，因为"只有伟大而纯洁的人物的榜样，才能引导我们具有高尚的思想和行为"。③

4. 主张学校教育的目标是培养和谐发展的人

如何来培养为社会服务的理想人格？爱因斯坦认为，学校的目标始终应当是"青年人在离开学校时，是作为一个和谐的人"，④ 所谓事物的"和谐"，是指与事物关联的多种因素的协调配合。从美学的观点来看，"和谐即是美"。和谐的人就意味他的思想素质、智能素质、身体素质、审美素质、心理素质得到全面而协调的发展。当然，和谐发展并非面面俱到、样样都好，否则将会由于精力分散而导致肤浅平庸。一个和谐发展的人，应具有与自身特点和人生目标相应的合理的素质结构。爱因斯坦认为，我们不仅要承认人与人之间的差异，而且还应欢迎这种差异，因为这

---

① 《爱因斯坦文集》第 3 卷，许良英译，商务印书馆 1979 年版，第 43 页。

② 赵中立、许良英编译：《纪念爱因斯坦译文集》，上海科学技术出版社 1979 年版，第 339 页。

③ 《爱因斯坦文集》第 3 卷，许良英译，商务印书馆 1979 年版，第 9 页。

④ 同上书，第 310 页。

正是社会丰富多彩的表现。因此，不同人的素质结构应有所不同，要注意学生的个性和因材施教。要使学生对价值有所理解并且产生热烈的感情，那是最基本的，他必须获得对美和道德上的善有鲜明的辨别力。

为了培养和谐发展的人，爱因斯坦不主张学校开过多、过杂的专业课，因为"生活所要求的东西太多种多样了，不大允许学校采取这样的专门训练"。① 而且他还深刻地指出："用专业知识教育人是不够的。通过专业教育，他可以成为一种有用的机器，但是不能成为一个和谐发展的人。要使学生对价值有所理解并产生热烈的感情，那是最基本的。他必须获得对美和道德上的善有鲜明的辨别力。否则，他——连同他的专业知识——就更像一只受过很好训练的狗，而不像一个和谐发展本身，应当始终成为一切技术上奋斗的主要目标；关心怎样组织人的劳动和产品分配这样一些尚未解决的重大问题，以保证我们科学思想的成果造福于人类，而不致成为祸害。"② 要通过教育"个人自身而有责任心的发展，使他得以在为全人类服务中自身地、愉快地贡献出他的力量"。③

爱因斯坦认为培养人们向善的道德观念，塑造人的灵魂是一项极其艰巨和光荣的工作。它不仅需要个人的"意志自律，而且需要学校和社会的道德教育"。"学校应当帮助青年人在这样一种精神状态中成长，使他感到这些基本原则对他来说就好象他所呼吸的空气一样"。④ 他把"人文学科"，包括人文社会学科（文、史、哲等）和艺术学科（音乐、绘画等），作为重要东西推荐给青少年。通过人文学科的教育，使青少年学会"如何做人"，从而能正确处理人与社会、人与自然、人与人之间的关系，以及处理人自身的理性、意志、情感等方面的问题，希冀科学精神和人文精神的和谐，追求真、善、美的统一。

爱因斯坦是一位罕见的有强烈社会责任感的科学家和思想家。他一再强调，要高扬伦理的信念，让科学造福于人类。在晚年，他有相当精力用于争取和平，成了著名的和平旗手。在当时科学精神与人文精神普遍对立的情况下，爱因斯坦高扬人文精神，预示着当今两种文化的对话和交流。在科技革命蓬勃发展的现时代，爱因斯坦的人文精神更是熠熠生辉。的

---

① 《爱因斯坦文集》第 3 卷，许良英译，商务印书馆 1979 年版，第 54 页。

② 同上书，第 73 页。

③ 同上书，第 135 页。

④ 同上书，第 177 页。

确，正是他对社会、对人类的强烈的道德责任感，使他的人格在人们心中变得更加崇高和伟大。

（三）　当代西方德育流派

当代西方学校道德教育理论流派很多，影响较大的基本理论流派有：认知发展道德教育理论、人本主义道德教育理论、社会学习道德教育理论和价值澄清理论。

1. 柯尔伯格的认知发展道德教育理论

认知发展道德教育理论是当代西方学校德育流派中最负盛名的德育理论，它被誉为现代学校德育的"基石"。

这一理论的核心部分是儿童道德发展阶段论。它认为道德发展的核心是道德思维的积极发展，而道德思维的发展又是以逻辑思维的发展为前提和必要条件的：道德发展同理智发展一样有着一个具有明显的阶段特点和顺序的连续过程；道德教育的目标和方法是通过激发儿童的积极道德思维以促进发展的水平。也就是说，德育的核心就是坚持发展道德认知力。认知和发展是这一理论的灵魂。关于"认知发展"的含义，柯尔伯格解释说："之所以是认知的，是由于它认识到，道德教育同理智教育一样，是以刺激儿童就道德问题和道德决策进行积极的思考为基础的；它之所以是发展的，是因为它把道德教育的目标看作是经过各个阶段的道德发展。"[①]

在谈到儿童道德发展阶段时，柯尔伯格指出，阶段的概念具有四个方面的特征。第一，道德发展的阶段概念首先指的是：道德发展是一个有着质的差异的阶段发展过程。各发展阶段的差异根本在于质的方面差异，即解决问题的方式是不同的。第二，发展的各个阶段组成一个"恒定不变的顺序"，除了特殊的身心缺陷之外，发展总是逐阶段前进而不是后退的；同时，发展也不能跳跃阶段进行。第三，各个发展阶段之间的关系是"等级的连接"，阶段的递进并不是阶段式的，而是有不同程度的"包含"和"重叠"现象的。某一较高阶段的道德思维形式总是包含着较低级的道德思维形式的。第四，发展的阶段是"有结构的整体"，或者说是有组织的思维系统，这些有组织的思维系统是个体通过其与环境的相互作用而"构造"出来的。思维的基本结构是确定道德判断发展阶段的标志，与思

---

① 冯增俊：《当代西方学校道德教育》，广东教育出版社 1993 年版，第 51 页。

维的具体内容无关。

柯尔伯格认为，儿童道德判断的发展是以逻辑思维的发展为基础和必要条件的，他进一步把儿童道德发展分成三个水平六个阶段。柯尔伯格是以道德两难故事作为基本材料，以此来判断儿童道德发展的水平与阶段。

第一水平为前习俗水平，主要特征是着眼于人物行为的具体结果与关心自身的利害。这个水平又包含两个阶段。

阶段1：惩罚与服从取向阶段。处于此阶段的儿童认为所谓对的，就是绝对服从规则和权威，避免惩罚，不造成实际伤害。

阶段2：个人的工具主义目的与交易阶段。处于此阶段的儿童评价行为是非首先看是否满足自己的需要，有时也包括别人的需要，把人与人之间的关系看作类似买卖交易的关系。以自己的利益为根据来评价行为的好坏。

第二水平为习俗水平。处于这个水平的儿童已内化现行社会规则，能遵从现行社会秩序，能较多地关心他人的需求，行为价值是以遵守规则为依据的。这里也包含两个阶段。

阶段3：人际关系协调取向阶段。处于此阶段的儿童认为所谓对的，是要维持和谐的人际关系，要扮演一个好角色，关心、珍惜别人。他们认为一个人行为正确与否，主要看是否对别人有利，是否能受到别人的赞扬。

阶段4：维护社会秩序、规则或权威的取向阶段。能够认识到个人有维护社会秩序的责任感，强调应遵守已建立的制度或权威，并且还要求别人应同样遵守已建立的各类社会制度和权威。他们认为所谓对的，是对社会尽职尽责，恪守社会秩序。

第三水平为后习俗水平。在这一水平中，道德决策取决于社会全部成员一致认可的那些权利、价值和原则。这个水平同样包括两个阶段。

阶段5：社会契约的取向阶段。处于此阶段的儿童年龄较大，有的已进入成年期，能够认识到法律或习俗仅是一种社会契约，而且认识到每个人均有不同的价值和观点。他们认为社会规则唯有公平的时候才应该遵守，而对于诸如自由和生命的价值，则应是不管他人意见如何都应遵守的。

阶段6：普遍的伦理原则取向阶段。此阶段的人们不仅从适合法律的准则，而且还从不成文的，但具有普遍意义的伦理遵循准则方面对道德行为加以判断。这些普遍的伦理原则集中为一条，就是主张人类平等权利和尊重个人尊严的普遍性公正原则。

柯尔伯格还谈到这些划分与儿童年龄有极大关系。出生后至 9 岁大致属于第一水平，9—15 岁属于第二水平，16 岁以后向第三水平发展。同时还存在个别差异，有的人发展快些，有的人发展慢些。

在学校道德教育实践方面，柯尔伯格先后提出了两个著名的德育模式和两种著名的德育方法。

学校道德教育的两种模式，即新苏格拉底德育模式和新柏拉图德育模式。新苏格拉底德育模式要旨是对苏格拉底教学法的精神实质——诱发认知冲突和积极思维——的汲取和发挥。即引导学生通过与其道德环境因素的相互作用的活动从事积极的道德思维，从而使学生不断发展或建构他们的道德观，同时促进道德行为的发展。该模式认为，学校必须进行德育教学，善是可教的，"凡是知善者必会选择善"，但切不可让学生背记教条，而正确的方法是使他们领会其中的原理，内化为自己的人生准则。他指出教师要实施"精神产婆术"，也就是要求教师要对学生指点迷津，激活思维。这一模式的目标是通过课堂讨论，激发对两难问题的思考，促进学生道德认知力的不断发展，培养具有阶段 6 那样的有着至高德性的人。

由于苏格拉底模式培养至高水平德性的人无法达到，柯尔伯格意识到：培养道德能力不能脱离团体，团体本身对德育具有重要作用；培养的应当是维护团体的多数人的品德，而不是少数超人；道德问题不限于课堂而更多地涉及校内外各个方面；在民主氛围中学民主比课堂上教民主更有效。为此，他提出"新柏拉图德育模式"。

新苏格拉底模式已突破了培养道德尖子的局面，它以公正团体培养绝大多数健康的公民，致力于培养社会需要的绝大多数习俗水平的公民。柯尔伯格提出两种著名的德育方法，即课堂讨论法和公正团体法。课堂讨论法的目的是促使儿童产生认知冲突，以便更主动地去接受新的推理方式。这种方法的实施程序有四个步骤：第一，面对一个道德两难问题。教师提供给学生一个两难故事，使学生能理解故事中人物所面临的两难问题是什么。第二，陈述对一个假设的见解。教师给学生提供一个机会，使学生表述他们对这两难故事的见解。第三，检验推理。教师选择合适的方式，提出适当的问题，促使学生对两难故事中的问题充分展开讨论。第四，反思个人的见解。在班级讨论最后结束前，教师应帮助学生重新反思自己的见解。但是讨论的目的不是求得一致意见，应鼓励学生继续思考各自的见解，并要考虑讨论中同学们对此问题的评论。公正团体法强调团体的公正水平和民主氛围对个体的影响。实验证明，这种方法在提高学生自我管理能力和自觉纪律方面取得了成功，同时也提高了道德判断的水平。这种类型的试验在美国的许多学校中得到了推广。

2. 罗杰斯的人本主义道德教育论

与传统的道德教育思想不一样，人本主义教育家一开始就提出了不同凡响的道德教育目标。在罗杰斯看来，道德教育乃至整个教育的目的就是培养和发展个体的"自我意识"（self – Consciousness），这也就是马斯洛所说的"自我实现"（self – Realization）。要理解人本主义的目的论，"自我"在此是个关键的概念。持人本主义观点的人认为，"自我"是指个体在他与他人、与社会环境的关系中所具有的特性（如经验、需要、情感、理想、理智和能力等）以及他自身与他人及社会环境之间的关系。据此，"自我意识"就是指个体对自身特性及他与社会环境的关系的理解。正是这种意识成了个体道德认识、道德情感与道德行为发展的决定因素。因此，道德教育的目的就是促进这种"自我"的"意识"，实现这种"自我"，促进这种"自我"人格结构的形成和发展。

人本主义者认为传统的道德教育环境和气氛，难以实现他们那种独具一格的道德教育目的，因为传统的学校德育压抑了人性。要使传统的"权威主义的课堂"改变成为一种"人道主义的课堂"。要实现这一点，就必须建立一种新的"学校的道德气氛"。为此，罗杰斯提出了构成这种新的道德教育气氛的三方面要求。

首先，是真诚（realness），即师生关系应是相互间的以诚相待。教师和学生都应该将他们自己的真实思想、情感坦率地表露出来，去掉一切假面具，只有这样，才能促使学生获得真实的"自我意识"和"他人意识"（对他人的理解）。教师将自己的内心思想情感真实地向学生敞开，可以帮助学生将他们的内心思想情感向教师敞开，这就达到了师生间的有益交流和相互促进。而在传统德育中，教师通常是作为知识、才能和道德上高人一等的权威教育者的面目出现的，既没有自己的思想情感，也不敢暴露自己的思想情感。罗杰斯认为，这种教师无异于"一本会说话的教科书"。而学生所努力的目标就是实行在教师看来是"正确的"或"好的"事。在这种相互掩盖内心真实情感的师生关系和教育气氛中，可能比较容易形成相互瞒骗欺诈的"伪君子"品性。

其次，是认可（acceptance），即教师对学生应给予充分的信任和尊重。认可不等于赞成与同意，而是承认学生有自己独特思想情感的权利，并加以尊重和保护，只有这样，才可能与学生进行充分的沟通。而传统的道德教育中，学生老觉得教师比自己高明得多，害怕向老师暴露自己的思想情感，怕挨批评、被看低，教师也可能会将学生的提问当作是对他们知识、权威的挑战。在这种相互间存在戒意、不安全感的气氛中，道德教育的无效性是可想而知的。

最后，是移情性理解（empathicunderstanding）。罗杰斯认为，这是一种从学生的角度去理解学生的思想、情感及客观世界的态度。这种移情理解的特征之一是它的"非判断性"，即教师不对学生的思想情感和道德品性作判断，不作定性评价，而只表示同情、理解和尊重。罗杰斯认为，尽管学生的思想观点有时是肤浅、不成熟的，但这对于他们自己而言已足够了。比起传统教育的种种结论性评价来，这种态度更为有效。

上述三个条件是建立良好学校德育氛围的根本基础。师生间新型的关系是学校德育中最有决定意义的因素。正如罗杰斯所认为的"人与人之间的关系的质量"即人与人之间那种独特的心理气氛在道德教育中最能起决定因素。

人本主义者致力于学校德育的人性化，它坚持德育中民主人道的新型的师生关系，创造良好的道德氛围和课堂情境，在理解、尊重、引导、感化中达到德育的目的。为此，人本主义者提出了德育工作中一些具体的措施和方法。

（1）主动倾听（activelistening）。是指教师对学生表达出来的思想、情感作出积极的反馈，使学生觉得教师正在倾听、关心和理解着他的感受。这种主动倾听排除了那种常见的"讯问式的"谈话，不会给学生造成心理压力，有助于师生间的交流沟通。当然，这种主动倾听并非要教师无所作为，而是促使教师从事更高水平的指导，对教师的素质提出更高的要求。

（2）理解和把握教育过程。人本主义者所重视的是道德教育的过程，而不是道德教育过程结束时所达到的状态或结果。而这种教育过程的本质是真实、自然的。在这种教育过程中，教师要避免作过分的指导，不作过分的概括、总结和结论，而只是创造出一种气氛，使学生能自由地形成自己的道德。这是以往任何以高压手段和繁琐严厉的纪律所无法达到的。

（3）做一个"促进者"（facilitator）。罗杰斯认为传统教育中教师这一名称概念并不能表达教师所担负的职责与所起的作用，他建议将"教师"称为"促进者"更为合适，更能体现这一职业的特征。促进者的任务是对学生发展的"促进"（facilitating），而不是传统教育中对学生的"训练"（training）或"教导"（teaching）。这种观点是罗杰斯从他的咨询心理学中引申出来的。他指出教师作为一个"促进者"应具有从事"促进"工作的种种技能，如要善于组织教育过程，能依据具体情境扮演不同角色，能开展各种形式的道德讨论并进行模拟游戏等。

3. 班杜拉的社会学习道德教育论

社会学习理论是从行为主义心理学中演变过来的学派，这一学派的主要代表人物为美国的班杜拉（A. Bandura）和米切尔（W. Mischei）。

社会学习论与行为主义有着密切的血缘关系，但与行为主义不同的是，这一理论首先强调人类的行为并不是单纯的环境刺激的反应（S—R）。其次，它认为人类并非一定要通过亲身操作才学会行为。相反，在社会环境中，人类通常是直接通过"观察"和"模仿"他人行为模式而立即获得知识技能和行为习惯的。这种观察和模仿是在个人与个人之间进行的有关社会行为的学习，因此又叫"社会学习"。

社会学习德育论认为"模仿"并不是行为主义所理解的那种刺激—反应的机械的简单的重复，而是指通过直接观察从而学得他人模式的过程。这个过程对形成人格和道德行为有四方面的作用：（1）通过模仿，主体可以学得新的道德认识和道德行为习惯等。（2）可以抑制或消除原有的道德认识、情感和行为习惯。（3）可以激发已有潜在的行为倾向而变为外部的实际道德行为。（4）可以强化或改变原有认识、情感或行为习惯。班杜拉认为可供模仿的榜样示范是多种多样的。概括起来主要有两种：具体的行为模式和抽象的言语符合模式。各种各样的榜样模式又可以通过家庭、学校、成人、教师、新闻宣传机构和电影电视等不同途径表现出来。这些榜样模式的正反两方面的影响都应值得重视。

班杜拉在详尽地分析榜样示范作用的同时，又从观察学习者的主体角度分析了观察学习的具体四个过程。（1）注意过程。这是观察学习的第一步，要求注意被观察学习的榜样模式。这种榜样模式要具有明显的特点。如具备成功、威信和权力或其他一些引人注目的特征。（2）记忆过程。就是把注意观察到的示范行为以符号的形式表象化，并使这些特性与个体已有的表象联系起来保留在记忆中，用以指导个体的行为。班杜拉说："如果人们不记住示范行为，观察是不会有多大意义的。"①（3）运动再现过程。班杜拉认为这个过程就是："把符号表象转换成适当的行为。"也就是学习者的具体行为实施过程。（4）动机和强化过程。模式模仿中的实际操作是受动机和强化刺激因素的影响的。如果对一个榜样的模仿受到他人的赞赏或奖励，就起积极的强化作用；反之，就会减少甚至不模仿这种行为。班杜拉将强化分为外部强化、替代强化和自我强化三种。外部强化就是外界因素对学习者的行为产生的直接强化。这种强化有很大的局限性，更为重要的是后面两种强化。所谓替代强化就是指直接强化作用于榜样，榜样起到替代作用对学习者行为构成强化。通常，榜样成功受到表扬奖励的行为会增强学习者出现同样行为趋向；反之，如果榜样的行为受罚，就会削弱并抑制学习者的同类行为。自我强化则是指行为按自己设定的标准进行时，行为者又以自己支配的方式来增强和维持自己行为的过程。自我强化时依据的是自我评价的个人标准。合乎标准的行为给予肯定并加强；反之亦然。

　　分析了观察学习的四个过程后，班杜拉认为对于道德教育而言，最为重要的显然在于建立强化或破坏抑制这个观察学习过程，这又要从四个具体步骤入手：（1）避免和消除可供模仿的不良道德行为模式，提供好的行为模式，将儿童的注意力从一开始就引向我们所希望的方面来。（2）如果儿童已形成了不良的道德模式，那么为了消除这个不良模式的印象，就要以新异的刺激打破记忆中这个模式；从正面来说，对于一个良好的道德行为模式，可以采取适当的措施加以巩固强化。（3）如果不良的道德模式已经形成，而且一时难以消除，那么就要注意避免它们从内部的潜伏状态变为外部的运动复现，设法阻止这种模式以外表行为方式表现出来。（4）从两个方面考虑动机强化过程和自我调节的作用。一方面注意说理引导与适当的奖励或惩罚，另一方面要重视培养自我意识、自我评价、自我强化和调节的能力。

　　在社会学习德育论中，自我调节是个极为重要的角色。模式模仿和观察学习的四个步骤无不涉及自我调节的作用。观察学习过程中的注意、记忆、运动再现和动机强化过程都需要以主体的积极活动为前提，主体的认

---

① ［美］班杜拉：《社会学习心理学》，郭占基等译，吉林教育出版社 1988 年版，第 25 页。

知因素、情感因素以及兴趣爱好都影响着观察学习的过程及其结果。道德和人格的形成发展是一个逐渐社会化的过程。起初，道德行为习惯的形成主要靠外部的奖惩来调节，以后，主体逐渐内化社会习俗和道德规范，逐渐建立起主体内部的"自我调节系统"，奖惩就成为自身内部的评价和调节功能了。这里，我们应该认识到自我强化、自我调节最初起于成人和外部因素的评价和调节，因此，初期的模式影响在道德发展中是至关重要的。

从以上分析可见，社会学习德育论的特征在于特别强调模仿过程和观察学习中的认知因素和自我调节因素以及个体与环境之间的交互作用。

社会学习论对学校德育的最大贡献在于揭示和论证了示范榜样对儿童道德形成发展的重要作用，从而为学校德育提供了指导依据。班杜拉总结了作用于学生的各种示范，主要有：（1）家长的示范作用。（2）教师的示范作用。教师应是学生的楷模，要以自己好的品行、作风来影响教育学生。（3）伙伴的示范作用。（4）大众传媒的示范作用。要引导学生如何正确对待电影、电视等大众媒介的传播作用。（5）学校环境的示范作用。要十分重视校园文化建设。

班杜拉还强调要注意强化手段的运用，认为应引导学生积极参加德育实践，使学生在助人为乐、协作互帮等活动中获得直接强化。关于间接强化，最主要的是榜样示范。要利用英雄人物的光辉事迹等来强化发展学生良好的道德行为。班杜拉还提出了一套发展儿童自我道德评价以达到自我强化的方法。

社会德育论既致力于培养学生优良的品德行为，也重视矫正克服学生不良的行为。班杜拉指出，这里首要任务是要进行提高自我效能感的矫正学习。自我效能感是指一个人有决心实现某种行为的信念。要使学生建立新的道德信念，帮助学生仿效某种好的行为，并在仿效中给予一定的强化；要鼓励学生独立地参与某种道德活动，并对其表现进行及时强化。

4. 拉塞斯等人的价值澄清理论

价值澄清理论（Valuesclarification）兴起于 20 世纪 60 年代的美国。它同认知发展理论、社会学习理论和人本主义理论一起组成了当代美国最主要的道德教育理论。

该学派认为，价值观来自于个人的生活经验。不同的经验产生出不同的价值观，经验的变化也导致价值观的变化。拉塞斯在《价值与教学》

一书中明确地表达了这一观点。既然价值观都是相对的、个人的，每个人都有自己的价值观，并且"每个人都按他个人的价值观行事"，那么，价值观是不能也不应该传授和灌输给某一个人的。拉塞斯说："从来没有人教会我们怎样把某种价值体系变成我们内心的信念。"如果某个人的价值观要被教给另一个人，那么这种价值观对后者来说就失去了价值的意义了。该学派直言不讳地承认，他们的这个观点是以相对价值论为基础的。

　　尽管价值是相对的，个人的，因而是不能被教给某个人的。然而，价值澄清学派认为，基于一种"人性"的概念，我们可以相信，有理智的人类应该而且有能力学会运用"评价"过程和价值澄清过程（Prolessofvaluing）达到最合适的个人价值。价值澄清过程也是该学派理论的核心内容。它共分成三个部分七个阶段，具体由以下几个步骤构成：（1）自由选择。选择必须是完全自由的，并无任何外力的控制或权威的胁迫。（2）从尽可能多的项目中作出选择。（3）对选择的结果作审慎的、全面的思考。（4）估价和珍视个人的选择。我们所选择的事物必须是我们自己所喜爱和珍视的。（5）把个人的选择向公众公开，并能求得公众的认可。（6）根据所作的选择去行动。（7）重复这种行动并使之成为个人的生活方式。

　　上述七个步骤中的第一步到第三步讲的是如何选择的问题；第四步和第五步是赞赏；第六步和第七步是行动。所以一个价值澄清过程实质上是由选择、赞赏和行动三个分过程组成的。通过这一过程，我们所面临的有关价值的问题得到了评价和澄清，由这样一个过程所产生的结果就成了价值观。

　　拉塞斯等人将价值观选择过程归属于选择、赞赏、行动三个部分，这种分类法类似我们常见的知、情、行分类法。如果完整的价值观在某人身上已经形成，一定是经过了这三部分七阶段。但是，并不是每一件事都是一种价值观，也不需要这样。例如，愿望、兴趣、情感、态度等方面。因此，价值澄清学派把它们称为"价值指针"（ValueIndicators），也就是说，它们包含着价值的可能性，但是只有在经过七个阶段后，"价值指针"才能变为个人的价值观。否则，它们仅停留在指针水平，或者被遗忘不再成为指针了。

　　如果说上述的澄清过程是该学派的理论骨架的话，那么，学校德育实践中的运用方法就是它的血肉了。既有抽象的价值观澄清过程模式，又辅之以具体的多姿多彩的实践策略，这是该学派的一大特色。

该学派指出，儿童需要教师的指导和帮助来形成和发展自己的价值观；教师在帮助学生从事价值澄清过程时，一般要注意以下几点要求：首先，教师要尽可能多地激起学生对他们的日常生活中有关价值的问题的注意。其次，教师必须对学生的言行表示出一种"认可"的态度，使学生觉得教师是在注意他、了解他和尊重他。再次，教师要进一步鼓励学生对他们已经作出的选择或行动进行重新思考评价。

通过澄清过程的运用，教师帮助学生澄清了他们各自的价值观中的混乱，评价了他们所面临的有关价值问题，从而得到了他们自己明晰的价值观；同时，学生从中学会了评价的过程、方法和技能。后者是该学派更重视的目的。

价值澄清方法在教育中的具体应用方式是灵活多样的。拉塞斯等人在《价值与教学》一书中列出了澄清交谈法、书面评价法和班组讲座法及其他 19 种方式，而且每一种方式又分为许多具体的步骤和措施。由柯申鲍姆与西蒙·豪合著的《价值澄清：师生实用策略手册》等书则更详细地介绍了价值澄清理论运用于学校德育的各种方法和具体措施。这些方法和措施具有很强的可操作性，易教易学，实际可行，使一贯以为无法量化的德育工作变成可操作的了，因而深受师生欢迎，这也是该理论盛行不衰的重要原因。价值澄清法成功的一个奥秘就是它很注重现实生活，它的题材大都与儿童生活特点相关联，这是很有积极意义的。

（四）国际组织对德育的贡献

成立于 1925 年的国际教育局和成立于 1945 年的联合国教科文组织（1968 年两个组织签署了一份新的协议，从而使国际教育局自 1969 年起成为教科文组织的组成部分，但仍以国际教育局的名义享受着学术和职能方面的广泛自治）充分发挥其作为国际组织的作用，使世界各国政府和公众逐步认识到教育的重要地位和使命，并在世界范围内推动教育改革和发展。联合国教科文组织在关注世界教育问题的过程中，十分重视德育问题。

1948 年，联合国大会通过的《世界人权宣言》第 26 条第 2 款强调，教育的目的在于充分发展人的个性，并加强对人权和基本自由的尊重。该款的精要是说，教育的根本目的在于塑造和培养人的健全人格。

　　"国际教育大会"系国际教育局的一项主要工作，从 1934 年第三届会议起，每届会议都向各国教育部提出希望采取措施的建议，其中有不少建议就涉及德育的要求。如第 10 号建议：学校督导（1937 年）。"特向各国公共教育部提出如下建议：对各级督导的选择，应在对这一最难履行的职责所需的道德素质和智力成就进行详尽考察之后方可作出。"① 第 24 号建议：青年的国际理解精神的培养和有关国际组织的教学（1948 年）。"所有教育机构的生活的安排，应有助于培养学生的责任感和社会合作精神，这是各国人民之间更好地相互理解所必需的。"② 第 64 号建议：作为为学校课程和生活之组成部分的国际理解教育（1968 年）。"突出人的道德价值和他在尊重人的尊严的基础上为更美好的生活而奋斗的权利。"③ 第 78 号建议：教育对文化发展的贡献（1992 年）。"发展伦理和公民的价值观。教育系统在伦理、公民和道德教育中应发挥一种基本的作用，并与家庭所起作用相互补充。教育系统应与其他机构一起，帮助促进人权、培养民主的行为和确定从未像当今时代如此必要的价值观，如尊重人的尊严、宽容、对话、团结和互助。为了培养这些品质，教师应和学生一起参加一些团结互助活动，帮助病人、穷人或社会处境不利者、老年人和受灾者；学生还可作为组织者，参与为低年级学生和未入学儿童而组织的一些教育、体育和其他活动。向学生提供与上述价值观相一致的道德行为的范例，是十分重要的。在科技教育中，应特别关注伦理方面和行为问题。"④ 第 79 号建议：国际理解教育的总结与展望（1994 年）。"教育必须发展承认并接受存在于各种个人、男女、民族和文化节之中的价值观的能力，并发展同他人进行交流、分享和合作的能力。"⑤ 第 80 号建议：加强教师在多变世界中的作用之教育（1996 年）。"教师不仅应促进学习，还应促进公民的培训和积极地融合于社会，发展好奇性、批判性思维、创造性、首创精神以及自我决心。教师的作用将日益成为团体中学习促进者的作用。而且，面临着其他信息提供者和社会化机构的作用不断增强，人们期望教

---

　　① 联合国教科文组织：《全球教育发展的历史轨迹——国际教育大会 60 年建议书》，赵中建译，教育科学出版社 1999 年版，第 41 页。

　　② 同上书，第 77—78 页。

　　③ 同上书，第 349 页。

　　④ 同上书，第 503 页。

　　⑤ 同上书，第 503 页。

师将担负起道德指引和教育指引的作用，使学习者能够在大量的信息和不同的价值观中不迷失方向。"① 1966 年 10 月，联合国教科文组织通过了《关于教师地位的建议书》。这个建议中提出的师德理想是："应以人类个性的全面发展，以集体精神的、道德的、社会的、文化的和经济的进步，以及以对人权和基本自由极大尊重的谆谆告诫为目标，将最主要的注意力集中于教育对于和平以及对于各民族、种族或宗教集团间的了解、宽容和友谊所作的贡献上。"

联合国教科文组织公布的一系列报告，从 1972 年的《学会生存——教育世界的今天和明天》到 1996 年《教育——财富蕴藏其中》，更是现代世界教育史上的一个个崭新的里程碑。报告在阐述"全民教育""终身教育"和"走向学习化的社会"等教育思想时，也深刻论述了现代德育。《学会生存——教育世界的今天和明天》中提出："现在，教育在历史上第一次为一个尚未存在的社会培养着新人。"② "这个新人必然能够在他日益增长的理解能力、肌体能力方面和潜在的另一方面，即个性的情感与道德方面建立一种和谐状态"，③ "教育的一个特定目的就是培养感情方面的品质，特别是在人和人的关系中的感情品质"。④ 面向 21 世纪的著名报告《教育——财富蕴藏其中》把德育放在突出贡献地位。其中指出：在"本报告准备之时，正是人类面临着战争、犯罪、贫困所造成的种种不幸，而在过去的老路和另择新路之间彷徨的时候，让我们向人们提供另一条路。这条路将重新强调指出教育的道德文化层面"。⑤ "教师作为变革的因素，在促进相互理解和宽容方面，其作用的重要性从未像今日这样不容置疑……这一变革的迫切需要赋予教师以巨大职责，他们更要为培养新一代人的性格和精神做出贡献。"⑥ "教师的巨大力量在于作出榜样。""无论是教师的入门培训还是在职培训，其主要使命之一是在教师身上发展社会

---

① 联合国教科文组织：《全球教育发展的历史轨迹——国际教育大会 60 年建议书》，赵中建译，教育科学出版社 1999 年版，第 525 页。

② 联合国教科文组织国际教育发展委员会：《学会生存——教育世界的今天和明天》，华东师范大学比较教育研究所译，教育科学出版社 1996 年版，第 36 页。

③ 同上书，第 21 页。

④ 同上书，第 194 页。

⑤ 国际 21 世纪教育委员会：《教育——财富蕴藏其中》，联合国教科文组织总部中文科译，教育科学出版社 1996 年版，第 2 页。

⑥ 同上书，第 134 页。

期待于他们的伦理的、智力的和情感的品质,以使他们日后能在他们学生身上培养同样的品质。"① 1978 年,联合国秘书长向关于道德价值观、课程设计与当代世界需求之间关系的国际讨论会发出贺电,表示对讨论会及会议主题的深深关切:"我谨以联合国秘书长的名义,祝贺联合国教科文组织发起召开这样一次重要国际会议。……尤其令我感到鼓舞的是:关于国际合作的教育已成为越来越多国家的道德教育和公民教育的有机部分。"第二年,联合国教科文组织又召开了分析"课程设计"与道德教育关系的国际性会议。会议着重分析了影响道德教育质量的各种社会力量,指出这些社会力量的作用大小在各国不尽一致,但必须认真对待。会议在有关道德教育的许多问题上达成了共识。1986 年的国际教育大会更是明确地提出要求,即"通过智育、德育、体育、美育来教育青年,促进个人全面和协调的发展"。

1989 年联合国教科文组织在北京召开题为"面向 21 世纪的教育"国际研讨会。会上讨论分析 21 世纪人类面临哪些挑战的问题时,被列为第一位的是道德、伦理、价值观的挑战,并因此将会议主题定为"学会关心:21 世纪的教育"。② 近 20 年来,"学会关心"已开始成为当代各国教育的主题。众所周知,此前联合国教科文组织曾经提出的教育主题是"学会生存"。"学会生存"侧重的是认识和改造物质世界的问题;"学会关心""学会共同生活"则将重点转向解决人对人的理解、关心、合作的问题,是思想道德素质的问题。"学会关心"和"学会共同生活"是要关心个人、他人、群体、全人类;关心社会、经济、生态、全球生存环境;关心真理、知识、学习;树立群体意识、合作精神、社会责任感和共同生活的价值观等。新的主题针对的是:"越来越多的人受到损人利己动机的驱使,对为社会服务和树立对社会利益的责任感越来越没有兴趣,需要回到具有关心特征的早期时代的价值观。"③ 新主题的确立,标志着全球教育转向对做人教育即思想道德教育的重视。"会关心,是一种理智、情感

---

① 国际 21 世纪教育委员会:《教育——财富蕴藏其中》,联合国教科文组织总部中文科译,教育科学出版社 1996 年版,第 143 页。

② 桑新民、邵伯林:《世纪结束年代的教育思考——"面向 21 世纪教育"国际讨论会综述》,《教师教育研究》1989 年第 6 期。

③ 王一兵:《提高教育质量迎接 21 世纪的挑战》,《教育研究》1990 年第 2 期。

与行动交融的美德";① 学会关心和学会共同生活，是追求塑造人格美，是思想道德教育的内容和任务。从"学会生存"到"学会关心""学会共同生活"，应当说是人们对教育认识的进步。澳大利亚未来委员会主席埃利雅德博士介绍了联合国经济合作与发展组织关于未来人都应掌握"三张教育通行证"的讨论：一张是学术性的，一张是职业性的，第三张则是证明一个人的事业心和开拓能力。他认为过去人们往往重视前两张通行证，而忽视人的事业心和开拓精神。如果一个人缺乏这方面的素质，学术和职业潜能就不能发挥，甚至变得没有意义。

1996 年，世界 21 世纪教育委员会提出了 21 世纪人才素质的七条标准：积极进取开拓的精神；崇高的道德品质和对人类的责任感；在急剧变化和竞争中有较强的适应能力；有宽厚扎实的基础知识和基本技能；有终身学习的本领；有丰富多彩的健康个性；具有和他人协作与进行国际交往的能力。② 这充分显示了世界教育主题思想的转向已影响到人才培养目标的变化。这也明确地传递了同样的信息，即 21 世纪的人才应该有全面的素质，其中思想道德素质是最重要的素质。

1998 年 10 月，联合国教科文组织在巴黎召开的首次世界高等教育大会明确提出了高等教育首先要"培养高素质的毕业生和负责的公民"。大学毕业生应是高素质的，且他的一言一行应该是对社会负责。高素质必包含有思想道德素质，对社会有责任心是个体思想道德素质高的一种表现。由此可知，对大学生思想道德素质的要求是全球性的。事实上世界许多国家的高等院校都有着丰富生动的思想道德教育实践，注重采取多种形式和途径对大学生进行思想道德教育。例如，在高等院校里，就课堂教学的形式而言，英国设有政治课、宗教课；法国设有道德公民课、哲学课；德国设有伦理课、社会课；美国设有社会研究课、职业道德课；澳大利亚设有价值观课等。除此之外，他们还有其他隐形教育、心理咨询、社会服务、宗教活动等多种德育形式。当然，不同社会性质的国家对大学生思想道德教育的内容和要求在本质上截然不同。不同社会性质的国家对大学生进行的是不同的思想意识、价值观念等的思想道德教育。

---

① 鲁洁：《人对人的理解：道德教育的基础——道德教育当代转型的思考》，《教育研究》2000 年第 7 期。

② 陈秉公、刘英莲：《二十一世纪与国民性格——兼谈"真、善、勇、美"》，《光明日报》1998 年 5 月 27 日。

三　马克思主义经典作家论德育

（一）马克思主义经典作家论德育

1. 马克思、恩格斯论德育

马克思、恩格斯关于德育的基本观点，主要见于《德意志意识形态》《共产党宣言》《共产主义原理》《青年在选择职业时的考虑》《资本论》等著作中。

（1）关于德育的目的

马克思、恩格斯十分重视人的全面发展。他们认真研究和阐述了人的全面发展的条件，提出了人的全面发展的理论，论述了德育的根本目的是培养全面发展的新人。

在马克思、恩格斯看来，人的全面发展是由社会进步及人的认识的不断发展等因素所决定的。一方面，社会进步需要人的全面发展，这一要求的突出表现是，消灭私有制需要人的全面发展。另一方面，人的全面发展也依赖于社会进步，只有当社会消灭了私有制，消灭了以私有制为基础的旧的分工，并且实施长期的全面发展的教育，人才可能获得全面而又独特自由的发展。马克思、恩格斯认为，人的全面发展，即是自然历史赋予人的各种潜能素质的充分发挥、人的个性的丰富完满、人的历史发展的必然归宿。它不仅意味着人的智力、体力多方面的充分的自由发展，而且也包括人在道德和精神方面的自由自在的发展。共产主义教育（包括德育）是培养、造就全面发展的人的手段和社会性的实践活动。

（2）关于德育的原则

马克思、恩格斯认为，德育必须从实际出发，理论联系实际，从客观实际中认识客观规律，按客观规律办事。马克思、恩格斯反复强调，他们的理论不是教条，而是行动的指南。不是从本本出发，而是从实际出发；不是从观念出发，而是从实践出发，这是马克思主义的精髓，也是马克思主义德育的基本原则。按照马克思、恩格斯的观点，"一步实际行动比一打纲领更重要"，"正确的理论必须结合具体情况并根据现存条件加以阐明和发挥"。① 他们不仅主张理论要联系实际，要落实在行动中，还强调要与生产劳动相结合，提出了"劳动创造世界""劳动创造了人"的著名论断，认为"体力劳动是防止一切社会病毒的伟大消毒剂"，② 要"把教育同物质生产结合起来"。③ 马克思十分强调道德的自律。他在《评普鲁士最近的书报检查令》一文中写道："道德和基础是人类精神的自律，而宗教的基础是人类精神的他律。"④

（3）关于德育的内容

在马克思、恩格斯看来，在阶级社会中，没有抽象的道德，没有超阶级的道德。恩格斯说："道德始终是阶级的道德"，⑤"实际上，每个阶级，甚至每个行业都各有各的道德"。⑥ 可见，道德以及德育的内容总是从属于一定阶级的，是为一定阶级的统治和利益服务的。德育的内容主要有：第一，共产主义思想教育。马克思、恩格斯指出，共产党人的理论原理，决不是以这个或那个世界改革家所发明或发现的思想、原则为根据的。而是现存的阶级斗争，眼前的历史运动的真实关系的一般表现。共产主义是无产阶级的整个思想体系，同时又是一种新的社会制度。为了废除资产阶级的所有制，消灭私有制，坚信即将到来的社会革命将以共产主义原则的实现而告终，就必须从事实出发，而不是从原则出发来进行共产主义思想教育，把共产主义看成是用实际手段来追求实际目的的最实际的运动。第二，人生观教育。马克思、恩格斯认为，自私自利的资产阶级的人生观和无产阶级的人生观是根本对立的。在马克思、恩格斯看来，实现共产主义和人类解放的壮丽事业，为大多数人谋幸福是最值得仰慕、神往和追求的人生目的。第三，爱国主义和国际主义教育。马克思、恩格斯教导人们，一个富有生命力的民族受到外国侵略者压迫的时候，必须用自己的全部力量、全部心血、全部精力反抗外来的敌人，保卫自己的祖国和家园。但爱国主义和国际主义是能够统一起来的。一方面，在各国无产者的斗争中，共产党人强调和坚持整个无产阶级的不分民族的共同利益；另一方面，在

---

① 《马克思恩格斯全集》第 27 卷，人民出版社 1972 年版，第 433 页。

② 《马克思恩格斯全集》第 31 卷，人民出版社 1972 年版，第 538 页。

③ 《马克思恩格斯选集》第 1 卷，人民出版社 1972 年版，第 273 页。

④ 《马克思恩格斯全集》第 1 卷，人民出版社 1960 年版，第 15 页。

⑤ 《马克思恩格斯选集》第 3 卷，人民出版社 1972 年版，第 134 页。

⑥ 《马克思恩格斯选集》第 4 卷，人民出版社 1972 年版，第 236 页。

无产阶级和资产阶级的斗争所经历的各个发展阶段上，共产党人始终代表整个运动的利益。第四，集体主义教育。马克思、恩格斯教育人们，个人是微弱的，集体是力量的源泉，只有在集体中，个人才能获得全面发展其才能的手段。在真实的集体的条件下，各个个人在自己的联合中并通过这种联合获得自由。个别人的私人利益必须符合于全人类的利益。集体主义并不否认个人利益，而是把个人利益与集体利益结合起来。

2. 列宁论德育

列宁在新的历史条件下，继承和发展了马克思、恩格斯的德育思想，在其一系列演说和著作中，阐述了无产阶级德育这个重要问题，留下了丰富的德育思想遗产。

（1）关于德育的目的

列宁十分重视在革命和建设的实践中对人民群众特别是青年进行共产主义思想品德教育，培养共产主义一代新人。他把共产主义德育与无产阶级的共产主义事业紧密联系在一起来考察德育的目的、意义及作用。列宁指出："为巩固和完成共产主义事业而斗争，这就是共产主义道德的基础。"[①] 他把思想道德建设作为建设社会主义的重要内容之一，指出最主要的是向广大劳动群众灌输共产主义思想，树立共产主义道德，同旧观念、旧习惯进行最彻底的决裂。列宁还要求使培养、教育和训练现代青年的全部事业，成为培养青年的共产主义道德的事业。"青年团的任务就是要这样来安排自己的实际活动，使青年在学习、组织、团结和斗争的过程中，把自己和自己所领导的一切人都培养成共产主义者。"[②] 可见，列宁十分重视发挥思想德育在培养实现共产主义的一代人中的作用。

（2）关于德育的原则

在德育的原则上，列宁强调坚持共产主义方向、集体主义和灌输三大基本原则。列宁指出，社会主义、共产主义是庄严的信念，因此，人民必须有共产主义远大理想，树立社会主义、共产主义的必胜信心和良好的道德品质。他要求党和政府在对广大劳动者、青年进行思想道德教育中，坚持共产主义方向，同一切反社会主义、反苏维埃的敌对势力进行不调和的斗争。列宁还认为，"我们要努力把'人人为我，我为人人'和'各尽所

---

① 《列宁选集》第 4 卷，人民出版社 1972 年版，第 355 页。

② 同上书，第 351 页。

能，各取所需’的原则灌输到群众的思想中去，变成他们的习惯，变成他们的生活常规”。① 这里所说的“人人为我，我为人人”的原则，是一种崭新的道德原则。列宁提出的这种包含集体主义道德原则的基本思想，并要求以此为指针去进行德育，即把其作为德育的基本原则，作为无产阶级和劳动群众的日常习惯。

（3）关于德育的内容

列宁从加强对人民群众的共产主义思想道德教育，使其成为社会主义、共产主义献身的劳动者的总目标出发，提出了德育的内容，主要有：第一，劳动教育。列宁高度评价在社会主义时期涌现出来的自觉地为社会主义造福的共产主义劳动态度，把它作为人们努力奋斗的理想目标之一，并分析了这一目标对人们产生的意义和深刻的道德影响。他高度评价了共产主义星期六义务劳动，并坚信“提出这个问题，整个先进无产阶级（共产党和工会）和国家政权提出这个问题，就已经是在这条路上前进了一步”。② 第二，社会公德教育。列宁把广大社会成员逐渐习惯于遵守公共生活规则作为整个社会道德进步的重要标志，作为德育的重要内容。他强调，社会主义社会应该通过教育并创造条件，使社会成员或至少绝大多数成员学会管理国家，并加快向共产主义过渡的步伐，这样，人们对于人类一切公共生活的简单的基本规则就会很快从必须遵守变成习惯于遵守了。第三，纪律教育。列宁指出，无产阶级的无条件的集中制和极严格的纪律，是战胜资产阶级的基本条件之一。他强调，无产阶级政党内部需要实行极严格的集中制和极严格的纪律，才能使无产阶级正确地、有效地发挥自己的组织作用。共青团也要使大家受到自觉的有纪律的劳动教育。在列宁看来，只有把全体青年都组织起来，在实际斗争中作出受教育和守纪律的榜样，才能成为共产主义者。

（二）中国共产党历代领导论德育

1. 毛泽东论德育

毛泽东历来重视德育，无论在理论上或实践上都有极其伟大的建树。

---

① 《列宁选集》第4卷，人民出版社1972年版，第354页。

② 同上书，第176页。

（1）关于德育的地位与作用

毛泽东始终把德育工作作为大事来抓。德育是实现教育目标的重要保证，是全面发展教育的重要组成部分。毛泽东指出，"我们的教育方针，应当使受教育者在德育、智育、体育几方面都得到发展，成为有社会主义觉悟的有文化的劳动者"。[1] 他还提出了"三好"和"又红又专"的重要思想。

（2）关于德育的原则

毛泽东关于德育原则的思想，可以归纳为五个方面：第一，理论联系实际的原则。毛泽东认为理论联系实际是德育的一条基本原则。他曾经生动地将理论联系实际比作"有的放矢"，并且指出能否用马克思主义的理论来解决实际问题是衡量工作成绩的唯一标准。[2] 第二，团结—批评—团结的原则。在毛泽东看来，德育是做人的工作，不能简单化，要积极引导，说服教育。他指出，"对于思想问题采取粗暴的办法，那是有害无益的"[3]。要本着"团结—批评—团结"的原则，摆事实，讲道理，以理服人。第三，德育与物质利益相结合的原则。毛泽东指出，"马克思列宁主义的基本原则，就是要使群众认识自己的利益，并且团结起来，为自己的利益而奋斗"。[4] 并强调指出，"给人民以看得见的物质福利"，[5] 以调动广大人民群众的积极性。第四，向自己教育对象学习的原则。我们的教育对象是广大的人民群众，而群众是社会实践和认识的主体。毛泽东说："许多东西单从书本上学是不成的，要向生产者学习，向工人学习，向农民学习，在学校则要向学生学习，向自己教育的对象学习。"[6] 第五，经常性原则。毛泽东认为，德育工作是一项长期的、复杂的工作。他指出，"我们的同志一定要懂得思想改造的工作是长期的、耐心的、细致的工作，不能企图上几次课，开几次会，就把人家在几十年生活中形成的思想意识改过来"[7]。为此，他主张进行德育要持之以恒。

---

① 《毛泽东著作选读》下册，人民出版社 1986 年版，第 781 页。

② 《毛泽东选集》第 3 卷，人民出版社 1991 年版，第 817 页。

③ 《毛泽东选集》第 5 卷，人民出版社 1977 年版，第 415 页。

④ 《毛泽东选集》第 4 卷，人民出版社 1991 年版，第 1318 页。

⑤ 《毛泽东著作选读》下册，人民出版社 1986 年版，第 563 页。

⑥ 《毛泽东选集》第 5 卷，人民出版社 1977 年版，第 407 页。

⑦ 同上书，第 415 页。

（3）关于德育的内容

毛泽东认为德育的内容必须与一定社会的政治经济形势相适应。在社会发展的不同时期，德育的内容也有不同的变化，表现出鲜明的阶级性和时代特色。但同时他又认为，有些德育的内容又是相对稳定的，在党的各个历史时期都是共同适用的。这些内容主要有：第一，马克思主义的世界观教育。世界观是人们对整个世界的总的看法和根本观点，不同的阶级，由于社会实践中所处的地位不同，逐渐形成不同的世界观。为此，毛泽东非常重视用正确的世界观，即辩证唯物主义和历史唯物主义来教育人民群众，并把世界观的教育视为根本性的教育。他说："世界观的转变是一个根本的转变。"① 它关系到人们观察、处理问题的根本出发点和态度，关系到人们在认识世界和改造世界中的作用。第二，正确的人生观教育。人生观是指一个人对整个人生的根本观点。毛泽东提倡的是全心全意为人民服务的人生观，是马克思主义世界观在人生问题上的具体体现，其实质是要为全人类的彻底解放而英勇献身。他在《纪念白求恩》一文中，高度称赞了"白求恩同志毫不利己，专门利人"的共产主义精神，号召大家学习这种精神。他还明确指出，为人民服务是每个革命者的一切言论和行为的出发点和归宿，是共产主义人生观的主要标志。第三，共产主义的道德观教育。集体主义是社会主义和共产主义道德的原则，也是处理国家、集体和个人关系时必须遵循的基本准则。毛泽东认为，培养共产主义的道德品质，就是要使人们具有公而忘私、忠诚老实、助人为乐的高尚情操。他提出，"自私自利，消极怠工，贪污腐化，风头主义等等，是最可鄙的；而大公无私，积极努力，克己奉公，埋头苦斗的精神，才是可尊敬的"。② 毛泽东还要求我们在做事情、想问题、干工作时，都必须把集体利益放在首位，做到个人服从集体，主动为集体尽义务；当个人与集体利益发生矛盾时，个人利益应该服从集体利益，在必要的情况下，甚至要用自己的生命来维护集体和社会的利益。第四，社会主义民主和法纪教育。高度的社会主义民主和健全的社会主义法制，是完善社会主义的根本保证，也是我们国家长治久安的根本保证。对此，毛泽东高度重视民主和法纪教育问题。在民主教育问题上，毛泽东历来是重视的，并有过不少论

① 《毛泽东著作选读》下册，人民出版社1986年版，第779页。
② 《毛泽东选集》第2卷，人民出版社1986年版，第522页。

述。例如，在红军初创时期，他在《井冈山的斗争》一文中就说过，军队内的民主主义制度，将是破坏封建雇佣军队的一个重要的武器。在抗日战争时期，他又指出，扩大党内民主，应看作是巩固党和发展党的必要步骤，是使党在伟大斗争中生动活泼、生长新的力量、突破战争难关的一个重要武器。在法纪教育上，毛泽东始终认为纪律是革命和建设胜利的重要保证。为了"坚决地克服许多地方存在着某些无纪律状态或无政府状态"，他强调："必须重申党的纪律，……谁破坏了这些纪律，谁就破坏了党的统一。"因此，他主张把自由与纪律、民主和集中统一起来。

2. 邓小平论德育

邓小平对德育历来十分重视。他在著作和谈话中多次提到和论述了德育，并把它看成是建设有中国特色社会主义的生死攸关的问题之一。他紧密结合中国的国情和建设有中国特色社会主义的实践，运用马克思主义观点阐明重要的道德理论和道德实践问题。

（1）德育的根本目标是为社会主义现代化建设培育"四有"新人

党的十一届三中全会以来，我国进入了社会主义现代化建设的新时期。什么是社会主义，怎样建设社会主义？这是邓小平始终关注和思考的大问题。他充满睿智地指出，现代化建设需要大批人才，新的时代需要新型的人才。"我们在建设具有中国特色社会主义时，一定要坚持发展物质文明和精神文明，……教育全国人民做到有理想、有道德、有文化、有纪律。"① 因为在新时期，只有具备了"有理想、有道德、有文化、有纪律"的一代新人，才能切实担当建设有中国特色社会主义的重任。所以德育必须从我国社会主义现代化建设的大局出发，把培育"四有"新人作为根本目标。

在邓小平看来，德育不仅是精神文明建设的重要内容，而且对于物质文明建设具有促进作用。他多次提醒大家：要两手抓，两手都要硬。不加强精神文明的建设，物质文明的建设也要受破坏，"没有这种精神文明，没有共产主义思想，没有共产主义道德，怎么能建设社会主义？"② 他还说："经济建设这一手我们搞得相当有成绩，形势喜人……但风气如果坏下去，经济搞成功又有什么意义？会在另一方面变质，反过来影响整个经

---

① 《邓小平文选》第3卷，人民出版社1993年版，第110页。
② 《邓小平文选》第2卷，人民出版社1994年版，第367页。

济变质，发展下去会形成贪污、盗窃、贿赂横行的世界。"① 针对一度出现的"一手硬、一手软"的状况，他在和中央负责同志谈话时指出，十年来我们的最大失误是在教育方面，对青年的政治思想教育抓得不够，教育发展不够。他要求：抓精神文明建设，抓党风，社会风气，抓德育，必须狠狠地抓，一天不放松地抓，从具体事件抓起，真正抓紧大有希望。他在"南方谈话"中殷切期望：要教育人民成为"四有"人民，教育干部成为"四有"干部，特别要教育好青年，教育好后代。

（2）德育的核心是树立全心全意为人民服务的思想

为人民服务是中国共产党人的宗旨和精神品格，也是社会主义道德的核心，是社会主义道德区别和优越于其他社会形态道德的显著标志。邓小平明确指出，搞社会主义现代化建设，同样要大力发扬全心全意为人民服务的思想，"要教育全党同志发扬大公无私、服从大局、艰苦奋斗、廉洁奉公的精神，坚持共产主义思想和共产主义道德"。② 用共产主义道德约束共产党员和先进分子的言行，倡导为人民服务的道德观，表彰"全心全意为人民服务"。并认为，如果一个共产党员没有这些精神，就不能算是一个合格的共产党员。不但如此，我们还要大声疾呼并以身作则地把这些精神推广到全体人民、全体青少年中间去，使之成为中华人民共和国的精神文明的主要支柱，为世界上一切要求革命、要求进步的人们所向往，也为世界上许多精神空虚、思想苦闷的人们所羡慕。邓小平的这些论述对于加强市场经济下的德育具有很强的警示作用。

（3）德育的基本原则是坚持集体主义

邓小平在新的历史条件下坚持和发展了集体主义的道德原则。他坚持马克思主义的物质利益原则，强调要重视群众的个人利益，切实贯彻关心群众利益的按劳分配政策，主张让一部分人、一部分地区通过诚实劳动、合法经营先富起来，最终达到共同富裕。他说："不讲多劳多得，不重视物质利益，对少数先进分子可以，对广大群众不行，一段时间可以，长期不行。革命精神是非常宝贵的，没有革命精神就没有革命行动。但是，革命是在物质利益的基础上产生的，如果只讲牺牲精神，不讲物质利益，那

---

① 《邓小平文选》第 3 卷，人民出版社 1993 年版，第 154 页。
② 《邓小平文选》第 2 卷，人民出版社 1994 年版，第 367 页。

就是唯心论。"① 与此同时，他又十分重视维护和发展社会集体的利益，他说："我们提倡按劳分配，承认物质利益，是要为全体人民的物质利益奋斗。每个人都应该有他一定的物质利益，但是这决不是提倡各人抛开国家、集体和别人，专门为自己的物质利益奋斗，决不是提倡各人都向'钱'看。要是那样，社会主义和资本主义还有什么区别。"② 他还进一步指出，在社会主义制度下，个人利益要服从集体利益，局部利益要服从整体利益，暂时利益要服从长远利益，或者叫小局服从大局，小道理服从大道理。我们提倡和实行这些原则，决不是说可以不顾个人利益，而是因为在社会主义制度下，归根到底，个人利益和集体利益是统一的，局部利益和整体利益是统一的，暂时利益和长远利益是统一的。我们必须按照统筹兼顾的原则来调节各种利益的相互关系，反对小团体主义、本位主义和损公肥私、损人利己。所有这些论述，极大地丰富了社会主义条件下集体主义德育的内涵。

（4）德育的基本内容是大力弘扬爱国主义，坚持社会主义方向

邓小平认为，在我国社会主义初级阶段，要在全体人民中进行以"五爱"为中心的社会主义德育，坚持"五讲四美三热爱"，加强社会公德、职业道德和家庭美德教育。其基本内容是弘扬爱国主义，坚持社会主义。他指出，一定要在全党和全国范围内有领导、有计划地大力提倡社会主义道德风尚，热爱社会主义祖国，提高民族自尊心，坚持走社会主义道路的信心。他说："必须发扬爱国主义精神，提高民族自尊心和民族自信心。否则我们就不能建设社会主义，就会被种种资本主义势力所侵蚀腐化。"③ "中国人有自己的民族自尊心和自豪感，以热爱祖国、贡献全部力量建设社会主义祖国为最大光荣，以损害社会主义祖国利益、尊严和荣誉为最大耻辱。"④ 只有社会主义才能救中国，这是中国人民从长期革命斗争的深切体验中得出的不可动摇的历史结论。

邓小平认为，在当今热爱祖国和热爱社会主义是一致的，都是社会主义德育的基本内容。他严厉批评了"不爱社会主义不等于不爱国"的错误思想。他指出："难道祖国是抽象的吗？不爱共产党领导的社会主义的

---

① 《邓小平文选》第 2 卷，人民出版社 1994 年版，第 146 页。

② 同上书，第 337 页。

③ 《邓小平文选》第 2 卷，人民出版社 1994 年版，第 369 页。

④ 《邓小平文选》第 3 卷，人民出版社 1993 年版，第 3 页。

新中国，爱什么呢？港澳、台湾、海外的爱国同胞，不能要求他们都拥护
社会主义，但是至少也不能反对社会主义的新中国，否则怎么能叫爱国
呢？至于对中华人民共和国领导下的每一个公民，每一个青年，我们的要
求当然要更高一些。"① "如果我们不坚持社会主义，最终发展起来也不过
成为一个附庸国，而且连想要发展起来也不容易。现在国际市场经济被占
得满满的，打进去很不容易。只有社会主义才能救中国，只有社会主义才
能发展中国。不走社会主义道路中国没有前途。"② "如果没有共产党的领
导，不搞社会主义，不搞改革开放，就呜呼哀哉了，哪里能有现在的中
国？"③ 他反复强调要用中国的历史教育青年，教育人民，中国只能走社
会主义道路。

　　（5）德育的重点是青少年教育

　　青少年是祖国的未来和希望。邓小平一向寄厚望于青少年。他说：
"青年一代的成长，正是我们的事业必定要兴旺发达的希望所在。"④ 他在
论述德育时，总是十分强调要抓好青少年的德育工作。

　　学校是对青少年进行系统德育的重要阵地。邓小平指出，德育要从小
抓起，要根据青少年的身心特点进行德育。他说："革命的理想，共产主
义的品德，要从小开始培养。"⑤ "从小养成守纪律、讲礼貌，维护公共利
益的良好习惯。"⑥ 他充分肯定了清华大学的经验："学生从到学校第一天
起，就要对他们进行政治思想工作。"⑦ 提出："要加强各级学校的政治教
育、形势教育、思想教育，包括人生观教育、德育。"⑧ "要大力在青少年
中提倡勤奋学习、遵守纪律、热爱劳动、助人为乐、艰苦奋斗、英勇对敌
的风尚，把青少年培养成为忠于社会主义祖国、忠于无产阶级革命事业、
忠于马克思列宁主义毛泽东思想的优秀人才。"⑨

---

① 《邓小平文选》第2卷，人民出版社1994年版，第392页。
② 《邓小平文选》第3卷，人民出版社1993年版，第331页。
③ 同上书，第326页。
④ 《邓小平同志论教育》，中央文献出版社1989年版，第54页。
⑤ 《邓小平文选》第2卷，人民出版社1994年版，第105页。
⑥ 同上书，第369页。
⑦ 同上书，第290页。
⑧ 同上书，第369页。
⑨ 同上书，第106页。

（6）德育的方法是从实际出发，加强针对性和层次性教育

德育要讲究方式方法。邓小平根据精神文明建设的客观规律，总结我党几十年来德育工作的经验，结合当前改革开放的实际，提出了一套行之有效的德育方法：（1）联系实际、据实讲解的方法；（2）透彻说理、从容讨论的方法；（3）区分层次、因人施教的方法；（4）教育与法制相结合的方法；（5）寓德育于活动之中、发动全社会的力量进行德育；（6）以身作则、率先垂范的方法。

3. 十三届四中全会以来党的领袖论德育

党的十三届四中全会以来，面对世界高新技术的发展和社会主义市场经济的新形势，江泽民对德育做出了一系列重要指示和论述。（1）德育的重点是青少年和干部。青少年是重点，关系着祖国未来；干部是关键，关系着事业成败。建设有中国特色社会主义的伟大事业，需要培育一代又一代有理想、有道德、有文化、有纪律的社会主义公民。对此，江泽民指出，"青少年是祖国的未来、民族的希望，要十分重视青少年思想道德建设"。① 并要求全党全社会高度重视，学校、家庭、社会密切配合，为他们的健康成长创造良好的环境。党和国家的干部特别是领导干部在德育中担负着十分重要的责任。他们的言行如何、形象怎样，不但影响着党的威信和声誉，而且影响着德育的成效。（2）要深入持久地开展以为人民服务为核心、集体主义为原则的社会主义道德观教育。为人民服务是社会主义道德的集中体现，集体主义是社会主义道德的基本精神。经过我们党的长期实践和倡导，为人民服务已经逐步成为大多数社会成员普遍接受和认同的基本道德准则。在发展社会主义市场经济条件下，更要围绕社会主义道德建设的这个"核心"，在全社会坚持倡导为人民服务的思想和精神，倡导集体主义的思想和精神，倡导个人利益服从国家利益、局部利益服从整体利益、眼前利益服从长远利益。从而在全社会形成团结互助、平等友爱、共同前进的人际关系。（3）要加强社会主义民主法制教育和纪律教育。社会主义道德风尚的形成、巩固和发展，要靠教育，也要靠法制。因此，在进行德育的过程中，要"加强民主法制教育和纪律教育"，增强人们的民主法制观念和权利义务观念，提高遵守纪律、依法办事、依法律

---

① 江泽民：《高举邓小平理论伟大旗帜，把建设有中国特色社会主义事业全面推向二十一世纪——在中国共产党第十五次全国代表大会上的报告》，《人民日报》1997 年 9 月 12 日。

己、依法维护自身合法权益和运用法律武器同违法犯罪行为作斗争的自
觉性。

　　党的十六大以来，胡锦涛从建设社会主义和谐社会的全局高度，从培
养什么人、怎样培养人的战略高度，对德育工作提出了一系列的新思想、
新观点和新论断。（1）科学提出了"培养什么人、怎样培养人"的重大
命题。2005 年 1 月中旬，党中央在北京召开了全国加强和改进大学生思
想政治教育工作会议。这是新中国成立以来第一次以党中央名义召开的大
学生思想政治教育工作会议。在这次会议上，胡锦涛发表了重要讲话。他
深刻指出："培养什么人、如何培养人，是我国社会主义教育事业发展中
必须解决好的根本问题。正确认识和切实解决好这个问题，事关党和国家
的长治久安，事关中华民族的前途命运。"他进一步强调："办好高校，
首先要解决好培养什么人、如何培养人这个根本问题。"为此，高校就必
须全面实施素质教育。因为，"全面实施素质教育，核心是要解决好培养
什么人、怎样培养人的重大问题，这应该成为教育工作的主题"。①
（2）科学提出了"育人为本、德育为先"的重要理念。胡锦涛在全国优
秀教师代表座谈会上的讲话中指出，"要坚持育人为本、德育为先，把立
德树人作为教育的根本任务"，努力培养中国特色社会主义事业的建设者
和接班人。他强调指出，我国高校办得怎么样？我国高等教育事业发展得
怎么样？首先要看培养出来的大学生是不是合格，特别是思想政治素质是
不是合格。全国高校要始终不渝地全面贯彻党的教育方针，坚持学校教
育、育人为本，坚持德智体美、德育为先，充分发挥大学生思想政治教育
主阵地、主课堂、主渠道的作用，全方位推进大学生思想政治教育，多方
面促进大学生全面发展，为培养造就一代新人做出贡献。《中共中央、国
务院关于进一步加强和改进大学生思想政治教育的意见》明确规定："学
校教育要坚持以育人为本、德育为先，把人才培养作为根本任务，把思想
政治教育摆在首要位置。"（3）科学提出了德育工作是一项系统工程。胡
锦涛指出，加强和改进大学生思想政治教育工作是一项系统工程，必须把
社会各方面的力量动员起来，把社会各方面的资源整合起来，使他们充分
发挥作用、密切配合，形成加强和改进大学生思想政治教育工作的强大合

---

　　①　胡锦涛：《进一步加强和改进大学生思想政治教育工作》，《人民日报》2005 年 1 月
19 日。

力。他特别强调，各高校要切实担负起加强和改进大学生思想政治教育工作的重任，建立健全党委统一领导、党政群齐抓共管、全体教职员工全员育人、全方位育人、全过程育人的工作机制。各级宣传、教育等党政有关职能部门和共青团等群众组织，在大学生思想政治教育中担负着重要职责，要按照分工协作的要求，认真担负起各自应尽的职责，发挥各自优势，共同做好工作。培养造就千千万万的优秀人才，使大学生能够与时代同步伐、与祖国共命运、与人民齐奋斗。

　　党的十八大以来，习近平提出了中国梦的伟大战略构想，创新了德育话语体系，多次对德育工作作出重要论述，提出了新要求、新观点和新思想。这些论述内涵丰富、思想深刻，具有极强的针对性和指导性。(1)用中国梦引领青年一代。2012年11月29日，新一届中央领导集体在国家博物馆参观《复兴之路》展览时，习近平深情地阐述了中国梦。他说："现在，大家都在讨论中国梦，我以为，实现中华民族伟大复兴，就是中华民族近代以来最伟大的梦想。"中国梦的提出，极大地激发了人民群众实现民族复兴的内心渴望和高涨热情。中国梦深刻道出了中国近代以来历史发展的主题主线，深情描绘了近代以来中华民族生生不息、不断求索、不懈奋斗的历史。中国梦体现了历史、现实、未来的紧密联系，是中华民族孜孜以求的质朴梦想和美好愿景，具有鲜明的中国特色、民族风格、文化底蕴。没有任何一个梦想像中国梦那样打动人心、激励人心、凝聚人心，也没有任何一个梦想像中国梦那样成为一代又一代中华民族的优秀儿女为之牺牲、为之探索、为之奋斗的伟大追求。中国梦的实现在于青年。习近平在与年轻人谈到中国梦时指出："中国梦是我们的，更是你们青年一代的。中华民族伟大复兴终将在广大青年的接力奋斗中变为现实。"① 中国特色社会主义事业需要一代又一代有志青年接续奋斗，中国梦将在青年一代的未来发展中成为现实。要教育青年学生永远热爱祖国、热爱人民、热爱中华民族，在投身中国特色社会主义的伟大事业中，在实现中华民族复兴的伟大事业中焕发出绚丽光彩。(2)努力用中华民族创造的一切精神财富来以文化人、以文育人。博大精深的中华优秀传统文化是我们在世界文化激荡中站稳脚跟的根基。中华文化源远流长，积淀着中华民族最深层的精神追求，代表着中华民族独特的精神标识，为

---

① 习近平：《同各界优秀青年代表座谈时的讲话》，《中国教育报》2013年5月5日。

中华民族生生不息、发展壮大提供了丰厚滋养。中华传统美德是中华文化精髓，蕴含着丰富的思想道德资源。不忘本来才能开辟未来，善于继承才能更好创新。对历史文化特别是先人传承下来的价值理念和道德规范，要坚持古为今用、推陈出新，有鉴别地加以对待，有扬弃地予以继承，努力用中华民族创造的一切精神财富来以文化人、以文育人。（3）青少年应高度重视砥砺品德和掌握真才实学。"百年大计，教育为本。教育是人类传承文明和知识、培养年轻一代、创造美好生活的根本途径。中国有2.6亿名在校学生和1500万名教师，发展教育任务繁重。"这是习近平代表中国政府对联合国"教育第一"全球倡议行动的正式表态，集中反映了全国各族人民对一代又一代青少年接受良好教育的基本认识和衷心期盼。从教育事关国家富强大业、民族振兴基石、亿万家庭福祉的大局出发，习近平对莘莘学子总是寄予厚望，多次引用"学如弓弩，才如箭镞""功崇惟志，业广惟勤"等古语，激励广大青年学生以学习为己任，不断提出新的更高要求。在2013年五四青年节座谈会上，习近平深情勉励各界优秀青年代表，"学习是成长进步的阶梯，实践是提高本领的途径。青年的素质和本领直接影响着实现中国梦的进程……青年人正处于学习的黄金时期，应该把学习作为首要任务，作为一种责任、一种精神追求、一种生活方式，树立梦想从学习开始、事业靠本领成就的观念，让勤奋学习成为青春远航的动力，让增长本领成为青春搏击的能量。"①

---

① 习近平：《同各界优秀青年代表座谈时的讲话》，《中国教育报》2013年5月5日。

第三章

现代德育的视野拓展

黑格尔曾经说过，要理解一个伟大的意义，本身需要有宽广的视野。今天，我们已进入一个以人为本的发展时代，人自身的发展受到前所未有的关注。人类教育的视野也因之变得更为广阔和深远，21世纪教育委员会认为，"不应像过去那样，只是从教育对经济发展产生影响的角度，而应以一种更加开阔的眼光来确定教育的意义"①。显而易见，教育发展必须考虑经济需要，而仅仅以经济为立足点的教育就会必然地成为经济的被动工具。因此，在深刻认识教育在社会经济活动中的作用的基础上，必须把教育看作是一种社会的责任，一种人的自身发展的需求。我们今天在研究德育时，就必须突破传统的观念，突出"以人为本"的发展理念，在一个更加开阔、更加深远的背景上重新确定现代德育的理念和要求。

一　现代德育理念论

德国教育家雅斯贝尔斯说过："教育需要信仰，没有信仰就不成其教育，而只是一种教学技术而已。"② 理念是战略决策的哲学基础，是一切行动的理论先导。关于理念，学术界迄今为止还没有权威的定义。从哲学层面讲，最早提出"理念"一词的古希腊哲学家苏格拉底认为，"所谓理

---

① 国际21世纪教育委员会：《教育——财富蕴藏其中》，联合国教科文组织总部中文科译，教育科学出版社1996年版，第2页。

② ［德］雅斯贝尔斯：《什么是教育》，邹进译，生活·读书·新知三联书店1991年版，第19页。

念正是思想想到的在一切情况下永远有着自身同一的那个单一的东西",①十分抽象。我国台湾中原大学校长张光正先生认为,"所谓理念乃是共同分享的价值观,有理念即有方向感,即有目标性;有理念方有准绳、方有标杆"。② 这是很有见地的。教育理念是指教育行为的思想观念和精神追求。只要有教育行为发生,就一定有教育理念在起作用。教育理念一旦形成,就会成为相对稳定的精神力量,它会影响一名教师如何看待教育的意义,如何看待教师与学生的关系,如何处理教育教学中的各种矛盾等。新的教育理念首先要体现时代的先进性、开放性和科学的规定性,同时要反映对传统陈旧的教育观念的超越性,更重要的是必须思考教育对象——人的主体发展性。

德育理念是人们对德育的本质、价值及活动的基本观念,是德育的理论先导,具有规范德育活动和价值取向的作用。德育理念是德育的本质和内在规律的反映。因而应是客观的、科学的。科学的德育理念源于科学理论的指导,也源于德育实践的需要。因此,现代德育应确立如下理念。

(一)"四大支柱"的理念

国际21世纪教育委员会主席德格尔指出,为了迎接未来的种种挑战,我们必须把教育视为一种取之不尽、用之不竭的宝贵财富,教育在个人与整个社会的发展中发挥着根本性的作用。教育虽然并不是能打开理想之门的"万能钥匙",但它的确是一种促使人类社会更和谐、文明、繁荣、发展的主要手段之一。人类可以借助教育减少贫困、排斥、不理解、压迫、战争、暴力等现象。

为了使教育真正成为促进人类文明与进步的一张必不可少的王牌,国际21世纪教育委员会在向联合国教科文组织提交的题为《教育——财富蕴藏其中》的报告中指出,面对人类未来社会的发展,现代教育包括德育应围绕四种基本能力的学习来重新组织与设计。这四种基本能力的学习指的是:学会求知,学会做事,学会共处,学会生存。

1. 学会求知

现代教育的学习,主要不是指仅仅获得经过别人分类的系统知识,而

---

① 颜一:《流变、理念与实体——希腊本体论的三个方向》,中国人民大学出版社1997年版,第93—94页。

② 黄俊杰:《大学理念与校长遴选》,(中国)台湾通识教育学会出版社1997年版,序言。

是指掌握获取知识的能力。这种知识指广义上的"认识",这种认识的对象包括人类自身及其主观世界,也包括自然、社会等外部世界。学会求知,这已远远超越了从学校教科书和课堂讲授中汲取人类积累的知识,而包括了在个体社会化过程中社会关系、民族文化观念、社会行为规范、为人处世等方面的知识。学会求知,还需要学会学习,即掌握学会认识(即"知")的工具,掌握终身不断学习的工具,学会收集、处理、管理信息,以及学会掌握应用知识于有意义的实践的手段。学会求知,要有强烈的学习动机和科学的求知方法。学会求知,还应致力于培养人的注意力、记忆力和思维能力等。不要以为有了现代化的电子设备和各种传媒,就可以放弃对上述能力的训练。任何先进的现代化设备,都不可能代替或超越人脑潜能的开发。因此,现代教育必须从幼年开始训练儿童的注意力、记忆力和思维想象力,并逐步培养他们的学习兴趣和情感,激发他们的智力因素与非智力因素,为其终身学习和工作打下基础。

2008 年 1 月第四届 APEC 教育部长会议通过大会决议,一致认为 21 世纪每个学生必须掌握的核心能力有:首先是批判性思维,对一个问题不能被动地接受知识,要批判地思维;二是要有创新能力,要独立判断、独立思考,不是简单地重复所学的知识;三是分析和解决问题的能力;四是终身学习的能力;五是团队工作的合作能力;六是自我管理和学习能力。这些能力构成了 21 世纪学生能力的核心,无论是一个小学生还是一个大学生都要具备这些核心能力。

2. 学会做事

学会做事,与学会求知在很大程度上是密切联系在一起的。两者可以说是"知"与"行"的关系,知是行之始,行是知之果。随着科学技术的发展,知识和信息的剧增,产业结构发生了变化,工业生产部门对科技含量要求越来越高,以知识、信息为基础的服务业将占越来越大的比重。在未来的产业经济中,人与人之间的关系将居于重要地位。学会做事,就是要培养社会行为技能(包括处理人际关系、解决人际矛盾、管理人的群体等能力)。而这些能力的培养,就需要教会学生在实践中创造性地运用知识,并将知识转化为适应未来社会应变能力、创新能力、社会交际能力、管理能力等。

3. 学会共处

学会共处,是在全球化已经成为 21 世纪的重要特征,人与人之间、民族与民族之间、国家与国家之间依存程度越来越高的时代提出的一个十分重要的教育命题。学会共处，就是要通过教育，使学生了解人类本身的多样性、共同性以及相互之间的依赖性。要学会了解自身，发现他人，尊重他人。了解自己是认识他人的起点和基础。所谓"设身处地"，讲的就是"由己及人"、"己所不欲，勿施于人"。同时，教育作为个体社会化的过程，也注重在了解他人、他国、他民族的过程中更深刻地认识自己，认识本国、本民族。学会共处，就要学会平等对话，互相交流。平等对话是互相尊重的体现，相互交流是彼此了解的基础。通过平等对话和讨论，做到求同存异、和睦相处，让学生学会正确处理人与人之间的关系，学会与各种人友好相处的本领。当然，在教育学生学会共处的同时，也要教育学生坚持正义，明辨是非，抵制一切违法、犯罪活动和危害他人的行为。

4. 学会生存

学会生存强调了"教育必须促进每个人的全面发展"这一基本原则。针对世界因技术发展而可能出现的非人化现象，要求通过教育的改造和社会的合作，使儿童成为真正意义上的"非异化的人"，成为在认知、情感、伦理、审美、身体诸方面全面发展的人，完整的而非片面发展的人。

未来教育"四大支柱"，即学会求知、学会做事、学会共处、学会生存，是相互联系、相互渗透、不可分割的一个整体。未来教育"四大支柱"的提出，不是教育内容与方式上的简单变革，而是着眼于以人的发展为中心的全新教育目标、教育理念的推出。它要求现代德育转向以人的发展为中心。德育"应该使每一个人都能发现、发挥和加强自己的创造潜力，也应有助于挖掘出隐藏在我们每个人身上的财富"。①"四大支柱"代表了一种新的德育价值取向，这种价值取向的实现取决于教师的素质。学生学习态度的养成，想象力的发挥，创造能力的培养，都离不开教师的作用。教师要适应教育改革与发展的需要，适应培养创新人才的需要，就必须具有人文品质和教育教学能力。

（二）以人为本的理念

在众多教育理念中，以人为本是核心理念。因为它包含了现代德育的

---

① 国际 21 世纪教育委员会：《教育——财富蕴藏其中》，联合国教科文组织总部中文科译，教育科学出版社 1996 年版，第 76 页。

核心价值和它的目的。以人为本的核心在于对人性的充分肯定，对人的潜能智慧的信任，对人的自由和民主的追求，最广泛地调动人的积极因素，最充分地激发人的创造活力，最大限度地发挥人的主观能动性。育人为本是教育的生命和灵魂，是教育的本质要求和价值诉求。

从"以人为本"的理念出发，我们就必须在尊重人、理解人、关心人、爱护人、帮助人、造就人这一观点上，展开现代德育的全新视野；从教育的本来意义上，追溯现代德育的真正目的；从信息时代的发展要求上，构建现代德育的新内涵。

现代德育坚持以人为本的核心理念，就是要以人为中心，突出人的发展。人是教育的中心，也是教育的目的；人是教育的出发点，也是教育的归宿；人是教育的基础，也是教育的根本。一切教育都必须以人为本，这是现代教育的基本价值。现代德育应当坚持以人为主体，以人为前提，以人为动力，以人为目的。具体来说，有这样几层含义：其一，充分肯定人在经济社会发展中的主体地位和作用。既要强调人在经济社会发展中的主体地位，又要强调人在经济社会发展中的主体作用。其二，经济社会发展必须坚持尊重人、解放人和塑造人。尊重人，就是尊重人的社会价值和个体价值，尊重人的独立人格、不同需求、能力差异，尊重人的创造和权利。解放人，就是不断冲破一切束缚人的聪明才智充分发挥的体制、机制、观念。塑造人，就是既把人塑造成权利的主体，又把人塑造成责任的主体。其三，在研究和解决经济社会发展问题时，既要坚持并运用历史的尺度，又要坚持并运用人的尺度，真正着眼于依靠人、为了人。现代德育坚持以人为本的核心理念，就是要从学生的实际出发，以学生为本。现代德育要以服务学生全面发展为重点，教育是核心，管理是保证，服务是拓展。要以学生成长成才为中心，整合学校教育、管理资源，建立起帮助学生成长，解决学生困难，方便学生办事，维护学生权益的服务体系，真正做到关心学生困难，关爱学生进步，关注学生就业。

现代德育坚持以人为本的核心理念，就是要把教育与人的幸福、自由、尊严、终极价值联系起来，使教育真正成为人的教育，而不是机器的教育。即不仅要考虑学生知识、技能的丰富和提高，更应关注学生个体人格的完善、生命价值的提升。以现代人的精神培养现代人，以现代人的视野培养全面发展的人。现代人的自我价值和自我尊严没有统一的价值尺度，更不是金钱标准所能衡量，而是人的自我成就感、自我满足感、自我实现感。现代德育应当始终关注人的价值和意义。人的价值和意义不是与生俱来的，而是由人的有目的的活动创造的。劳动和创造是一切价值的源泉，人只有在劳动和创造中才能实现自身价值，最大限度地创造价值。坚持以人为本的价值取向，就是要在肯定与重视人的价值和意义的同时，想方设法为人创造更大的价值提供条件。科学发展观的落脚点在人，归根到底是为了人的全面发展。人的全面发展程度和素质高低，决定着社会全面进步的速度和水平。这就要求我们必须树立科学的人才观，尊重劳动、尊重知识、尊重人才、尊重创造，不唯学历、不唯职称、不唯资历、不唯身份，把品德、知识、能力和业绩作为衡量人才的标准，为人的全面发展创造良好的政策环境、工作环境和生活环境，形成鼓励人们干事业、支持人们干成事业的社会氛围，最大限度地释放人的潜能，使人们创业有机会，干事有舞台，发展有空间，激励人们为建设中国特色社会主义而奋斗。

现代德育坚持以人为本的核心理念，就是要体现在人文关怀和道德情感上。道德教育指向人的精神家园，旨在净化人的心灵，塑造人的健全人格。现代德育是做人的工作，人的情感是丰富多彩的，健康情感应以提升现代人格为目的，弘扬民族精神为己任，培养学生热爱生命、热爱生活、热爱自然，追求高尚情操。无论多么先进的教育手段都不能否定面对面的教育工作，无论现代传媒多么发达都不能代替人与人之间的融合和交流，无论各项制度多么完善，也都不能忽视人文关怀的巨大作用。在具体实施过程中，就必须从根本上改变计划经济体制模式中形成的学生被动接受的地位，突出学生在道德教育中的主体角色，真正确定现代德育为学生服务的工作意识，充分考虑社会发展的需要和学生的实际要求，以更加开阔的思路、更加开放的体系、更加灵活的机制、更加多样的形式，努力激发广大学生自我完善、自我超越的主动性和积极性，从而真正有效地全面提高学生的整体素质，全面适应素质教育新形势的发展要求。

现代德育坚持以人为本的核心理念，必将促使德育日益尊重学生个性化的要求。重视个体是"以人为本"的关键。从某一角度看，如果没有个体能力的有效提升和积极性的充分调动，就不可能形成强健的组织肌体。随着社会的快速发展，特别是终身学习时代的到来，针对个体的实际情况实行个别化教育，帮助学生快速有效地提高其素质能力和水平，必将成为现代德育的重要内涵。从而对现代德育工作者的素质与能力，对教育工作组织方式和实施方法提出了非常高的要求。有一位教师曾提出过这样一种学生观，学生没有获得成功，其主要原因有三条：一是教师没有给学生成功的机会；二是教师没有发现学生成功的优势因素；三是教师还没有找到学生成功的方法。因此，千方百计地为每个学生提供成功的机会，努力使每个学生不断有所发展，正是今天的德育所应有的理性自觉。

现代德育坚持以人为本的核心理念，需要着力建设和谐校园。所谓和谐校园，是指学校协调、均衡、有序发展的态势，是学校管理的新境界。它是一种以和衷共济、内和外顺、协调发展为核心的素质教育模式，是以校园为纽带的各种教育要素的全面协调、整体优化的育人氛围，是学校教育各个子系统以及各要素间的协调运转，是学校教育与社会教育、家庭教育协同的教育合力，是以学生发展、教师发展、学校发展为宗旨的整体效应。同时一个和谐的校园能潜移默化地陶冶学生的情操，激发学生的自信心和上进心，能促进学生身心的和谐发展，为学生的成长提供一个和谐的发展舞台。和谐校园的核心是公平正义，是规模、结构、质量、效益的关系问题和如何优化配置校内外教育资源的问题。从目的来看，意在追求稳定有序的基础上，着重于激励，激发学校的活力和师生的创造力，使师生能够快乐地教育与学习。从手段来看，必须着眼于调动全校师生的积极因素。让每一个师生既能增强主人翁意识，爱校乐教乐学，奋发努力，又能富有强烈的责任感，为创造团结互助、平等友爱、融洽和谐的学校环境贡献力量，为全体师生提供平等的发展机会，共同为学校的发展锐意进取。

现代德育坚持以人为本的核心理念，必将促使传统的德育向现代主体性教育转化。所谓主体性教育，是将学生作为能动的、自主的、独立的个体，通过启发、引导其内在的需求，培育他们的主体性——主体意识、自主能力、创造才能，以促进他们自由而全面地发展为目标的教育。其内涵大致体现在以下几个方面：（1）教育目标是促进学生全面发展。通过教育和引导使学生具有积极健康的个性心理、完善的人格和完美的德性主体意识；具有自尊、自主、自强、自律的自主能力；具有勇于创新、善于创造的创造才能等主体属性。（2）教育价值追求是个体价值和社会价值的和谐统一。社会是由一个个个体组成的，当每一个人的潜能都充分发挥、个体价值得到充分实现时，社会整体的价值才有可能充分实现。因此，主体性教育在处理个体与整体的价值关系时，要注重挖掘学生个体价值，重视学生个体内在价值发展的需要，并在此基础上引导他们在实现自身价值时注意与社会价值相统一。（3）教育原则是充分尊重学生的主体地位。

教育要以学生为本，一切为了学生、为了一切学生、为了学生的一切，把学生作为具有自主性、能动性和创造性的教育主体，尊重他们的独立人格、自身价值和思想感情。（4）教育方法是说服教育、示范引导和提供服务。主体性教育要根据学生主体发展的需要和思想实际，民主平等地进行交流，通过环境的感染以及切实解决实际困难等方法，唤醒、激活与弘扬学生个体潜能中积极的、建设性的因素，使他们成为自我教育、自我管理，对自己对社会富有责任感的社会主体。主体性教育是一种追求有意义的教育的过程。旨在帮助和警示人们从真、善、美的角度来发展人的主体性，用真的、善的和美的教育促进受教育者真、善、美品质的形成。主体性教育追求的是人的全面发展，是现代人格的培育。

（三）最适教育的理念

长期以来，我国教育同质化倾向明显，强调共性多，忽视个性发展，统一的教学计划，统一的模式，统一的内容，这样培养出来的学生只能是"标准件"，既不利于创新人才的培养，也不利于学生发展自己的个性与特长。为此《国家中长期教育改革和发展规划纲要（2010—2020 年）》中指出："尊重教育规律和学生身心发展规律，为每个学生提供适合的教育，培养造就数以亿计的高素质劳动者、数以千万计的专门人才和一大批拔尖创新人才。"[①]

所谓"最适教育"，就是从学校自身定位出发，紧密结合社会需求，发挥学校的优势和特色，努力培养社会欢迎的各类人才；就是树立多样化人才观念，尊重个人选择，激发个体潜能，鼓励个性发展，使每个学生得到最大的提升；就是树立人人成才的观念，面向全体学生，为每个学生提供最适合的教育，促进每个学生成长成才。"最适教育"的本质和核心是以人为本，因材施教，全面提高人才培养质量。

（1）"最适教育"是一种主体性教育。它是将学生作为能动的、自主的、独立的个体，通过启发、引导其内在的需求，培育他们的主体性——主体意识、自主能力、创造才能，以促进他们自由而全面地发展为目标的教育。与工具性教育不同，主体性教育秉承"教师为主导、学生为主体、

---

① 中共中央、国务院：《国家中长期教育改革和发展规划纲要（2010—2020 年）》，《人民日报》2010 年 7 月 30 日。

成才为主线"的理念，坚持以人为本，注重唤醒主体意识，不是把学生当作装填知识的容器，而是活生生的有鲜明个性和创造力的人，从激发其兴趣入手，因材施教，开发潜能。加德纳的多元智能理论认为，每个人与生俱来在某种程度上拥有"语言智能、逻辑—数学智能、音乐智能、身体运动智能、空间智能、人际智能和自我认识智能"的潜能，智能既可以是教学的内容，又可以是与教学内容沟通的手段或媒体。因此，主体教育必然追求个性化人才的培养，尊重他们的独立人格，最大可能地为每个学生提供学习成长成才的机会和条件，努力培养富有社会责任感的现代人。

（2）"最适教育"是一种适切性教育。人才培养既要遵循教育规律，又要尊重学生成长规律。人的天赋才能各有不同，教育既要在教育的起点对每个学生"求平等"，又要在教育的过程中为他们个性潜能的充分发展"谋自由"，让优秀学生脱颖而出，成长为未来各个领域的拔尖创新人才。实行多样化人才培养模式，是学生全面发展、自由发展的需要，是高校内涵发展、特色发展的需要，能满足社会对人才培养规格多样化的要求。同时，改革人才培养模式也是提高人才培养质量的重要途径。高校应通过专业的交叉融合与多样化发展既满足不同学生的需求，也回应地方经济和社会建设的需要。创造适合每个学生发展的教育，培养拔尖创新型人才，必然会在教育理念、课程内容、教学方式、评价体系等方面遭遇与之不适的阻力，只有通过综合创新才能解决这些矛盾。传统课程不利于培养学生独立思考、自主学习的能力，而这种能力恰恰是创新人才最基本的素质。坚持以学生发展为本，整合课程资源，改革必修课，开发选修课，形成面向全体学生的多元开放的课程体系，最大程度地满足经济社会发展对人才的多样化需求。

（3）"最适教育"是一种发展性教育。学生的发展需要是第一需要，这是现代教育的基本价值取向。满足学生的发展需要，就是要使教育从知识中心转到学生中心，从注重学生自我外在行为习惯的养成到关注学生的内心感受；从体现权力到凸显人文关怀；从追求效率到寻找人生的意义，关注具体人活生生的生命存在和生命成长，就是要求教育者把关爱、信任、宽容播撒给身边的每一位学生，通过正确的价值观、高尚的道德情操和渊博的学识去赢得学生、激励学生、感召学生，以尊重学生、关爱学生、引导学生为宗旨，把成长成才的主动权还给学生，同时又把智慧、关爱和希望播种到每一位学生心中，引导学生树立正确的学习观、成才观、就业观，教育学生学会学习、学会做人、学会做事、学会生活。

（四）终身教育的理念

终身教育的理念是20世纪最富有冲击力的教育思想，作为实践性的回应，人类社会正在快步走向学习化社会。人类社会已进入知识经济时代，经济和社会的发展越来越依赖于知识创新和知识的创造性应用。在全球国民生产总值的高速增长中，知识份额已经由20世纪初的5%上升到今天的80%—90%。按照西方流行的说法，L（learning）＜C（change）＝D（die），就是说，学习的速度若慢于时代的变化必然被淘汰。据专家分析，农业经济时代，只要在7—14岁接受教育，就足以应付今后40年工作生活需要；工业经济时代，求学时间延长为5—22岁；进入知识经济时代，人类则必须把学校教育延长为终身学习。这就意味着学习已经成为生存和发展之道。这就要求我们必须把学习从单纯的求知变为工作方式和生活方式。

从农业社会、工业社会到以知识经济为主导的社会，教育始终贯穿于经济发展和社会生活各个领域。历史上生产力的发展和生产关系的变革，都对人类知识结构产生了深刻影响，从而对教育发展提出更高的要求。进入20世纪以来，现代科学技术发展异常迅速，产业结构逐步升级，生产组织和工艺不断变革，劳动力市场和职业岗位变动频繁，人们在物质生活水平逐渐改善的同时，对于精神文化生活要求也越来越高，都对一次性的学校教育模式造成巨大冲击。终身教育思想就是在这样的宏观背景下形成。

终身教育在1919年始见于英国，第二次世界大战后部分西欧国家教育文献多有涉及，1956年法国议会立法文献中曾出现了终身教育的表达。不过，终身教育形成世界范围的思潮还是在60年代。时任联合国教科文成人教育局局长的法国人朗格朗认为，数百年来把人生分为两半，前半生用于受教育，后半生用于工作，是不科学的，接受教育应该是一辈子的事情，教育应当在每个人需要的时刻以最好的方式提供必要的知识技能。1965年，他的有关终身教育提案经联合国教科文组织国际成人教育促进委员会讨论，得到许多成员国的赞同并广泛传播。70年代相继出版的朗格朗《终身教育引论》（1970年）、富尔主持的联合国教科文国际教育发展委员会的报告《学会生存——教育世界的今天和明天》（1972 年），与克罗普利和戴夫合著的《终身教育与教师训练》（1978 年），均是终身教育思想形成初期的代表作。

在终身教育理念发展的同期，西方国家还出现了学习化社会、继续教育和回归教育等相近的思想观念。20 世纪 70 年代，联合国教科文组织就提出了"向学习化社会前进"的目标。美国、日本等发达国家相继提出了由学历社会向学习化社会过渡的策略。从各国实践来看，终身教育与上述思想之间是相互包容和渗透的，目的都在于提高人的素质和生活质量，促进经济社会发展和实现现代化。学习化社会是 60 年代富勒、赫钦斯等一批欧美学者提出的关于未来社会、教育及其相互关系的设想。《学会生存——教育世界的今天和明天》报告归纳了主要观点：全面反思现有学校教育，在教育系统外应有其他途径；确认人在环境、家庭和社会中直接获得经验与接受系统学校教育的各自特点；教育与社会、政治、经济组织在家庭和公民生活中相互渗透，构建学习化社会的关键是实施终身教育思想，特别倡导发展非正规教育，在教学实践中广泛引进现代技术。"继续教育"，按照联合国教科组织广义定义，是指那些已脱离正规教育、参加工作和负有成人责任的人所受的各种各样的教育，既包括继续接受某个阶段的正规教育，也包括在特别领域里探索、更新的补充知识技能的活动。对此，各国定义不一，在美国是在正规教育后范围很广的教育（如短期培训和攻读学位等）；在德国被认为是"幼儿教育、义务教育、大学教育之后的人生第四个教育期"；在俄罗斯是在学校或通过自学进行系统的实践活动；法国称为"职业继续教育"；日本称为"研修"；而英国定义比较特殊，是指在完成义务教育后、除大学教育外的一切正规与非正规教育。"回归教育"是 60 年代欧洲出现的思潮。瑞典的雷恩和巴莫主张，教育不要一次受完，而是根据个人的兴趣、职业、社会经济状况等因素，在一生中选择最需要学习的时候接受灵活有效的教育。传统教育视学生辍学为消极行为，而回归教育认为可以化作积极行为，即在一定时期内主动离开校园、就业、旅行和进行社会活动后重返学校，会提高学习效果。70 年代以来，经合组织在欧洲部分国家推广回归教育制度，1973 年出版《回归教育：终身学习策略》，1977 年发表文件称教育是公民应享的权利，间断地定期返回教育系统参加有组织的学习活动，必然是终身的过程。回归教育与终身教育、继续教育的区别在于它强调受教育者的平等权利，个人离校和复学应得到国家和社会的保障。

终身教育与其他相近的理论，顺应了 20 世纪后期世界经济社会发展和科技进步的潮流，从而在国际社会形成了越来越广泛的共识，得到了各国特别是发达国家的积极响应。

首先，终身教育成为国家立法和政府宏观政策的重要内容。瑞典政府 1969 年实行回归教育制度的试验。法国 1971 年颁布了《职业继续教育组织法》，1973 年成立了全国终身教育发展署，1984 年颁布《职业继续教育法》。德国 1973 年在教育规划中明确了终身教育的原则。英国 1980 年制定了为终身教育服务的国家职业技能标准。前苏联 80 年代把《连续教育》作为教育改革措施之一。日本社会教育审议会 1971 年就确定了终身教育观念，中央教育审议会 1981 年提交了《关于终身教育》的咨询报告，1984—1987 年日本临时教育审议会提交的四次报告，都把预备役教育作为教育改革的指导思想。1988 年日本文部省社会教育局改为终身教育局，当年的教育白皮书就是《我国的文教政策：终身学习的新发展》。1990 年日本议会通过了《终身学习振兴法》，成立终身学习审议会，并对文部省及各级政府发展终身学习的权责做了规定。1990 年在泰国召开的世界全民教育大会通过《全民教育宣言》后不久，日本又首先把"全民教育"扩展为"全民终身教育"。21 世纪发达国家，接受教育不再是为了谋生，而是为了社会的和谐发展和个人能力的充分发挥。《美国 2000 年教育战略》中就写道："今天，一个人如想在美国生活得好，仅有工作技能是不够的，还须不断学习，以成为更好的家人、邻居、公民和朋友。学习不仅是为了谋生，而且是为了创造生活。"

其次，终身教育理论在微观研究领域也有较大进展。20 世纪 70 年代以来的"人生阶段法"和"心理发展法"研究显示，人生可分为若干特定的年龄阶段，个人心理结构出现有层次的、连续性的变化，每个阶段的变化有赖于先前阶段的变化，终身学习就是在各个发展阶段上确定学习过程、目标和策略的不同性质。20 世纪 80 年代以来的研究重点，放在人生各阶段特别是成人学习发展阶段特点及相互影响的分析上，以便制定适应人生不同时期与阶段的学习总体策略，特别是判断学习者素质以选择恰当的学习内容及递进程序，从而激发学习兴趣、发展个人潜能（超越常规发展程度）和提高教育培训效果。这些研究为终身教育在教学操作层次上的实施奠定了基础。

最后，终身教育得到了许多国际组织的高度重视。《学会生存》报告已经把终身教育、终身学习和学习化社会的概念交替使用。联合国教科文1976年《关于成人教育发展的报告》同时使用终身教育与终身学习。1989年联合国教科文在北京召开面向21世纪教育国际研讨会，其圆桌会议报告《学会关心：21世纪的教育》指出，为适应21世纪的要求，教育体制应不同于目前的形式，最重要的是社会更多地参与学校和学校更多地参与社会，学习将成为一个终身过程。1994年在罗马举行首届终身学习会议，强调"终身学习是21世纪的生存概念"。1996年，德洛尔主持的国际21世纪教育委员会向联合国教科文提交了《教育——财富蕴藏其中》的报告，认为终身教育贯穿人们一生的学习，是进入21世纪的一把"钥匙"，要"把终身教育放在社会的中心位置上"。它超越了启蒙教育和继续教育之间的传统区别，与学习化社会概念联系在一起，终身教育应当利用社会提供的一切机会。1998年《世界高等教育宣言》重申要为人们终身学习和接受高等教育提供机会。联合国教科文在2000—2001年计划与预算草案中把"全民终身教育"作为核心内容，"重点将放在现代信息与知识社会的挑战、'无边界学习'概念和开放式学习体系上"。认为终身学习是通过一个不断的支持过程来发挥人类的潜能，它激励并使人们有权利去获得终身所需要的全部知识、价值、技能与理解，并在任何任务、情况和环境中有信心、有创造性和愉快地运用它们。

经合组织已经构建了终身教育有关的指标体系，将其作为衡量29个成员国教育水平的重要内容。该组织"教育研究与革新中心"在《1998年教育政策分析》报告中，列举了十余个成员国政府文件关于终身教育定义及目标的异同，然后指出，终身教育的概念已经有了很大拓展，除个别国家仅限于成人教育外，绝大多数成员国不仅接受了"从摇篮到墓地"的终身教育概念，而且在增加正规和非正规教育机会方面形成更为一致的意见；在重视终身教育适应经济发展、提高就业率和竞争力的同时，更多地关注对于社会进步、人文精神的促进作用以及对公民个人发展的影响。各国终身教育的政策重点是不同的，有些国家注意通过实践终身教育目标，加强学习层次的教学环节，另一些国家则重点从宏观上增加中学后教育——成人教育的机会。尽管存在多样化的政策取向，但各国终身教育的战略基点还有不少共同之处，如学习机会多样化与相应的质量保证，扩展文凭制度（包括灵活的学分互认），在政府政策框架中更多强调私人及投资者的责任，分散地施行教育服务，建立基于投资者利益和资源的伙伴关系等。在终身教育逐步形成共识的同时，在创设学习"文化"、学习伦理和支持学习的环境方面还有争议，并且存在着一些制约变革的阻力。

（五）数字化生存的理念

人类社会经历了农业社会、工业社会，现在正进入信息社会。互联网是信息时代的基本工具，它极大地改变着人们的生活。正如奈斯比特所言："农业社会，竞争是人对抗自然。工业社会是人同人工组合起来的自然相对抗。在信息社会里，文明史上第一次是人与他人之间的相互作用的竞赛。"[①] 以数字压缩技术和卫星通信技术为主要标志的信息技术革命，已经或正在对社会产生剧烈的冲击和深刻的影响，并正在改革人类精神生活及物质文明的几乎所有领域。

人与人的交往构成人类基本的社会生活环境，沟通是人类相互传递、交流各种思想、观念、情感，以满足个体社会生活需要的基本形式，人类沟通方式的变革是标志人类文明发展史的里程碑。人—人之间的相互沟通的媒介是信息。现代信息技术极大地改变着人类沟通的方式。语言的出现，使人类拥有了最基本的沟通形式；文字的出现，使跨地域的沟通成为可能；而计算机网络技术的出现，消除了人类异地交往中的"时滞"障碍和"两两"局限，提供了各种及时性、多主体的共享信息，人类实现了真正意义上的超时空性互动。互联网改变了人类的生存状态。

互联网是一把双刃剑，它既给我们带来良好的发展机遇，也向我们提出严峻的挑战。互联网是现代道德教育的新阵地。美国未来学家阿尔温·托夫勒说，电脑网络的建立与普及将彻底地改革人类生存及生活的模式，而控制与掌握网络的人就是人类未来命运的主宰。谁掌握了信息，控制了网络，谁就将拥有整个世界。为主动适应新形势与新情况，我们必须研究网络道德发展的新特点，分析并预防网络环境下可能出现的道德问题，使网络道德走向健康、积极的发展轨道。

网络社会中的人际关系，具有以下几个特征：

（1）多维性和全球性。多维性是社会关系的基本属性，当互联网以

---

① ［美］约翰·奈斯比特：《大趋势——改变我们生活的十个新方向》，梅艳译，中国社会科学出版社 1984 年版，第 17 页。

其传播方式的超地域性将地球连接成一个小小的村落时，网际关系无论在广度上还是在深度上都在我们无法想象的空间中蔓延、伸展着，这样的多维性使现实"熟人社会"中的人际关系相形见绌。网际关系突破了种族、国家、地区等各种各样的有形或无形的"疆界"，真正体现了全球范围内的人类交往，体现了人与人之间的"无限互联"。因此，网际关系是迄今以来人类所面临的最为复杂、最为广泛、最为宽阔、最为开放的关系结构。

（2）虚拟性。网际关系的虚拟性根源于网络世界的人工构造性。网络世界是人类通过数字化方式，链接各计算机节点，综合计算机三维技术、模拟技术、传感技术、人机界面技术等一系列技术生成的一个逼真的三维的感觉世界。进入网络世界的人，其基本的生存环境是一种不同于现实的物理空间的电子网络空间。这样，一方面，网际关系的虚拟性是与实体性相对的，交往主体隔着"面纱"，以某种虚拟的形象和身份沟通、交流着，交往活动也不再像一般社会行动那样依附于特定的物理实体和时空位置。另一方面，网际关系的虚拟性并非与虚假性等同，尽管由于人的恶意操作它会堕落变质为虚假。在人工构造的虚拟情境中，网络赋予人一种在现实中非实在的体验，从功能效应上说这是真实的。所发生的虚假关乎于交往者的德性，而与网络的上述功能无关。

（3）不确定性。在现实世界中，人们的社会关系：亲戚、朋友、同事、邻里、师生……在很大程度上是一种"熟人型"的，其交往活动依附于特定的物理实体和时空位置，并受着较为稳定的社会价值观念文化的支撑和规约。而在网络世界里，尽管计算机专家可以将一切信息还原为数字"0"或"1"，换言之，信息在其构成上是确定的，但是信息的庞杂性、虚拟性和超时空特征使得作为行为目的、意义和情感的传播通道并不是清晰可辨的。同时，网络世界是一个开放多元的世界，它跨越了时空的地理界限，但却无法聚合历史文化的差异。这些都使发生在人与人之间的网络交往易变、混沌，网络世界中的人际关系也因此充满了不确定性。

（4）非中心化。网络交往突破了人们现实社会行为所具有的以自我为中心的互动特征。当你随着网络进入他人的行动空间，或进行在线交谈、网络讨论，或进行超文本的创作和阅读时，他人也同时进入了你的行动空间中。没有了专家平民之分，没有了作者读者之别，每一个网络参与者都是处于一种交互主体的主体界面环境之中。互联网技术消灭了"客体"这个字眼,消灭了权威式中心化的主体意志,而代之以平等自由的主体间交往,所形成的网际关系是非中心化的。

由此可见,网络世界的人际关系具有与现实社会人际关系所不同的新内容、新特征。网络社会中的人际关系,大大突破了现实生活中人的社会阶层、地位、职业、性别等差异,意味着个体间的真正平等;增强了主体的道德选择、自我评价的行为能力;使道德个体的个性化和主体性得到提升和确证,从而拓展、延伸和强化人性中的品德结构和伦理气质,促进了人的完善和发展。但是它也带来了人与人之间道德情感日益淡漠、非理性行为激增、道德人格异化加剧等负面价值,如"网络幽闭症""网络飘移症",网络欺骗、网络犯罪行为等。在错综复杂、超时空的网络交往中,对交往主体来说,在现实中的是非感、正义感、责任感、义务感、荣辱感、尊严感等被抛入了一个无边无际的虚空地带,由于网络人际关系的虚拟性、不确定性、多维性,使主体的道德认知、道德意识失去了稳定的根基;同时,多元文化、价值观念的充斥使主体的价值选择趋向盲点,这些都使网络中的人际关系以及形成的人群,缺乏基于道德、价值共识所具有的在情感、责任、信念和理想等心理机制上的内在张力。因此,一方面是网际关系内在张力的贫乏,另一方面是网际关系外在维系的空缺,这或许就是网络关系在充实润泽人的正向发展,却同时又设置种种障碍的人文原因。

因此,既然我们无法根本上改变网络技术的虚拟和数字符号特征,不如切合实际地做好:一是增强主体的自律,理性和良知是网络世界的精神家园;二是构建网络法制和网络伦理文化,培植网络社会的人文精神。

网络道德呼唤道德自律,加强"慎独",学会自主,即对精神进行自我养护。"慎独"是中国传统文化的重要概念,是在个人独处时,没有社会和他人监督的情况下,仍能坚守道德规范,自觉地按正确的伦理准则行事,不做任何坏事,保持清醒的自我约束和坚定的道德信念。慎独的基石是人的良知,它是个人道德修养的一种境界,需要日积月累才能形成。信息时代十分需要慎独,慎独的心理基础是道德自律,而自律是建立健康网络道德的重要保证。针对互联网的特点,切实做到慎独,努力增强道德主体性,以道德意志训练完善道德的自我监控与自我教育能力,提高抗诱惑能力,实现道德自律。这样,一个人才能在任何情况下都能自尊、自爱、自重,才能真正成为一个有道德、高尚的人。

二 现代德育比较论

（一）现代西方德育

西方国家广泛重视对学生的德育，并把它作为巩固资产阶级统治地位的重要手段。当前，西方国家学校德育主要呈现出以下几个特点。

1. 德育的重要性得到广泛的认同

当前，德育的重要性在西方各国得到广泛的认同。这一共识是这些国家在总结吸收自身发展的经验教训基础上形成的。以美国为例，20 世纪20 年代，美国科学技术的迅猛发展及其在物质领域的巨大成就，对社会产生了深刻的影响，加之随后出现的杜威实用主义教育观的影响，科学技术教育在学校教育中逐步居于核心地位，德育受到削弱。尤其 20 世纪 50 年代，苏联人造卫星的上天震动了美国朝野，并由此触发了一场大规模的教育改革运动。美国政府制定了《国防教育法》，把数学、外语、科学放在学校教育首位；把教育改革的重点放在"教育内容的现代化"上，甚至把掌握现代化知识作为教育的核心，大大压缩了传播政治观、价值观和道德观的公民教育、历史、地理等课程，使伦理道德、情操教养等内容从教育领域淡出，技术至上主义、学历主义等在教育中居于支配地位。这种潮流和倾向，掩盖了教育理应对全面提高人的素质才能予以关注的问题，扭曲了教育的本质，留下了后患。60 年代后期，美国经济迅速发展的同时，道德堕落现象却日益严重。从 1930 年至 1980 年的 50 年间，18—24 岁的青年人犯罪率增长 79 倍，18 岁以下青少年犯罪率增长 100 倍。美国一份关于学校思想品质状况的调查表明，80 年代美国研究生入学的主要动机是：赚钱发财、扬名天下、统治他人，而以献身社会、治理环境污染、改善种族关系为目的的学生寥寥无几。

在这种背景下，美国公众和政府开始重新认识德育的重要性。原联邦教育部长贝内特 1988 年 4 月在向美国总统里根递交的 5 年来教育改革的总结报告中强调，为了使学生"增强成功的民族精神""富有爱国精神"，必须在"道德课""纪律秩序"和"勤奋学习"等三方面"取得显著改进"。乔治·布什担任总统时，就曾经制定过《2000 年：教育战略》的文件。他还在《重视优等教育》一文中指出，学校不能仅仅发展学生的智力，智力加品德才是教育的目的。他强调，"必须把道德价值观的培养和家庭参与重新纳入教育计划"，美国近十年来相继成立了"品德教育联合会""重视品德同盟会"，把品德教育看作是解决国民品性危机的最重要的方法之一，要求在每一所学校都实行品德教育。"9·11"事件后，美国更为重视德育，纽约市教育局获得了联邦政府400万美元的紧急拨款，用于学生的心理辅导，并把德育融入其中。2002年3月美国发布的《美国联邦教育部2002—2007年工作要点》重申，要加强学生的德育，培养新时期负责任的具有爱国主义精神的高素质公民。

其他西方发达国家对学生德育重要性的认识同样经历了一个曲折的过程。在战后新技术革命的推动下，西方国家的经济获得了长足发展，国民教育也是以现代科学技术教育为重点。然而，从20世纪60年代起，不少西方发达国家普遍发生了激烈的社会动荡与社会变化，出现了许多新情况和新问题，如民权运动、女权运动、环境问题、恐怖活动、堕胎、吸毒、同性恋等。正是这些情况的出现使公众、教育界和政府机构开始认识到，科技和经济高度发达并不能解决所有的问题，特别是面对社会发展变化带来的大量道德问题，迫切需要通过加强德育来加以解决，因此西方发达国家普遍呼吁要加强学校德育。

法国在统一的教育计划中规定公民思想品德教育始终是学校一项"不能回避"和"义不容辞"的任务，法国在学校开设了"共和国公民的伦理与道德课程"。其目标"在于使每个人获得自由和负有责任，在于培养集体观念，使每个公民成为有教养的人"。

英国教育大臣贝克于1987年发表了《教育改革议案》的报告，提出要加强学生的道德教育。他认为，学校不仅应当重视提高教育质量，而且应当重视培养学生深切了解生活，了解人在社会中的作用以及辨别是非等能力。英国1988年颁布的《国家课程》把培养"有德行、智慧、礼仪和学问"的绅士作为教育的出发点，在政府规定普通学校的8条基本目标中，有4条是规定德育目标的。一些大学相继成立了专门性的道德教育研究机构，如牛津大学的"道德发展课题组"，莱斯特大学的"社会道德教育中心"等，这些机构大多得到官方资助，不仅研究有关道德和道德教育的重大理论问题，还为学校和社区编写道德教育计划教材以及进行师资培训。不少学校开设了"个性与社会教育"等思想道德课程。20世纪90

年代初，英国教育部颁布了《道德教育大纲》，规定学校必须向学生传授道德价值观。

德国的德育主要通过政治养成教育和宗教教育开展，政治养成教育工作受到德国社会的大力支持并以法律的方式明确规定。在《联邦德国教育总法》中规定："培养学生在一个自由、民主和福利的法律社会中……对自己的行为有责任感。"联邦政府以及各州政府均设有政治养成教育中心机构，此外还有大量从事此类工作的社会团体和公共机构。

日本早在明治维新时期就在学校设立了"修身科"对学生进行德育。战后特别是近年来，鉴于本国青少年思想道德水平下降、犯罪率日益增多等事实，日本各界纷纷呼吁加强德育。1984年，中曾根康弘在倡议成立的临时教育审议会审议报告中指出："教育荒废"的现象实际上是青少年"心灵荒废"的表现，呼吁全社会动员起来关心青少年思想道德教育。该审议会在1988年发布的教改报告中指出："能否培养出道德情操和创造力都足以承担起21世纪的日本的年轻一代，决定未来的命运，当务之急是要加强学校的德育。"日本在其规划的《21世纪教育目标》中认为："只有重视思想素质的培养，才能保证人才的健康成长"，同时将二战后教育实现目标的"智、德、体"顺序改为"德、智、体"以实现培养目标，并呼吁学校思想品德教育应与其他学科有相同的地位，设置为必修课。

1986年，新加坡政府公布了"共同价值观白皮书"，提出了各种族都能接受的五大价值观，即国家至上，社会为先；家庭为根，社会为本；关怀扶持，尊重个人；求同存异，协商共识；种族和谐，宗教宽容。新加坡新一代的学校道德教育就是在这五大价值观指导下应运而生的。

2. 德育的方式由灌输转变为灌输与渗透相结合

在教育方式上，由灌输向灌输与渗透并重转变，是西方国家学校德育的又一个重要特点。在美国，学校从没有放松对学生进行资本主义及其优越性、反共产主义、公民的权利与义务、国民精神等方面内容的灌输。美国政治学家梅里亚姆曾指出："罗斯福的最大影响莫过于宣传公民对国家应负的责任，在千万人心里灌输责任感，唤起威尔斯认为美国人所缺少的'国家感'。"美国康涅狄格大学罗珀舆论中心主任埃弗雷特·莱德曾在1995年1月号的《读者文摘》杂志上撰文，分析1993年对美国四代人的主要信念和价值观所作的一次民意测验，认为美国人的基本信仰、见解和主导价值方面在各代人之间基本相同。的确，美国虽然有共和党和民主党，但资产阶级的意识形态从未因两党轮流执政而发生改变，这说明美国政治灌输的效果是十分明显的。20 世纪七八十年代以来，随着学校教育人本化趋势的发展，以美国为代表的西方国家，在重视灌输的同时，开始重视渗透的教育方式，注意发挥教育主体的主观能动性。美国把意识形态教育渗透到历史学、政治学、经济学、心理学以及"现代社会"和"社会问题"等学科中，并把现场教学作为学校德育的补充形式，如组织学生参加社会活动，旁听审判大会、政论咨询会，模拟总统选举等。同时注重加强物质环境和精神环境的建设。许多学校都有自己的校旗、校训、校徽。美国国会大厦专门为中学生免费开放参观学习。正是通过这些方式，美国把资本主义的文化、精神和价值观自然而然地渗透到了每个学生的思想和行为中。

西方国家似乎没有类似我国这样完整的德育的概念和独立学科，但其德育的内容和理念切切实实地渗透在有关学科的教学中，很有实效性。各国对德育课程的称谓不一，美国、法国称为"公民教育"，英国、加拿大称为"政治教育"，西班牙称为"共处之道教育"，日本称为"社会科"和"道德时间"，等等。通过此类"公民教育""人格教育""价值观教育"等无时无刻不在对学生进行着资产阶级的政治观、价值观、道德观的教育，以为维护和巩固资本主义制度服务。

3. 重视德育的政治功能

西方国家学校德育的主要任务是以不同的方式向学生传播灌输资产阶级的意识形态，肃清敌对意识形态的影响，并对社会主义国家实施"和平演变"。当前，西方国家更加重视学校德育的政治功能，并将其作为确保资产阶级统治地位、巩固和发展资本主义制度的重要工具。强化爱国主义教育，是其重视政治功能的集中体现。美国在中小学利用一切形式来强化"美国的意识"，国旗、国歌、国徽等美国的国家象征物在其中小学几乎随处可见、可闻：每逢节日、庆典，家家户户、大街小巷甚至汽车上都要悬挂美国国旗。历任总统的就职演说中都有唤起美国民众爱国主义精神的警句。美国前总统肯尼迪的就职演说中说："不要问你的国家为你做了什么，而应问你能为你的国家做些什么。"美国还不惜巨资修建国会大厦、白宫、华盛顿纪念堂、航天博物馆等，作为对学生进行德育的阵地。俄罗斯在放弃共产主义、社会主义价值观以后，高举爱国主义旗帜，填补人们的信仰"真空"。学校通过"二战博物馆"里的英雄雕像以及从卫国战争的战场上发掘回来的战争遗物等,来对学生进行爱国主义教育。

4. 德育参与具有广泛性

在西方国家,学校德育具有广泛的参与性。例如美国,无论是家庭、学校、社会还是大众传媒,无论是政党还是宗教团体,无论是家长还是老师,都在充分利用一切场合和时机宣传美国的生活方式和价值观念。美国前总统克林顿曾在其演说中不遗余力地教育每一个美国人要负起历史赋予的责任,号召他们为国家作出牺牲,鼓励他们把自己奉献给美国的理想。在西方国家,学生德育从来就不是某一部门的事,而是由全社会来共同承担的工作。

(二) 中外德育的比较

人类历史发展中形成了不同文化影响的思想道德教育,但在许多基本的道德观念中又存在相似之处,这是不同国家、地区和民族的文化相互交流、影响的结果。正如 1993 年联合国教科文组织在北京召开的"面向 21世纪教育"国际研讨会上,将人类的道德、伦理、价值观列入 21 世纪面临的第一个挑战。会上明确提出:理想、信念和责任感、自立精神,坚强意志和良好的环境适应能力,心理承受能力是 21 世纪人才的主要特征。说明生活在现代的人类既存在有着眼于共性和时代性的德育内容和观点,又有因文化传统、社会制度、生活方式、教育发展等差异而实际存在的不同价值观、道德观。在了解不同国家的德育理论与实践基础上,综合比较中外青少年教育特别是学校德育,可以更科学地概括和清晰地认识其同异性。

1. 中外德育目标和内容的比较

中外德育目标和内容的共同性,主要反映在促进社会和人的发展所需要的共同道德规范的要求,如培养公民的爱国主义思想,为国家和社会的献身精神,良好的社会公德和习惯,发展人的个性等,即要求做好公民和爱国者。从中外德育目标和内容的比较分析,不难看出,都具有强烈的阶级政治色彩,注重道德教育及个体素质的全面发展。例如,在中外传统道德中,无论是中国偏重人与人之间的伦理道德关系,还是其他许多国家偏重于宗教和神的旨意灌输,都是与政治结合并为之服务的。又如中国传统文化强调视"明德"为做人基本法则,视"公忠"为"天下兴亡、匹夫有责",视"正义"为"见利思义",视"诚信"为"言必信、信必果"。

而西方将"公道""博爱""平等""好公益""人格"视为重要德目,说明中外都强调道德要求与个人素质结合。再如,中国提倡"重教明理""德教为先""修身为本""身教重于言教",这和西方许多教育家强调教师"要加强对学生进行品格教育"和"教师首先注意使他的学生热爱和尊重德行","教师可引导学生走正确道路,使学生能力和素质得到最高发展"等要求相似,也说明都注重良好道德品质养成与教育相结合的道理。当然,中外德育目标、内容要求,又源于文化传统、社会制度及价值观念相悖而存在差异。

中外德育目标和内容的差异主要表现在:第一,确定德育目标和内容的指导思想不同。我国主要强调"以社会为本",即集体第一,兼顾个人。例如,中国的农业社会形成的从"以人合天"进而达到"天人合一"的道德精神,突出仁者爱人,孝为公理、以和为贵、克己复礼、尊人卑己、守志持身、见利思义、勤俭立德等道德品质。然而"重义理、轻功利"的思想,一些时候又可能导致与社会发展的效益要求相背离,使人不思进取和奋斗。西方国家则强调"个人本位"的道德精神,突出表现为个人自由、个人奋斗、生存竞争、优胜劣汰等道德品质要求。现代西方德育更为崇尚"实用""功利",将人才培养与经济发展结合,强调"个人为本"。第二,中外德育目标和内容的差别体现在实践中。即如果个人和社会发生矛盾时,我国德育强调社会和集体的利益,强调以集体主义为核心的价值观教育,这是社会本位和"义务"观念的道德精神,因而重视"天下为公""诚仁公健""礼义廉耻"等品德。而西方则以"权利观"为重,强调"天赋人权",往往强调个人的自由和权利。第三,倡导现代的人生观、价值观的具体内容不同。西方各国所提倡的人生观、价值观是以个人主义、利己主义为特征的传统精神。我国人生观、价值观教育是以集体主义、历史唯物主义和辩证唯物主义为主要内容的教育。第四,中国传统道德和西方传统道德还存在情感为重和理性为重的不同,中国强调"仁"是核心,引发出"忠孝仁义""孝悌忠信"等,而西方又重在理性和法律条令的意志要求。

2. 中外德育途径和方法的比较

中外德育途径是多渠道的。目前,中外德育常用的几种途径:第一,直接德育途径——设置专门的德育课或宗教课。我国以及其他西方许多国家都开设专门的德育课,成为主要的德育渠道之一。第二,间接的德育途径——其他各科教学、社会实践、课外活动等。第三，潜在的德育途径。主要是指那些时时、处处对学生产生潜移默化影响的无形的途径，如教师的表率作用，班风、校风、社会风气等。

中外德育的方法也是多种多样的。我国的德育方法深受儒家"教学论"影响。儒家"教学论"中所提的"启发教学""循序渐进""因材施教""知行结合"等原则，都是我国德育行之有效的方法。西方的道德教育方法，从历史上看，主要有以下三种：第一是传统教育方法——"理论教育"模式，把一些具体的道德规则灌输给学生，通过训练、榜样、惩罚等方式巩固和强化效果。第二是现代教育方法——自我教育模式。强调学生在实践生活中进行道德选择，反对道德理论灌输，重在发展受教育者的自主性和道德能力。第三是革新的方法——"新道德教育"模式。这种方法吸收了前两种模式之长，既注重了通过开设一定的德育课程向学生传授道德规则，形成相应的道德认识，又广泛联系社会生活，使受教育者在现实道德生活中增强辨析能力，发展自我意识。

通过中西方德育途径和方法的比较，可以看出西方学校德育途径具有世俗化特点，既开设宗教课进行道德教育，也开设道德课进行道德教育，还有教学、课外活动的过程中传递道德观。西方国家的学校心理健康教育和心理咨询极为普遍，十分重视寓德育于心理健康教育和心理咨询工作之中，学校特别是高等学校都普遍设立专门的心理教育和咨询机构。此外，西方学校德育过程中很注意学生的个性特点，培养学生的道德思维、批判、选择和实践能力。

3. 中外德育发展趋势比较

第一，都从21世纪经济、政治、文化发展的战略高度，十分重视青少年思想政治和品德教育，并将此种教育作为提高综合素质和创新能力培养的核心。第二，中外德育都面临着社会经济、科技文化的变革发展及相互交流更加广泛的情况下，人们的价值观呈多元化趋势，传统道德观也面临新的挑战。例如个人利己主义、享乐主义、思想行为倾向日趋发展，青少年吸毒犯罪低龄化、智能化以及影响社会稳定等现象蔓延扩大，使得各国政府、教育家、社会工作者乃至大多数学生家长倍感忧虑和关心。西方国家中的政府和舆论都惊呼"越来越多的人受损人利己驱使，对为社会服务和树立社会利益的责任越来越没有兴趣"，"膨胀的个人主义传统使社会失去了内聚力的共性认识"；"今天的学生只顾及个人目的，追求个人利益，放弃政治和社会责任的诱惑也侵袭着他们"；"个人主义正在起消极作用，它使家庭和社会的人际关系变得日益淡薄"，等等。因此，这些呼声也促进各国政府高度重视并采取一些新的措施加强和改进学校的德育。第三，中外德育更加注重适应性、实用性、可操作性及实效性的发展趋势。诸多国家的德育内容、途径、方法等方面都采取适应现代化教育发展要求的德育模式，注重德育过程中的思想针对性，发展超时空性、途径方法的多样性、灵活性、人文性、渗透性、审美性、非智力因素性、潜在隐性等特征的发挥和应用。第四，德育发展呈现重素质教育倾向。注重培养人的素质、提高人的素质、改善人的素质，是国际教育的普遍发展趋势。无论从各国德育目标的具体规定，还是内容安排与方法的应用，都可以看到注重发展学生的个性品质，提高他们的综合素质是共同关心的问题，德育不再是单纯的传授道德知识、解决眼前的社会规范问题，而是想方设法培养学生批判性和创造性思维的能力，形成完美的个性。第五，在探索现代德育科学化发展方面，相关学科理论工作者与教育实际工作者密切结合，形成综合研究和实验、推广、发展的趋势。

三　现代德育要求论

进入 21 世纪知识经济时代，随着经济全球化趋势深入发展和国际竞争的加剧，一个国家的生存与发展，越来越倚重于人才的培养和开发，人才在经济和社会发展中越来越体现出基础性、决定性的作用。人才竞争已成为国与国之间综合国力竞争的关键，成为决定竞争成败的决定性因素。人才培养的基础在于教育。将教育看作是促进国家发展最基本和最重要的力量，已成为世界各国政府的共识。

"教育—人才"形成 21 世纪综合国力的核心竞争力。为迎接挑战、创造机遇，世界许多国家都在纷纷制定面向未来经济竞争、社会发展、科技进步和人力资源开发需要的教育长期发展战略，以谋求最大的发展空间和国家利益。教育战略规划已经成为世界不同制度、不同发展水平国家，站在全局与未来角度对教育发展实施战略决策和管理的有效工具和自觉行为。从某种角度上说，21 世纪的世界进入了一个"战略谋划的世纪"。

面对"全球化"背景下的国际竞争，特别是中国、印度等发展中国家崛起的新形势，美国朝野愈益感受到前所未有的严峻挑战。美国历来忧患意识很强，重视未雨绸缪，对未来进行重大谋划。如 2006 年 2 月，美国国家科学院、国家工程院及两院下属的医学研究所发表了联合报告——《迎接风暴：振兴美国经济，创造就业机会，建设美好未来》（简称《迎接风暴》），在美政界、教育界与科学界引起强烈的反响。《迎接风暴》报告提出四项重大政策建议，即美国政府应当在基础教育、科学研究、高等教育和经济政策方面行动。该报告的典型特点是直面竞争危机，瞄准中国和反思教育问题，将人才与创新作为国家竞争力的核心要素。2006 年 9 月，美国出台了一份旨在引领未来 10—20 年美国高等教育走向的报告——《美国高等教育未来规划》；2007 年 5 月，美国联邦教育部正式发布了《2007—2012 年战略规划》。美国总统奥巴马提出，美国欲在 21 世纪保持其在 20 世纪的领导地位，就要自强，只有教育比别人强，竞争力才能比别人强。在互联网时代，美国 2/3 的新增就业岗位要有大学和研究生学历。美国要通过创新，强化教育，要有新的眼界。这些战略思想集中反映出美国有强烈的危机感，强调以危机凝聚共识。美国继续重视基础教育，强化教师队伍建设；试图制定国家标准和考试制度，提高学生学习与竞争能力；培养和吸引优秀人才，长久保持国家竞争力。

2007 年 10 月 26 日，时任英国首相布朗在格林威治大学发布了新政府的教育施政纲领，提出：英国的抱负是建立"世界级"的教育体系，成为全球教育联盟的领头羊。面对经济全球化的挑战，英国政府锐意进行教育改革，提出一整套教育改革方案。典型方案是 2007 年 12 月发布的《儿童计划——创造更美好的未来》，规划了英国儿童发展的 10 年战略远景；2008 年 5 月 14 日，布朗向议会提交了《2009 年教育与技能议案》，目的是保证英国每个儿童都能上优秀的学校。

面对 21 世纪以来国际和国内社会环境的深刻变化，2005 年法国制定了《学校未来的导向与纲要法》，确立了未来 10—15 年教育发展的新体制，提出要建立一个更公正、更有效率、更开放的学校体系。萨科奇从他准备参加总统竞选开始，就一直把教育放在其竞选纲领的重要地位。2006 年 2 月 22 日，以萨科奇为主席的法国人民运动联盟公布了《教育协定》。萨科奇在为《教育协定》而发表的演讲中，明确了教育的两大目标：优质与机会均等。它反映了法国政府重视研究当前及未来社会的发展态势，培养高素质的公民，为法国更好地融入 21 世纪的欧洲政治和经济空间提供了基础。

2003 年 3 月，德国联邦政府提出了指导未来若干年经济、社会改革与发展的《2010 年议程》。作为该议程的重要组成部分，教育的改革与发展被看作是推动德国经济发展、增加就业、激活创新力的重要举措。2005年 2 月，德国教育科学学会和德国联邦政府教育部门联合举办了主题为"未来教育"的大型研讨会。会议提出了 2010 年前德国教育的九大目标。它的核心理念是"教育面向所有人"和"能力教育"，其目的是促进现行社会向"知识型"社会转变。默克尔总理领导下的德国政府明确提出，到 2020 年将使德国成为世界上"最适于研究的国家"，确保德国科研水平和经济竞争力在世界上处于领先地位。德国教育发展规划及政策制定的出发点和落脚点都立足于德国经济与社会发展的现实，最大限度地倡导教育为国家经济建设与社会发展服务。

进入 21 世纪，日本明确制定了科学技术创造立国和文化立国两大战略，为适应这一需要，频繁更迭的历届日本内阁都把教育改革列为社会整体规划的重要议题。2001 年 1 月，日本文部科学省向国会提交了《21 世纪教育新生计划》。它是作为实现"日本新生"远大目标的一项重要国策而制定的，是日本教育改革今后的发展方向与远景蓝图。2004 年 12 月，日本中央教育审议会提交了《高等教育未来展望》报告书，构想了2015—2020 年日本高等教育的状态。2008 年 7 月，日本内阁通过了日本教育史的第一个《教育振兴基本计划》，以中长期教育发展规划确立 21世纪的教育理想。

"发展教育，立法先行"是苏联发展国民教育几十年来形成的一个显著特点，俄罗斯不但继承了这一传统，而且在不断强调教育对国家现代化和民族安全所具有的重要作用的过程中，将关于教育发展的各项政策作为国家政策体系中一个重要领域专门部署。21 世纪初俄罗斯联邦政府连续颁布了一系列重要教育法令和纲领：《联邦教育发展纲要》《俄罗斯联邦国民教育要义》《俄罗斯 2001—2010 年连续师范教育发展大纲》《俄罗斯联邦政府社会经济政策远景规划》《2010 年前俄罗斯教育现代化构想》《2006—2010 年联邦教育发展目标大纲》《2020 年前的俄罗斯教育——服务于知识经济的教育模式》，等等。时任俄罗斯总统的梅德韦杰夫在上任后的第一个国情咨文中认为，俄罗斯已经从教育优势地位"跌落"，而且这已构成影响国家整体竞争力提高的最大威胁。重建俄罗斯教育体系应该在培养新一代专业人才方面起到决定性的作用。这些国家级文件突出体现了俄罗斯重视教育，把教育作为国家社会发展战略重点的一贯性。

印度是当今世界重要的发展中国家之一，印度政府相当重视教育发展对推进社会发展的作用。时任总理辛格在 2007 年印度独立日的演讲中宣称"我想看到不久的将来，教育领域内发生的革命性变化。我强烈的愿望是，让印度成为一个全面受教育的、现代化的、进步的国家。我们要使印度变成一个人人都受到教育、有技能、有创造力的国家"。2007 年 12 月，印度制定的第十一个五年规划（2007—2012）诞生，提出"全纳性增长"的发展理念，即推进均衡发展，缩小区域、群体和性别间的差距，让发展的成果惠及全体人民。在此基础上，印度规划委员会正式发布了"十一五"教育发展规划。规划针对中等教育长期存在的学术性倾向问题，强调发展职业学校与职业教育，保证职业教育和普通教育路径相互沟通，允许多次选择。同时提出建立国家职业资格制度、密切与企业合作、开设学制长短不一的模块化课程、实施弹性教学方式等一揽子改革措施。在高等教育方面，提出到 2012 年高等教育毛入学率达到 15%，新建 30 所中央大学，做到每个邦有一所中央大学，并创建 14 所世界一流大学，增强印度高等教育的全球竞争力。

以上这些战略规划都突出强调教育为国家服务的价值理念，同时重视强调以人为本，重视学生的个性发展；都突出强调教育发展要兼顾公平与质量，充分体现教育政策的双重价值需求；都非常重视儿童早期教育，确保良好的教育开端；都突出强调提高学业标准，确保扎实的学力，为全球竞争作好准备；都充分重视扩展职业教育，加强职业教育与普通教育之间的联系，强调企业与教育的密切联系，不断为职业教育注入新的生机；都在积极构思高等教育的未来，重视一流大学建设；都非常重视培养学生的终身学习能力，终身教育、终身学习的观念已被世界各国普遍接受，并成为很多国家的教育改革的一个重要战略思想。

因此，我国德育必须认清面临的形势和挑战，审时度势，明确要求。

（一）以社会主义核心价值体系引领

党的十六届六中全会通过的《中共中央关于构建社会主义和谐社会若干重大问题的决定》强调："建设和谐文化，是构建社会主义和谐社会的重要任务。社会主义核心价值体系是建设和谐文化的根本。"党的十七大报告明确指出："建设社会主义核心价值体系，增强社会主义意识形态的吸引力和凝聚力。"马克思主义指导思想，中国特色社会主义共同理想，以爱国主义为核心的民族精神和以改革创新为核心的时代精神，社会主义荣辱观，构成了社会主义核心价值体系的基本内容。党的十八大报告特别强调要"倡导富强、民主、文明、和谐，倡导自由、平等、公正、法治，倡导爱国、敬业、诚信、友善，积极培育社会主义核心价值观"。以社会主义核心价值体系引领，是我国现代德育建设的一项重大任务。

社会主义核心价值观是社会主义核心价值体系最深层的精神内核。富强、民主、文明、和谐体现了社会主义核心价值观在发展目标上的规定，是立足国家层面提出的要求；自由、平等、公正、法治体现了社会主义核心价值观在价值导向上的规定，是立足社会层面提出的要求；爱国、敬业、诚信、友善体现了社会主义核心价值观在道德准则上的规定，是立足公民个人层面提出的要求。这三个层次的理念相互联系、相互贯通，实现了政治理想、社会导向、行为准则的统一，实现了国家、集体、个人在价值目标上的统一，兼顾了国家、社会、个人三者的价值愿望和追求。

人类社会发展的历史表明，对一个民族、一个国家来说，最持久、最深层的力量是全社会共同认可的核心价值观。核心价值观，承载着一个民族、一个国家的精神追求，体现着一个社会评判是非曲直的价值标准。核心价值观，其实就是一种德，既是个人的德，也是一种大德，就是国家的德、社会的德。国无德不兴，人无德不立。

社会主义核心价值体系是引领当代青年学生成长成才的根本指针，它为当代青年学生加强自身修养、锤炼优良品德、成长为德智体美全面发展的社会主义事业的合格建设者和可靠接班人指明了努力方向，提供了发展动力，明确了基本途径。当代青年学生只有自觉学习和践行社会主义核心价值体系，才能健康地成长为有理想、有道德、有文化、有纪律的社会主义"四有"新人。

用社会主义核心价值体系引领德育，就必须做到：

第一，必须大力加强理论武装，引导学生树立正确的世界观、人生观和价值观。马克思主义指导思想是社会主义核心价值体系的灵魂，它提供的是科学的世界观，是认识世界和改造世界的立场、观点、方法。加强理论武装，就是要以马克思主义、毛泽东思想、中国特色社会主义理论来武装师生头脑，引导师生树立正确的世界观、人生观和价值观，应用正确的方法论，来认识世界、改造世界。当前，形形色色的社会思潮和社会现象在冲击着校园，意识形态领域的复杂多变也在影响着学生，扰乱了他们的政治信仰和价值观念，这是非常不利于打造其核心价值体系的。因此，在德育工作中，理论武装不能放松，必须在广大学生中大力开展理论学习教育活动，特别是要以马克思主义中国化的最新成果武装他们的头脑，使他们能正确认识社会发展趋势，科学定位人生价值，高扬起马克思主义这一意识形态的旗帜。

第二，必须大力加强理想信念教育，以中国特色社会主义共同理想凝聚师生。中国特色社会主义共同理想是社会主义核心价值体系的主题。在中国共产党的领导下，走中国特色社会主义道路，实现中华民族伟大复兴的中国梦，是现阶段我国各族人民的共同理想。在学生中，对理想的认同多种多样，理想也是多种多样，这是无可厚非的，但要引导与中国梦紧密联系起来。应该看到，部分学生理想信念淡薄，有的人生理想过于功利化，这是不利于他们成长成才的。因此，必须大力加强理想信念教育，以中国特色社会主义共同理想凝聚人心，使他们的人生理想得到升华，人生信念更加坚定。要以国家发展所取得的伟大成就来感召学生，以全国各族人民为中华民族伟大复兴而团结奋斗的感人事迹激励学生，使青年学生都能高扬起理想的风帆。

第三，必须大力弘扬爱国主义主旋律，培育学生的民族精神。以爱国主义为核心的民族精神，是社会主义核心价值体系的精髓。学校培育的人才，是民族生生不息、薪火相传的建设者和接班人，在他们身上，必须具有深深熔铸在内心的以爱国主义为核心的民族精神，既要教育学生学习博大精深的民族传统文化，又要教育学生紧跟时代前进的步伐；既要让他们学习世界各国的长处，又要自觉维护国家、民族的利益和尊严。只有培育出真正爱国的人才，国家富强、民族振兴才会具有坚实的人才基础。

第四，必须努力增强学生的创新意识，培育学生的时代精神。创新是民族进步的灵魂。以改革创新为核心的时代精神，同样是社会主义核心价值体系的精髓。青年学生应该是最富有创新精神的一代，应该是最大胆改革，开拓创新的一代。但是，由于体制上、观念上的诸多原因，我国青年学生的创新意识还不够强，创新精神还没有完全激发出来；与此同时，一些青年学生把时尚、享乐作为紧跟时代的标志，这些问题都需要引起高度重视，并努力加以解决。培育学生的时代精神，既要鼓励他们积极创新，又要及时规范他们超前享受、盲目追赶潮流的行为，使他们时刻保持昂扬的精神状态和巨大的创新活力。

第五，必须大力加强社会主义荣辱观教育，打牢学生的思想道德基础。社会主义荣辱观是社会主义核心价值体系的基础。树立社会主义荣辱观，形成和谐的人际关系和文明的社会风气，是经济社会顺利发展的必然要求。目前，我国青年学生的思想道德主流是好的，但是，应该看到，危害祖国、背离人民、愚昧无知、好逸恶劳、损人利己、违法乱纪、骄奢淫逸这些违背社会公德的现象在部分青年学生中仍然存在，因此，要继续在学生中开展社会主义荣辱观教育，通过理论教育、典型教育、社会实践等方式，引导他们把道德操守和个人成长成才结合起来，把道德修养与道德实践结合起来，做到德才兼备、知行合一。

（二）以学生全面发展为目标

"全面发展"是马克思关于人的发展的本质与核心内容，是党和国家教育方针的基本要求。党的十六大对"全面发展"进行了精辟的概括："坚持教育为社会主义现代化建设服务，为人民服务，与生产劳动和社会实践相结合，培养德、智、体、美全面发展的社会主义建设者和接班人。"其中"德""智""体""美"就是"全面发展"的主要内容。人的全面发展所强调的是人的本质的丰富性和完整性的实现。随着经济的不断发展和社会的不断进步，社会对人才的要求也随之越来越高，它不仅要求学生要掌握丰富的科学文化知识，而且还要有较高的思想道德素质和身心健康素质；不仅要求学生智育的发展，而且要求他们德、智、体、美等素质的综合提高。在这些素质中，思想政治素质是最重要的素质，它决定着青年学生发展的方向，并对其他素质起促进和提升作用。

第一，在青年学生全面发展教育中，思想品德是灵魂，是青年学生一切言行的指导。正如著名教育家苏霍姆林斯基所说："人的所有各方面和特征的和谐，都是由某种主导的首要的东西所决定的，在这个和谐里起决定作用的、主导的成分是道德。"他还认为"道德是照亮一切方面的光源，而同时它又是人的个性的一个个别的特殊的方面"[①]。但丁也认为：

---

① 南京师范大学教育系：《教育学》，人民教育出版社1984年版，第234页。

道德常常可以填补智慧的缺陷，而智慧从来不能填补道德的缺陷。所以康德坦言："道德是人为自身的立法。""我怀着无限的敬畏深思这两件东西：那天上的星空和我们心中的道德律。"①

第二，德育与智育密切联系，相辅相成。在对青年学生全面发展的教育中，德育所要解决的是发展的思想政治方向问题，对智育的发展起着指引方向和保持动力的作用，尤其随着改革开放的不断深入和社会主义市场经济的不断发展以及科学技术的突飞猛进，科学技术"双刃剑"的特性显现得更加突出，因此，只有加强对青年学生进行思想道德教育，才能保证青年学生的发展沿着正确的方向前进，才能保证学校的社会主义性质，才能保证培养出我国社会主义现代化建设所需要的人才。

第三，德育还是人的全面发展的动力。只有通过思想道德建设，把社会主义现代化建设的要求转化为受教育者的要求，转化为他们学习和行为的动机，才能充分调动他们学习的积极性、主动性和创造性，才能使他们更好地按照社会发展的要求来发展自己。

素质教育是全面发展的前提。素质就是品格，素质就是做人。素质包括知识和能力，但是更强调做人的根本，强调人的内在素养。哲学家亚里士多德有一段精彩论述，用在素质教育含义上恰如其分。他说：播种一种行为，收获一种习惯；播种一种习惯，收获一种品格；播种一种品格，收获一种命运。这就是素质教育的全过程。每个人的一生都是由无数的行为所构成的，行为优秀还不是全部，习惯优秀才是真正的优秀。两个顶尖的优秀行为也抵不上一个优秀习惯。行为的优秀是暂时的、偶然的、孤立的，缺乏后继性，只有习惯优秀才会为行为优秀提供制度性的保证。所以，素质教育就是优秀习惯的教育，管学生一生的教育，学生终身享用的教育。

德才兼备是全面发展的标准。21世纪的优秀人才，必须德才兼备。德才兼备是成才立业、奋发有为的前提。一个人如果志大才疏，固然成不了才，但如果没有优秀的思想品德，就难以成就事业。人们常说，成小事，靠业务本领；成大事，靠思想品德和综合素质。有德无才要误事，有才无德要坏事。中国历代强调君子文化。德才兼备是对君子的要求，君子会自觉对理想、信念、道德、责任进行升华。

---

①　［德］康德：《实践理论批判》，商务印书馆1960年版，第76页。

非智力因素是全面发展的主导。美国哈佛大学情商教育理论认为，人生成就最多20%归诸智商，80%归诸情商。谁的情商开发得好，谁的优势就大，成功的机会就多。人的知识积累和能力的形成发展，不仅取决于知识要素，更重要的是受到健康情绪的激励，高尚人格的引导，意志力量的支配，世界观、人生观、价值观的驱动。当代社会，重视学生非智力因素培养，显得尤为重要。情商就是有自信，有自知之明，有自律，人际关系处理得好，有同情心，工作主动投入，有热情。情商的培养是对人性的一种提升和健全人格的完善。情商教育目标就是具有充实的精神世界，正确的价值观、人生观，合适的情趣动机，完善的情感生活和健全的心理环境。情商实际就是一种精神状态，一种人格特征，一种做人处世的道理。

人文教育是全面发展的底蕴。当今认识世界的重大发现和改造世界的重大成果，都是自然科学与人文科学的结合。西方科学与东方哲学的结合，将是社会发展的重要驱动力。21世纪要求创新人才必须形成完备的知识基础：科学知识是客观世界的知识，人文知识是精神世界的知识，古今中外的大家，皆两者皆备。人文学科是研究人本身的科学，包括语言学、文学、历史学、哲学。语言是思维的工具，文学是幻想，历史是记忆，哲学是思维结果。高层次的社会责任感和道德感主要依靠文化的积淀。人文学科具有体验性、教化性和评价性特点，它可以使人的情感得以陶冶，心灵得到升华，形成正确的人生追求。正如美国一项权威调查报告所指出的，人文学科告诉我们如何设法对付生活中永恒不变的基本问题，那就是：正义是什么？应该爱什么？应该保卫什么？什么是勇气？什么是高尚的？什么是卑鄙的？哲学家怀特认为，天才是一个人的心灵中产生了有意义的综合。爱因斯坦以其深刻的哲学思想提出了相对论，贝多芬的音乐本质上体现了康德哲学思想的旋律化或音响化。接受知识需要理性，科学创新的灵感则依赖于悟性。培养创新人才，需要从人的综合素质和社会文化进步的高度，促进科学教育与人文教育的融合，实现高情感与高科技的联姻，人文气质与科学精神的合璧，促使人追求自身完善，获得整体全面发展。

个性发展是全面发展的核心。没有个性就没有人才，没有创造性。人无个性必平庸，个性愈强，愈能出类拔萃、取得成功。如果求全责备、舍长择短、扼长补短，只能助长平庸、抹杀卓越、埋没人才。个性发展是全面发展的核心，没有个性发展的全面发展很难说是全面发展；全面发展是个性发展的基础，没有全面发展的个性发展可能是一种畸形发展。我们要在全面发展的前提下鼓励创新，在合格达标的基础上支持冒尖，在规范要求的同时发展个性。个性是教育的灵魂。现代教育应从标准化教育向个性化教育转变。工业社会的特点是标准化，信息社会的特点是多样化、个性化。以往教育工作强调标准化，是工业经济时代的产物。但随着知识经济时代和信息社会的来临，人们思想活动的独立性、选择性、多变性、差异性日益增强，标准化教育对人的进一步发展起了阻碍作用。性格比能力重要，原因是一个人如果能力不足，可以通过培训提高，但一个人如果性格不好，改变起来就很困难。性格是个性中最核心的部分，人的性格千差万别。有的人诚实、正直、谦虚，而有的人自私、虚伪、自傲；有的人勤奋、认真、创新，而有的人懒惰、自卑、保守；有的人自制、果断、勇敢，而有的人冲动、盲目、怯懦；有的人顽强、严谨、坚持，而有的人优柔、马虎、轻率。德育要尊重学生的特点、爱好、追求、兴趣，因材施教，因势利导。

（三） 以三贴近为原则

现代德育必须贴近实际、贴近生活、贴近学生，这是增强德育实效性的关键。而要使德育更好地贴近实际、贴近生活、贴近学生，就必须在遵循思想道德建设普遍规律的同时，适应青年学生身心发展的特点和接受规律，从一切为了学生的成长、成才的角度，深入了解学生所思、所想、所需，倾听学生的意见和建议，从学生最关心的问题入手，以情动人、以事感人、以理服人，善于用事实说话，用典型示范，用榜样引导，用学生熟悉的语言和喜闻乐见的方式开展教育活动，使学生在此过程中不断提高思想道德水平和思想政治素质。

所谓贴近实际，是指德育的目标定位、内容选择和方法的改进要贴近学生成长环境的客观现实，贴近改革开放和现代化建设的实际，贴近学生的素质和思想实际，贴近学校的教学工作。就是要从学校现有师资、学生素质、教学条件等实际出发来部署本校青年学生德育工作，按教育要求、目标等实际需要来推进工作，以实际效果来检验工作。

增强德育的针对性和实效性，需要从多方面入手，关键在于联系实际，解决问题。这既是党的实事求是思想路线在德育中的贯彻和体现，也是保持德育强大生命力的源泉。所以，德育的目标定位，要从实际出发，既不能割断社会发展的必然联系，又不能超越社会发展的客观现实。德育的内容要与时俱进，体现时代特征，要反映国内外重大科技、新闻时事和社会焦点、热点问题。要贴近高校校园实际及学生的素质和思想实际状况，积极回答青年学生所关心的问题。比如，学习宣传中国梦，校园网可设有"学习资料""理论研究""视频点播""图片新闻"等栏目，并上传有关声像资料，为学生的理论学习提供方便。同时，还可以开设"学习动态""群言心声"等栏目，为学生交流心得体会创造条件。德育只有体现时代性、把握规律性、富于创造性，才能帮助学生坚定正确的政治方向，正确认识和分析复杂的社会现象，为学生解惑答疑，有理有据地对学生进行思想教育，才能为学生所欢迎。只有贴近实际才能保持德育的生命力。

所谓贴近生活，是指德育要反映学生实际生活本质，贴近学生的学习和日常生活的实际，满足学生的合理需求，把德育与解决实际困难问题相结合，为学生健康成长创造良好条件。贴近生活，就是要经常深入学生的学习、生活和课外活动之中，始终把工作视点对准火热的生活，关注生活细节，聚集生活场景，使德育更加入情入理，充满生活色彩，富有生活气息。

互联网的迅速发展，使青年学生生活在两个世界：一个是现实世界，另一个是虚拟世界。因此，只有把网络德育信息与大学生的各种生活信息紧密结合在一起，才能增强德育的吸引力。所以，网络德育要贴近大学生的学习和日常生活实际，办好新生指南、学习与答疑、学术科研、时事政策的分析阐释、生活服务、入党导航、第二课堂活动、心理咨询、就业指导、成才服务、法律咨询、影视展播等栏目，针对青年学生的生活、学习、文体、情感、勤工俭学和就业创业的需要选择内容，最大程度地满足每个学生成长、成才的需要，解决他们最实际的困难，帮助他们处理好学习、成才、交友、恋爱、消费、心理、就业等方面的具体问题。通过引导，使青年学生更理性地观察、思考和分析相关问题，更清晰地了解和认识自己的就业创业环境，从虚幻的网络世界中走出来，投入到更有意义的学习和生活中去。德育只有充满生活色彩，富有生活气息，反映生活本质，才能增强吸引力和感染力。

所谓贴近学生，是指德育要坚持以人为本，以尊重、理解、关心、帮助和服务学生为出发点，以满足学生的需求、提升学生的境界、实现学生的价值、促进学生的全面发展为归宿点。贴近学生,就是要扎根学生之中,把握学生的思想脉搏和行为习惯,了解学生的工作、学习和生活,关心学生的心理、学习和生活等方面的困难和问题,从一切为了学生、为了一切学生、为了学生一切的目的出发,为学生诚心诚意办实事,尽心尽力解难事,实心实意做好事,提高亲和力。

德育归根到底是做人的工作,必须坚持以人为本,体现人文关怀,遵循青年学生心理发展规律,尊重、理解和关心学生的成长。网络平等互动的特点为亲和力的产生提供了条件,所以,应搭建融思想教育、在线交流于一体的网络平台,让学生参与讨论、发表意见、交流思想。如开设 BBS 论坛和微信群,建立起民主、平等的师生关系,使青年学生敞开心扉,教育者了解学生的真实情况后,可有针对性地对学生进行思想政治教育。学校有关职能部门要增强责任意识,齐抓共管,形成合力要充分发挥网络即时、快捷的优势,及时发布和更换信息,树立以学生为本的服务意识,增强网络服务功能,使网络德育具有针对性和实效性。

德育应关心学生的学习生活。诸如学习方向感不强、发展目标模糊、学习动力不足、学习坚持力不够等问题。学校德育应该提升引导学生明确其学习目标并将之具体化、层次化的意识和能力。学校德育还可以通过强化人生观、价值观、荣辱观和理想信念教育、爱国主义教育,引导学生提高其学习的主动性、积极性,把学习与自己的发展成才和祖国的前途命运联系起来,增强其发展的内在动力和坚持力。

德育应指导学生的交往生活。当代学生中独生子女的比例高,学习的节奏加快且更趋紧张,加之网上作业的流行,人际直接接触减少,人际交往问题越来越突出,出现了不敢交往、不善交往和畸形交往的问题,严重影响到青少年学生的心理健康和个性发展。为此,学校德育应积极承担起指导学生交往的任务,教给学生有关人际交往的基础知识,培养和锻炼他们的交往能力,引导他们勇于和善于建立起平等友爱、互帮互助、开放宽容、诚实守信的良好人际关系,为自身的健康发展和社会的安定和谐做好思想意识和能力的储备。

德育应引导学生的日常生活方式。现在,我国人民的物质生活比以前大为充裕,这样一来,以怎样的方式进行消费,养成怎样的生活习惯,就成为摆在当代青少年面前的新问题。学校德育不应回避这些问题,而应该科学有效地传递现代文明生活方式的有关知识,指导他们勤劳节俭、自尊自爱、量入为出，引导他们体验这种文明健康的生活方式并养成良好的生活习惯。

（四）以务求实效为目的

务求实效的精神是改革开放历程中重要的时代精神，务求实效要求我们坚定不移地、始终一贯地实行"一切从实际出发，实事求是"的原则，一切以符合人民的利益为标准，充分解放思想，敢于和善于调动一切积极因素，为我们的事业服务。邓小平就一贯强调和重视要解放思想、实事求是，追求实效。科学地理解和执行马克思主义的务求实效精神，意味着要在解放思想的基础上，注意"端正目的""放开手段""优化手段"，而这正是现代德育发展在新时期要解决的要点和难点。

在德育工作中，有两个十分重要的概念，一个是解决青年学生的思想问题，引导青年学生树立正确的世界观、人生观和价值观，另一个是解决青年学生的实际问题，帮助青年学生顺利成长、成才。关心学生，爱护学生，为学生办实事，并把实事办好，这是德育的本质所决定的。从解决学生的实际问题出发，提高青年学生的思想认识，把解决思想问题同解决实际问题相结合，是提高德育实效性的重要途径。历史唯物主义告诉我们，社会存在决定社会意识，社会意识是对社会存在的反映。人们的思想问题是从实际问题中引发，并因实际问题的存在而存在。要想解决青年学生由于各种因素、动机所引发的思想问题，进而引导他们的行动，就必须关注和解决青年学生日常学习生活中遇到的实际问题。在当前，如果不从利益动因上去分析学生的思想问题，不去关心和帮助解决青年学生的实际问题，只以"正确对待"一言概之，有时候很难达到目的。因此，必须把解决青年学生的思想问题和解决他们的实际问题紧紧地结合起来，既讲道理，又办实事，这样工作才会见实效。

当前，我们正处在社会转型时期，在日益严峻的人才竞争和就业市场中，在不断出现的新环境、新挑战的适应中，青年学生作为社会各阶层中承上启下的过渡型群体，面临着由各种压力导致的种种思想问题和实际问题。譬如，因贫困家庭学生群体的存在而对社会公平产生的疑惑，因就业竞争激烈而对发展前途产生的迷茫，因严格管理与个性张扬的矛盾而产生的对抗，等等。同时，青年学生作为一个特殊的利益群体，他们不仅关注解决实际问题的最终结果，也关注解决实际问题的方式和态度，而且还迫切需要掌握解决问题的方法、观点等，并对此表现出强烈的筛选性。

在实际工作中往往难以处理好解决思想问题与实际问题的关系，"结合"的文章做得不够，或者过分强调单纯的思想教育，就事论事，片面强调青年学生在思想境界上的"拔高"；或者只限于对实际问题的解决，认为实际问题解决了，思想问题就可以解决。高校德育工作的实践告诉我们，必须把思想教育和解决群众实际问题有机地结合起来、统一起来，把握好学生提出的实际问题该不该解决、什么时候解决等问题。对思想问题的解决如果不与解决实际问题相结合，那么工作就难以落到实处、收到实效；如果用解决实际问题取代思想教育，就会使德育工作失去其意义。正确的做法应该是，解决思想问题应通过解决实际问题来实现，即借助解决实际问题这一环节，来升华思想、提高觉悟；在解决实际问题的过程中，要强化思想教育功能，凸显解决思想问题的人文内涵和精神支柱的作用。这样，两者相辅相成、相得益彰，就能大大增强工作的针对性和实际效果。

在德育的职能上，实现德育的教育职能、管理职能、服务职能的统一。教育是核心，管理是保证，服务是拓展，当前更应当强调服务。一般来讲，学生思想问题有三类。第一类，属于是非不够清楚的思想认识问题，主要靠思想教育；第二类，属于行为养成问题，主要靠以管理为主的行为养成教育；第三类，属于具体利益、具体问题引起的思想情绪问题，主要靠帮助学生排忧解难。这三类思想问题，虽不能截然分开，但解决问题的方式都是明确分为教育、管理、服务，所以三者必须结合。

第四章

现代德育的系统构建

德育是一项复杂的系统工程，呈现多层次的立体结构。从宏观层面上看，德育由学校德育、家庭德育、社会德育诸类型匹配；从中观层面上看，德育由小学、中学、大学诸阶段相继；从微观层面上看，学校德育由德育主体、德育客体、德育目标、德育内容、德育途径、德育方法、德育评价等要素构成的一个统一的整体。

一 现代德育系统论

（一）系统与系统方法

系统论认为，系统是由两个以上的相互联系、相互依赖、相互作用的若干组成部分结合成的、具有一定结构和功能的有机整体。系统是由它的所有组分构成的统一整体，具有整体的结构、整体的特性、整体的状态、整体的行为、整体的功能等。

系统具有三个基本特征：第一，系统是由若干元素组成的；第二，这些元素相互作用，互相依赖；第三，元素间的相互作用，使系统作为一个整体具有特定的功能。

系统方法就是根据系统的观点，从整体出发，辩证地处理整体与部分、结构与功能、系统与环境、功能与目标的关系，找到既使整体最优，又不使部分损失过大的方案作为决策的依据，以实现整体最优化的方法。系统方法具有如下特点。

1. 整体性

首先，整体性是系统方法的核心。根据系统论的观点，系统是由诸多部分或要素组成的有机整体。系统的整体性质和规律，只存在于组成它的诸要素的相互联系和相互作用之中，而不等于各组成部分或要素的孤立的性质和活动规律的总和，即"整体大于部分之和"。因此，在研究系统时，必须从整体出发，立足于通过整体来分析部分以及部分之间的关系，再通过对部分的分析而达到对整体的深刻理解。

其次，整体性原则是系统方法的首要原则。它把研究对象视为有机整体，探索其组成、结构、功能及运动变化的规律性。它要求我们，无论是认识、研究、控制自然对象，还是设计制造系统，都必须从系统的整体出发，探索系统内外环境中和内外环境间的辩证关系。正如爱因斯坦在《物理学、哲学和科学进步》中说的："如果人体的某一部分出了毛病，那么，只有很好地了解整个复杂机体的人，才能医好他；在更复杂的情况下，只有这样的人才能正确地理解病因。"① 系统方法要求从种种联系和相互作用中认识和考察对象，使系统分析和系统综合、归纳和演绎、局部和整体、个别和一般都协调一致起来。

2. 动态性

任何现实的系统，一般来说，都是处于动态的"活系统"。虽然在科学研究中，人们经常采用理想的"孤立系统"或"闭合系统"的抽象，但是实际存在的系统，无论是在内环境的各要素（或子系统）之间，还是在内环境与外环境之间，都有物质、能量、信息的交换与流通。所以，从原则上说，实际系统都是活系统。热力学第二定律指出，绝对零度是永远达不到的。其实，即使在绝对零度，量子力学也已证明，还有零点能存在，构成系统的质点（要素）还处在振动中。所以系统总是动态的，永远处于运动变化之中。

系统总是随着时间箭头而演化，大至太阳系、银河系，小至"基本粒子"，都有一个产生和消灭的过程，所以任何系统都经历着实实在在的历史。因此，在研究系统时，应当把系统发展的各个阶段统一起来加以研究，以把握过程与未来发展趋势。

3. 最优化

即通过研究系统的要素、结构以及与环境的关系，经过科学的计算、预测，作出系统目标的多种方案，从中选择最佳的设计和实施方案以及所

---

① 《爱因斯坦文集》第 1 卷，商务印书馆 1976 年版，第 513 页。

能达到的最佳功能目标，同时，还要采用最佳控制手段和进行最优化的管理。当然，这里的最优化也是一个相对概念，只有更好，没有最好。

系统的目标往往是多元化的，有些甚至是直接对立的，如何在对立统一中寻求整个系统最优化总目标的确是非常困难的。但是运筹学的发展和系统工程的建立，为我们提供了许多具体的实现目标最优化的办法，如线性规划、非线性规划、动态规划、对策论、决策论、排队论、存贮论等，都是可用来解决系统优化问题的方法。

4. 综合性

综合性是系统方法的一个突出的特点。综合性就是把任何整体都看作是以诸要素为特定目的而组成的综合体，要求研究任一对象都必须从它的成分、结构、功能、相互联系方式、历史发展等方面进行综合考察。系统方法突破了传统分析方法的局限，但又不是一般的否定分析，而是把分析与综合有机地结合起来，从综合出发，在综合的指导下进行分析，然后再回到综合。

系统方法的综合性具体表现在：在观察和处理事物的时候，把事物的各个部分、各个方面、各种因素、各种联系和相互作用结合起来全面地加以考察；不但考察事物的成分和结构，而且考察事物的功能和产生、发展、运动、变化的历史，从不同的侧面、不同的层次和不同的状态综合地研究事物。

系统方法的综合性原则还要求：不能单凭某一种方法和某一门科学知识来认识和处理问题，而是综合地运用各种各样的方法和知识来认识和处理问题。它里面包含着自然科学、社会科学和工程技术等诸多方面的知识和技术。这就使它具有了多种多样的功能：既可以用来认识事物，也可以用来解决问题；既可以用来进行定性研究，也可以用来进行定量研究；既可以用来研究历史和现状，也可以用来预测未来。

5. 模型化

运用系统方法，需要把真实系统模型化，即把真实系统抽象为模型，如放大或缩小了的实物模型、理论概念模型、数学模型、符号系统模型或其他形式化的模型等。在采用系统方法的模型化原则时，除应遵循模型方法的一般原则以外，还应使模型的形式和尺度符合人的需要和可能，适合人的选择。

对于复杂系统，需要在系统分析的基础上，适当地采用模糊方法，经适当简化和理想化，才能建立起系统模型。一旦建立起系统模型，就可以进行模拟实验，运用电子计算机进行系统仿真。模型化原则常常是采用系统方法时求得最优化的保证。

总之，整体性、动态性、最优化、综合性和模型化都是系统方法的基本特点，也是运用系统方法的基本原则。前两个是基础，第三个是目标，后两个是手段。系统方法的广泛应用，推动了自然科学、人文社会科学、应用技术、管理科学等的新进展，同时也带来人们思维方式的变革。

（二）现代德育系统化

德育是教育的重要组成部分，德育有自身的教育目标、原则、内容、途径、方法和管理要求。同时，德育又通过各种途径渗透到智育、体育、美育等诸育过程中。现代德育系统化是指组成全社会大德育的学校、家庭、社会德育等不同类型、不同层次的德育系统，在德育过程中，按照全社会的德育要求，形成纵横结合、相互协调、互相促进、整体发展、综合育人的系统工程。简言之，即德育系统整体发展，形成综合育人的体系化。

1. 德育系统化是社会综合教育的要求

德育作为教育的重要内容和环节，是人的全面发展的组成部分之一。社会化大生产要求教育社会化，进而要求培养社会化人才。德育作为社会化教育的重要组成部分，必须反映和适应社会政治、经济、科技、文化发展对人才的要求。德育过程离不开社会环境，而社会是一个包括各个领域的多个系统组成的一个大系统，它们之间相互联系、相互作用、相互促进、相互制约。德育属于社会教育大系统中的子系统，因此，德育与社会其他系统有共通性、互动性、整体性、趋同性关系。从这个意义讲，德育的本质是指教育者根据社会要求将政治规范、思想规范、法纪规范、道德规范转化为受教育者思想政治和品德以及完美人格的教育。德育作为教育的重要组成部分，具有鲜明社会性、科学系统性、年龄阶段性、教育广泛性、实践综合性等特点。从广义和系统科学思维的角度讲，德育应该包括不同年龄阶段、不同层次、不同职业的人的政治思想与品德教育，也即包括学校、家庭、社会生活的全社会系统的大德育。社会系统德育的形成和发展是人类文明发展，尤其是德育的理论和实践发展的必然结果。一个人的生活、活动多半是在学校外进行的。家庭、社会生活具有多样性、渗透性和潜移默化性，有不可阻挡的吸引力。学校实施德育时要考虑诸多外界因素，增强学生识别能力，能够自我分析、客观评价社会上存在的一切现象，并选择、确定和进行思想政治与品德的修养实践活动。

社会变革时期，德育的社会性表现得更为明显。人是社会的人，社会是以人、家庭为细胞组成的社会。如果没有一个完整的社会，自我就无法生存。一般而论，只有当自我融入社会之中，以社会的发展要求为己任的时候，才能显示出强大的生命力。同样，如果没有全面发展的个体，也就不会有全面发展的社会；如果每个个体的潜能不能得到充分的发挥，社会也无法发挥它对人们发展的影响的功能和作用。我国现代德育根据社会主义发展的要求，体现社会的意志，每个成员的价值观、世界观、人生观和道德观都受到不同程度的引导，影响到每个人的行为。为适应市场经济的需要，平等竞争、优胜劣汰的观念正深入人心，激发了人们的积极性。人们认识到人才的竞争是全面的竞争，必须在社会竞争中求生存、求发展，人们的人生价值观必须与社会要求和谐并适应社会发展的要求，积极投入到社会的改革中去，才能有美好的人生和生命价值。

2. 德育系统化是教育现代化发展的需要

随着世界现代化教育的发展，在教育目的、教育对象、教育方针上呈现出：教育为社会发展服务与人的发展相结合；培养各类人才与提高全民族素质相结合；良好人格素质教育与科技、专业教育相结合；传统的教育方式与现代化技术手段相结合；系统知识教育与创新意识教育相结合；重视人的社会性与重视个性相结合等教育发展的新趋势。同时，教育整体化发展也越加明显，各种类型和不同层次、不同手段的教育应运而生。尤其是与传统教育观区别的一个重要标志，是社会终身教育的理论与实践得到迅速发展，它有异于单纯的学校学历教育，使人们在全面发展的过程中，都能得到所需要的知识学习和能力的培养。人们通过不同渠道，学习社会生存、学习知识、学习做人等。教育社会化、现代化的发展促进德育系统化的发展。

随着改革开放的深化和社会主义市场经济的发展，为实现教育"面向现代化、面向世界、面向未来"的战略思想，我国教育事业的发展，正在发生深刻的变化。其一，就是大教育的观念，它不再是单一学校教育，而是以学校教育为中心向纵横方向发展，成为包括学前教育、基础教育、职业教育、高等教育、成人教育、特殊教育等多层次的全民教育体系，形成全方位的育人育德环境和教育对象系统。其二，教育现代化的全面演进，以提高全民族素质，培养为实现我国国民经济和社会发展战略目标的"四有"新人的素质教育，成为我国教育改革和发展的根本目的和迫切任务。实践证明，依靠单一的学校德育是难以完成此项任务的。人们的思想政治和道德品质的形成和发展，是在一个社会大的德育系统的综合教育过程中形成的，社会大教育的形成又必然带来社会大德育的系统化的发展。

（三）德育系统工程的构建

学校德育系统工程是全社会性的系统工程。教育部在 2005 年提出《关于整体规划大中小学德育体系的意见》，不仅要全面覆盖、横向渗透，更要内外衔接，促进学校、家庭、社会相互配合，让德育贯穿学校教育、家庭教育、社会教育各个方面，构建校内外教育网络，使德育工作由学校向家庭辐射、向社会延伸，为青少年健康成长成才全方位营造良好环境。从实际出发，在诸育"渗透"、纵向衔接，以及学校、社会、家庭横向"配合"，在一定的社区范围内逐步建立德育体系。学校德育系统工程构建的目的，是根据我国社会主义教育方针和新的历史时期思想道德建设的任务，按照各级各类学校德育大纲要求，遵循不同教育阶段和青少年的心理、思想、道德、能力、行为特点和发展规律，有计划、分层次、循序渐进地进行学校自身的改革，并在社会和家庭教育协调配合下，分步建立与 21 世纪教育发展对人才素质要求相适应的德育体系。其具体任务是：（1）整体目标一致的要求下，形成小、中、大学不同层次，不同阶段相互协调，依次递进和纵向发展的目标体系；（2）与培养目标相适应的小、中、大学的系统的内容体系；（3）构建与实现德育目标、内容和要求相适应，并符合青少年身心发展和思想品德形成规律的育德树人工作体系；（4）实现党、政、工、团、学齐抓共管，学校、家庭、社会教育相结合，协调一致同步发展，教学、管理、服务"三育人"格局，德、智、体、美诸育渗透的管理体系；（5）探索在新时期德育特点的理论与实践基础上，逐步形成具有中国特色的德育学科理论体系。

通过实践，在整体基础上形成学校德育目标、内容、管理序列化和科学化，大、中、小学德育纵向衔接"一条龙"，学校、家庭、社会德育横向联结的综合育人网络，形成学校内部德、智、体、美等诸育相互渗透、"三育人"互为促进的育人机制，建立建全党、政、工、团、学齐抓共管、专兼职德育教师相结合的科学管理体制，最大限度地发挥部分与整体功能，实现全社会依法育德、全员育人的整体格局。使学生的成人、成长、成才，真正成为学校、家庭、社会的共同责任，使德育工作无时不有、无处不在。

首先，要重视学校内部诸育的渗透。由于学校德育具有明确的德育目标、系统科学的内容，完善的德育途径、规范的管理机制，使学校德育具有不可代替的主导性地位。而学校教育系统内的横向渗透和配合又是德育的主体性工程，要强化"五个意识"，发挥各方面的作用。一是强化"主阵地"意识，发挥政治理论课和思想品德课的思想政治与道德导向作用；二是强化"教书育人"意识，发挥为人师表和知识育人作用；三是强化"活动育人"意识，发挥校园文化综合育人作用；四是强化"管理育人"意识，发挥纪律规范的约束和导行作用；五是强化"自我育人"意识，发挥学生的教育主体作用。

其次，要求从纵向为主的大、中、小学在德育内容、途径、方法和工作上相互衔接，成序列化，彼此照应，形成一个"衔接链"，克服简单重复或相互脱节情况，实现学校德育系统整体功能的优化。

学校德育是一个系统，具有整体性、层次性、有序性、动态性和开放性。德育目标、德育内容、德育途径、德育方法、德育管理、德育评价等子要素系统构成一个统一的整体；小学、中学、大学德育等子层次系统组成一个统一的整体。它以要素系统为横坐标，以层次系统为纵坐标，有序排列、有机组合而成，通过小学、中学、大学等各个阶段的教育，逐步形成学生的思想品德。学校各教育阶段德育目标的高低、内容的深浅和侧重点、途径和方法的选择、管理和评价方式的运用，都要针对学生不同年龄阶段的身心特点和理解接受能力的不同，按照整体构建学校德育体系，使德育的各要素系统横向贯通，环环相扣，形成合力，以保证在整个德育过程中要素结构的完整性和连续性。同时，使小学、中学、大学德育等层次系统纵向衔接，对各个学段整体规划，加强相邻阶段的衔接，防止简单重复或脱节，以发挥德育系统的整体功能，提高德育工作的整体效果。

再次，要充分发挥学校、家庭、社会教育的协调配合作用。德育工程的效应取决于各种教育力量的协调配合，是否形成教育合力。学校德育要与家庭教育、社会教育相结合，实现家校共育、师生互动、亲子互动。家长是孩子的第一位老师。家庭德育不能靠说大话，身教比言教重要，春风化雨，润物无声。发挥家训家规家风的积极作用，把家长"望子成龙"

的心情引导到正确的方向上来，把经验育子引导到科学育人上来，把片面注重书本知识引导到全面发展上来，把简单命令引导到民主平等上来，全面提高家长素质和家教水平。重点是指导孩子学会做人、学会求知、学会健身、学会健心、学会审美、学会劳动（实践）、学会创新、学会生活等，针对不同年龄阶段学生的身心特点、知识水平和成长中遇到的问题，整体构建科学化、系统化、规范化、现代化的家庭教育体系。学校可与社会、家庭、机关、企事业单位配合进行试点，成立"三结合"社区教育委员会，建立和健全学校、社会、家庭教育的三结合教育网络。

二　现代德育模式论

德育模式是指包括一定理论、程序、原则和策略方法在内的德育实施体系。

关于德育模式，理查德·哈什在《道德教育模式》中讲道："德育模式是一种考虑教育机构中关心、判断和行动过程的方式。它包括关于人们如何发展道德的理论观点以及促进道德发展的一些原则和方法。"① 从中我们可以这样来理解德育模式：首先，德育模式不是德育方法，它与授课、谈话等德育方法显然有本质的区别；其次，德育模式不是德育计划，因为计划没有它所包含的德育思想和信念；再次，德育模式也不是德育理论，因为它还具有原则、策略等丰富的内容。所以，如果简单地用方法、计划、理论来定义，是不全面的。可以这么说，德育模式是指在一定的德育理论指导下，经过德育实践而稳定下来的德育活动内容、形式及其实施的方法策略和评估办法。德育模式上秉抽象理论，下承具体实践，既是德育理论的范型化，又是具体经验的概括化。德育模式是联结德育理论和德育实践的纽带和桥梁。

（一）现代德育模式的特点

德育模式多种多样，千差万别，但每一种模式都是特定时代、特定历

_____

① ［美］理查德·哈什等：《道德教育模式》，傅维利等译，学术期刊出版社1989年版，第5页。

史下德育实践的产物。道德属于上层建筑，是经济基础的反映，而不是脱离历史发展的抽象观念。德育模式是随着社会的发展变化而不断发展变化的。现代德育模式具有如下特点：

首先，在德育内容上，强调德育理论和生活世界的统一。为了使德育模式适应我国社会的发展，在德育的过程中，德育内容的组织必须坚持理论和实际的统一。只有坚持德育内容上的理论与实践的相统一，才能确保现代德育模式的正常发展。然而传统的德育理论满足于灌输道德内容，忽视了现实的生活世界，从而导致人们思想和行动的分离。我们应该汲取传统德育模式的教训，在多样化的社会大背景下，注意把德育和现实的社会生活联系起来。这是社会和个人发展的客观要求，也是德育发展创新的条件。因此，德育内容的组织要符合受教育者的需要，同时也要联系我们现实的生活世界。

其次，在德育的过程中，注意培养学生的主体意识。在现代德育模式中，我们注意的应是德育客体的主体化，即培养受教育者的主体行为，增强他们的主体意识。在实践活动中，一方面，教育者要给受教育者自主权，引导他们主动、独立地发现问题和解决问题，注重发掘受教育者的自主功能，培养他们科学思维和创新思维的习惯。在德育的过程中，教育者还应该注意在德育的每一个环节激活受教育者的主体意识，让学生体验主体角色。另一方面，当受教育者具备了主体意识以后，就应该积极地促进受教育者将主体意识转化为主体行为。在德育实践中，教育者应当引导学生以主体的身份积极参与志愿者服务、勤工助学等社会实践活动，以锻炼学生自主、自强的主体性品格，磨炼自己，增加才干。教育者应当注意受教育者意识与行动的结合，并引导受教育者将自己的主体意识转化为主体行动。在这一过程中，教育者起着非常重要的引导作用。

再次，在德育中，教育者应保持与受教育者之间真正平等的交流。传统德育更多的是注重了教育者对受教育者德育知识的灌输，而忽视了同受教育者之间的交流，从而使德育知识成为空洞的理论，使师生之间的关系是形式上的平等、实质上的不平等。在现代德育中，教育者要汲取传统德育的教训，真正地与受教育者建立起平等的关系。教育者还要不断地创造教育实践环境，实现道德教育中真正的师生互动，这种互动应是平等意义上的交流和互动。同时，教育者要重视发挥自己的引导作用，促进学生道德认知的发展，进而锤炼他们的优良品德。

（二）德育模式的作用

1. 德育模式有利于德育的知行统一

现代德育模式有利于我们改变传统的知行脱节状况。随着市场经济的发展，在德育方面也需要我们改变传统的德育，更多地注重知行的统一，不能偏于知，更重要的是行。现代德育模式就是适应现代社会发展的需要而形成的新的德育模式。

（1）德育模式促进德育理论的实践化

德育理论是德育模式的灵魂，在德育模式中占据着重要的指导地位。现代德育模式强调"行"，即实践性，而在传统的德育模式中，注重的是"知"的教育，以灌输的方法向受教育者传授，受教育者只是被动地接受；至于"行"，也是在这种思想下机械地实施。因此，我们不得不面对这样的问题：传统的德育模式使得一部分受教育者出现了思想和行动严重脱节的状况。然而现代的德育模式注重的是二者的统一，一方面在学校的课程中设置了思想教育课，通过一定的时间向受教育者传授一定的道德知识，但是这种在课堂的传授也不同于传统的简单的灌输，教育者更注重在传授知识时的灵活性，更注重受教育者的接受能力。摒弃单向灌输，引进合作学习理念，"学习共同体"是教育理念、教学环境和教学方式的有机统一，情境、协作、对话、意义建构是学习共同体的四个核心要素。"学习共同体"强调以交往互动为教学主旨，表现在教师与学生、学生与学生之间更多的沟通。"学习共同体"有一个美好的愿望，即让每一个学生都参与到教学中来。学生不是灌输道德知识的容器或行为训练的客体，而是有主动学习能力、能在教师的引导下自主探求真理的能动主体。另一方面，就是学校更多地注重在德育中的"行"，通过各种途径的实践活动调动学生的积极性、主动性和创造性，使学生在实践的过程中学到更多的道德知识，使道德知识为学生主动地去理解和接受。

（2）德育模式促进德育内容在实践中不断更新

德育内容应具有强烈的时代性。德育内容是随着社会发展而不断变化的，现代德育模式有利于促进现代德育内容不断更新。传统的德育模式把德育内容教条化，向学生灌输的也仅仅是教条的理论化的道德知识，没有注重与生活实践的联系。而现代的德育内容应该反映我们的生活实践，更贴近社会、贴近生活、贴近时代。现代德育模式促进德育内容的不断更新，使德育内容能与我们的生活世界相适应。

（3）德育模式通过德育手段等措施使德育更贴近社会生活

随着科技的飞速发展，在德育中我们充分运用现代科技工具，实现了德育手段从单一向多样化的转变。传统德育长期停留在"一张嘴、一个本、一支笔"的单一教育模式上。在媒体高度发达、社会发展进入知识经济时代的今天，单纯的课堂教育已无法应对纷繁复杂的信息对学生的影响。德育要在新的形势下担负起育人的使命，就必须实现教育方式的多样化。这种多样化体现在：①多样化的德育手段。以书本教材为主，辅之以音像教材、计算机软件教材、实物教材和进行多媒体教学等。②多样化的德育方法。以课堂教学为主，辅之以报告会、演讲会、辩论会、读书会以及参观调研、行为训练、情绪宣泄、心理咨询等形式。③多样化的教育队伍。以少而精的专职德育教师队伍为主，同时要发挥专业教师"教书育人"的作用、管理部门的"管理育人"的作用，后勤部门等"服务育人"的作用，要求全校教职员工以身作则、言传身教，为学生作出表率，努力实现德育的目的。

2. 德育模式有利于教育者更灵活、更主动地传授德育知识

（1）德育模式有利于促进教育者由说教型向启发型转变

传统的德育缺乏工作的主动性，往往是出了问题搞一阵子，上级布置下来干一阵子，把德育工作变成"救护车""消防队"。教育者也只是按照书本上的知识死板地灌输给学生，主要的教育方法是说教，通过在课堂上的简单死板地说教向学生传授知识，从而造成了"台上口干舌燥，台下心情烦躁"的局面。要扭转这种消极局面，教育者就应注重改变传统的德育方法。现代德育模式的构建，要求教育者在德育方式上由说教型转变为启发型。它注重对国际、国内情势的研究，注重对学生实际问题的研究，找出学生现存的或可能出现的问题，做到主动适应，注重对学生的个性培养，"因材施教"，积极地引导学生发挥主动性、自主性和创造性。通过各种德育方法和德育手段，引导学生积极地思考道德问题，并能做出正确的道德选择。

（2）德育模式可以促进教育者在德育过程中联系实际

唯物辩证法中提出要注意理论与实践相结合的原则，同样在我们的德育中也要以此为重要的原则并贯穿于我们的德育中。理论联系实践的原则是构建现代德育模式最重要也是最基本的原则。德育模式本身是沟通理论

与实践的桥梁，它必须是理论研究和实践应用相结合的成果。德育新路子的开拓需要超前的理论研究作指导，需要对德育过程的目标、内容、途径、方法、原则、规律等作理性的思考，对德育"应该怎样实施"进行理性的反思，然后付诸实践并在实践中进行检验。在改革开放中，学校德育不断涌现出新问题、新经验，都必须借助理论思维把大量分散的德育经验、知识材料加以整理、概括和抽象，才能正确地反映德育规律。

3. 德育模式有利于充分发挥学生道德完善的主动性

作为德育主体的学生是德育模式中的受教育者。当他们作为教育对象时，他们是德育的客体；当他们接受了德育影响，进行自我品德教育和促进自我品德发展时，他们便是德育的主体。受教育者即使作为德育的客体时，也并不是完全消极被动的，而是积极主动的，是有其主观能动性的。因而，在德育过程中受教育者是以"接受主体"的角色参与教育过程，并且在整个德育模式中以"活动主体"的身份出现。

（1）德育模式能体现以人为本的道德教育理念

我国传统德育在很大程度上是一种无视个体主体性的教育，这种无视主体性的德育培养出来的人常常表现为缺乏独立性、主动性和创造性，缺乏进取精神，害怕问题和回避矛盾，缺乏责任能力和主动参与能力，表现出盲目从众、循规蹈矩。是否具有人的主体性的道德水准是决定整个民族道德素养的关键，社会生活和现代教育的发展都呼唤着"主体性道德人格"的涌现，因此，现代德育的合理目标应为主体性道德人格的培养。德育的人格培育需要充分调动主体的主动性、创造性和积极性，赋予德育以生命力与活力。为了适应社会经济发展的需要，现代德育模式更多地注意了个体的主体性、主动性和创造性。在德育的过程中，教育者要充分注重受教育者的主体地位，坚持以人为本，要一切以学生为本。德育内容根据学生的需要展开，德育理论与学生的接受能力相适应，德育方法以调动学生的积极性为标准，营建现代德育的新模式。

（2）德育模式有利于发挥学生的自主性和创造性

在现代德育模式中，受教育者作为接受主体具有较强的主观能动性和自主性。这种能动性和自主性主要表现在：接受主体的思想能够能动地反映外部世界和自身；接受主体的思想是一个自觉活动着的系统，能对教育者传递的思想道德信息加以认识、选择和接受，因而对接受客体具有判断选择能力；接受主体能对接受客体的信息进行整合内化。现代德育模式不仅强调以人为本的教育理念，还强调在教育过程中注意发挥学生的自主性和创造性。学生是德育的客体，但是他们是有思想、有主观能动性的受教育者。在整个的德育过程中，他们也有自己的道德选择。在传统的德育中恰恰就掩盖了这一点，只是简单地传授道德知识，而没有认识到受教育者本身的自主性和创造性，从而使我们的教育没有得到理想的结果。在现代德育模式中，无论是在德育理论、德育内容还是在德育方法和途径等方面，都更多地注重和强调了学生的自主性和创造性的教育和培养。通过各种形式的德育实践活动方式，让学生在实践中去接受道德知识。教育者也不断地更新德育方法，正确地引导学生的思维活动，激发学生的创造性，让学生真正地体会到德育的重要性，主动地去学习道德知识，实践道德理论。

4. 德育模式有利于促进德育体系的完善

现代德育模式的构建，需要德育理论、德育内容、德育手段和德育方法的有效结合，从而促进德育模式体系不断地完善。

（1）德育模式有利于德育理论逐步完善

现代德育模式的构建，强烈地要求德育理论自身的不断自我完善。现代德育理论要坚持理论和实践相结合的原则，始终坚持德育理论是生活实践的反映，反对把德育理论教条化和僵化。传统的德育理论陷入了德育的矛盾之中，不能反映社会的需要。现代德育模式要求现代德育理论的构建随着社会的发展变化而发展变化。一方面，德育理论要和变化着的社会实践相适应。德育理论是社会实践的反映，而不是背离；另一方面，德育理论要不断地完善。社会的不断变化和市场经济的飞速发展，迫切要求我们的道德教育与之相适应，并为之服务。德育理论就在这样的情况下不断地完善，并逐步形成了有中国特色的现代德育理论。

（2）德育模式有利于促进德育真正做到知情意行的统一

在德育的过程中，知、情、意、行四个方面是相互结合在一起的。传统的德育模式中更注重"知"的方面，对其他的三个方面都有所忽略。在现代德育模式中，四者将得到更好的结合，真正做到统一。首先，知行结合。在这个德育模式中，道德应抓住知与行的结合。也就是说，提高道德认知水平固然十分重要，但归根到底，必须使道德认知最终落实到道德行为上，以便能做到知行统一、言行一致、表里如一、内外相符。其次，情意结合。在人的心理活动中，情感和意志本来就是相互制约、相互渗透的。一方面，情感可以激发意志、成为意志行动的动力，当然消极的情感也可以削弱、妨碍人的意志；另一方面，意志可以调节情感，成为情感的支配力量。具体来说，它可以维持、强化积极的情感，克制、消除消极的情感。情意结合乃是由知到行的必要的中介。再次，知情意结合。心理学研究认为，情感和意志是在认知的基础上产生的。二者反过来又会对认知产生一定的影响。具体地说，正确的认知，可以引导积极的情意，克服消极的情意，反之亦然；同样，积极的情意，可以激发和支持正确的认知，反之也亦然。最后，知情意行结合。德育过程乃是内化与外化相结合的过程。所谓内化，就是把外部的客体的东西转化为内部的主体的东西，而把内部的主体的东西转化为外部的客体的东西，就是外化。只有知情意行的结合，才能保证内化与外化的有效开展。

（三）现代德育模式的构建

在现代社会条件下，德育既面临着复杂多变的社会环境，又面对着内心世界丰富多彩的教育对象；既面临着现代经济、科技发展所提供的有利条件，又面临着由此所提出的挑战。现代德育模式的构建和德育理论与实践的探索，需要观念的变革、理论的发展、教育的创新、实践的突破，唯此才能有所创造、有所进步。

德育模式是随着德育的内容和时代的发展而发展变化的。构建适应我国发展需要的新的德育模式：第一是关注"主体—学生"；第二是突出"个人体验"；第三是"理解"成是德育的基础；第四是引入"交往"理论；第五是注重道德能力的培养。德育模式建构是一项系统工程，其中基础理论的创新和实践的发展是关键。

在构建新的德育模式的过程中，我国的德育工作者进行了不断的探索和实践，从而有力地推动了我国德育模式的向前发展。

1. 欣赏型德育模式

"欣赏型德育模式"的基本假设是：道德教育的内容与形式如果可以处理成一幅美丽的画、一曲动听的歌，那么与这幅画、这首歌相遇的人就会在"欣赏"中自由地接纳这幅画、这首歌及其内涵的价值。这样，欣赏型德育模式的具体目标是"道德学习在欣赏中完成"。从逻辑角度看，这一目标的实现可以表达为三个方面：一是建立参谋或伙伴式的师生关系；二是德育情境的审美化；三是在"欣赏"中完成价值选择能力和创造力的培养。在德育过程中存在可以被学生欣赏的审美对象即"德育美",这是欣赏型德育的前提。德育过程诸要素的审美化是这一模式建构的关键。因而,必须进行道德教育活动的形式美、作品美和师表美的创造和欣赏。

2. "学会关心"德育模式

"学会关心"是 21 世纪的教育哲学,也是一种实践性的教育模式。"学会关心"德育模式是一种重在道德学习的德育模式,它以"学会关心"作为基点与核心,是道德教育从"培养论"向"学习论"转移的过程,或者说,这一过程是道德教育重点由教育、培养逐步转向自主学习的过程。道德教育从以往强制性的教育转向自主性道德学习,更符合德性形成的规律;更重要的是,促进了教育中授—受关系、人—人关系的转变。"学会关心"德育模式的操作办法,主要分为两个方面:一方面是营造关心性体系,另一方面是指导关心品质学习的具体方式,主要包括品德践行作业、设岗服务制、道德游戏、关爱叙事等方式。

3. 对话性德育模式

从理论上说,对话性道德教育模式的提出是基于对当代社会生存理念的关注和对相关理论旨趣的借鉴吸收,比如交往实践的观点、主体性的观点及价值性观点。对话性道德教育模式旨在凸显人的主体性、价值性,强调个体的理性自觉,强调个体德性的自主生成,该模式强调的基本原则包括平等原则、差异原则、个体原则及开放原则。应该说,对话性德育模式渗透在日常生活的方方面面,渗透在整体教育情景之中。在对话性德育模式的践行中,有一些基本策略:第一,营造自由的交往情景;第二,鼓励学生的自我表达;第二,培养学生的质询意识;第四,建构开放的话语模式。

4. 活动德育模式

活动德育模式把活动作为模式建构的基点。所谓"活动德育",就是在活动中通过活动而且是为了活动的道德教育。活动德育模式的提出,主要基于以下三方面的思考:第一,"活动"是一个尚待开拓的教育研究领域;第二,传统道德教育忽视主体精神活动在道德中的重要地位,基于此种反省,活动道德教育突出道德教育的主体性本质;第三,作为对当代认知主义道德教育的一种补充,活动道德教育突出道德教育的实践性特征。由于"道德根本上是实践的",因而,活动德育模式的课程设计是以活动课程为主导的道德教育课程体系。

5. 生活型德育模式

生活型德育，是指学校和教师在"以学生的发展为本"思想的指导下，有目的、有计划地引导学生在生活实践中学会按照一定的品德规范来生活，从而形成一定品德的教育。生活型德育与以往的运动式德育和塑造型德育有着本质性的区别，主要表现为：第一，生活型德育是以现时的、自然的、真实的生活为基本途径对学生实施的德育；第二，生活型德育主张学校德育是对"人"的教育，必须尊重学生的人格，尊重学生的主体性；第三，生活型德育注重转变和深化学生的品德"情感"。实施生活型德育必须坚持三个根本性原则，即主体性原则、主导性原则和创新性原则。生活型德育的具体目标是，帮助学生在日常生活实践中学会按照一定的品德规范去生活。为了使这一目标更具操作性，可将其分解为四个更具体的指标，即学会品德实践、学会品德体验、学会品德感悟、学会品德选择。

6. 主体德育模式

主体德育模式是以建立教育主体与教育客体互动关系为基础，以培养受教育者道德主体性为目标，以培育和优化受教育者道德接受机制为核心，充分尊重受教育者的主体地位，积极发挥教育者的主导作用，促进受教育者道德认知、道德情感、道德意志、道德行为全面和谐发展的德育模式。具体而言，可以从以下几方面深刻理解主体德育模式：第一，主体德育模式以师生互动为基础，由此所建构的师生关系具有平等性、目的性特征；第二，主体德育模式以主体性原则为基本原则，在德育过程中，应发挥师生双方的主体性；第三，主体德育模式以培养学生的道德能力为目的；第四，主体德育模式以培育和优化学生道德接受机制为核心。

7. 德育导师制模式

"德育导师制"是"班级德育工作导师制"的简称，是学校班主任工作必要而有效的补充。具体说就是在"整体、合作、优化"的教育理念的指导下，将学校班级德育的部分目标和任务分解到担任"导师"的任课教师及聘请的校外专业人士身上，导师与班主任紧密配合，依据"用心沟通、以德树德，竭诚交流、以情动情，刻意磨炼、以志励志，修身垂范、以行导行"的育人原则，既教书又育人，既管教又管导，从而形成整体合作，优化班级教师管理群的一种德育管理模式。"德育导师制"的灵感来源于大学中的"导师制"。大学中的导师是研究生所选科目的学者，主要负责指导研究生的学习，而德育导师制中的导师不仅在学习上关心帮助学生，还要承认青少年学生的个性差异，尊重青少年学生的身心发展特点和认知水平，从思想、生活、心理素质、道德品质等方面关注学生的成长。浙江省长兴中学提出了一系列德育导师制的管理模式和操作模型，并对执行过程进行监控与反馈，经过不断总结、提炼，目前已经形成了一种"个性化、亲情化、全员化"的德育新模式，成为学校班主任工作必要而有效的补充。

从总体上看，现代德育模式呈现出由对象型向主体型转变、内涵型向发展型转变、说教型向启发型转变、封闭静态型向开放实践型转变的发展趋势。

三 现代德育内容论

德育内容具体规定人们发展的政治方向、应掌握的思想观点和方法论、应遵守的法律和道德规范、应达到的心理健康水平，是开展德育活动的依据。科学地选择和确定德育内容，是实现德育目标的重要保证。

德育内容可以分为自律教育内容和他律教育内容两个层面。思想、政治、道德和心理教育内容，目的在于进行自律的教育，以焕发人们的良知和积极的思想意识，教育引导人们积极向上，追求进步。纪律和法制教育内容，是侧重进行他律的教育，通过强制性地规范和管理，甚至制裁和惩罚，从而达到教育的目的。

德育内容是一种结构性存在。德育内容的层次与领域，是德育内容这个同一"事物"的两个方面，它们互相联系、不可分割。德育内容的层次，总是由不同方面的内容构成的，因而内在地包含了德育内容领域的规定性；而德育内容的领域，又是由不同层次的内容构成的，因而内在地体现了德育内容的层次性。德育内容层次与德育内容领域的辩证联结，构成了德育内容体系的层次性和完整性，构建由德育的基础性内容、德育的主导性内容、德育的拓展性内容三个部分组成的既相对独立又有机联系的德育内容结构体系。

（一）德育的基础性内容

所谓基础性内容，是指社会的基本要求、做人的基本品质，是德育最起码、最基本和最一般的内容，是德育内容结构中的基础部分，它具有基础性、广泛性和恒久性的特点。基础性，是说教育内容是德育内容的最基本层次，也是人的思想品德的最基本要求；广泛性，是说教育内容具有全面覆盖性和最大可接受性；恒久性，是说教育内容涉及人的一言一行、一生一世，使人受益终身。德育的基础性内容主要包括以传统美德教育、公民道德教育、爱国主义教育和法治教育等为代表的内容系列。

1. 传统美德教育

中华民族的传统美德，是中华民族的先哲们和劳动人民对民族道德实践的总结和道德理想的提炼，涉及人与自身、人与他人、人与群体、人与社会的关系，表现在个人、家庭、处世、治国等方方面面，是中华优秀民族品质、优良民族精神、崇高民族气节、高尚民族情感、良好民族礼仪的总和。中华民族传统美德，是受教育者特别是青少年思想品德形成的传统文化基础，是德育的宝贵资源和重要内容，它构成德育内容的丰厚历史文化底蕴。

传统美德教育是以中华民族传统美德为内容，对受教育者特别是广大青少年施加有组织、有目的、有计划的系统影响的活动。中华民族传统美德，有的体现在志士仁人的至理名言中，有的集中反映在中华民族崇尚的气节观念里，有的在民族英雄身上闪闪发光，有的在劳动人民中间广泛传播。诸如"三军可夺帅也，匹夫不可夺志也""穷且益坚，不坠青云之志"的奋进精神，"富贵不能淫，贫贱不能移，威武不能屈"的浩然正气，"先天下之忧而忧，后天下之乐而乐"的高尚情操，"人生自古谁无死，留取丹心照汗青"的豪迈情怀，"天下兴亡，匹夫有责"的责任感，"宁为玉碎，不为瓦全""粉身碎骨浑不怕，要留清白在人间"的铮铮铁骨，"鞠躬尽瘁，死而后已"的奉献精神，"两袖清风，一尘不染""捧着一颗心来，不带半根草去"的崇高人格，"苟利国家生死以，岂因祸福避趋之"的无私襟怀，等等，都是中华民族传统美德的典范和化身，是国魂和民族魂。这些道德规范凝聚着劳动人民的智慧，闪烁着人性的光芒，体现着民族的精神，反映着全民族乃至全人类的共同意愿和共同情怀，曾经激起过一代代炎黄子孙的民族自尊心和自豪感，陶冶出千千万万的英雄儿女和民族精英。

传统美德教育还包括吸收一切人类优秀文明成果，如正义与公平、自由与平等等。作为一种基本的社会标准和价值观念，正义是衡量制度好坏、善恶的尺度。在亚里士多德看来，政治学上的善就是正义。而罗尔斯将正义与制度联系起来。他将正义作为制度的首要原则和价值追求："正义是社会制度的首要价值，正像真理是思想体系的首要价值一样……某些法律和制度，不管它们如何有效率和有条理，只要它们不正义，就必须加以改造或废除。"① 正义的价值要体现公平的精神。罗尔斯在《正义论》中的首篇就以"作为公平的正义"为题，并对之作了详尽的论述。在罗尔斯看来，作为一种价值原则取向，公平就是没有偏见。一个理性的人摆脱了各种偏见之后，就是公平。他反复强调，作为公平的正义是通过公众一致认同的社会契约来实现的。罗尔斯对正义与公平问题的探讨不乏深刻之处，值得我们认真汲取。自由是人的基本属性，是人固有的东西。尽管制度构成了对自由的限制，但它并非作为单纯约束自由而存在。就形式来看，规范与自由是根本对立、水火不容的；就实质而言，规范与自由又是密切联系、不可分割的。规范作为人类理性的产物，界定了人们自由选择和活动的空间，从道德关系上规定了人们可以"做什么"的自由，也规定了人们"不做什么"的自由，实际上是保障和促进了人的自由，其最终目标是为自由服务的。因此，制度安排是规范与自由的"合金"。平等是一个社会关系范畴，在人与人和平相处的社会活动中体现出来，它同自由一道，共同构成了制度安排合乎目的的价值原则。特定社会中实际存在的不平等状态，推动了人们追求平等的社会制度的进程，这也是人们追求道德自由，获得解放的发展过程。

2. 公民道德教育

公民道德是围绕公民的权利义务关系反映公民对待个人与国家、与社会、与他人关系的道德观念、价值取向、行为规范等。公民道德建设是提高全民族素质的一项基础性工程，对于弘扬民族精神和时代精神，形成良好的社会道德风尚，促进物质文明和精神文明建设协调发展，具有十分重要的意义。开展公民道德教育，就是要培育和提高人们的现代道德意识，教育和引导人们按照现代社会的要求，树立现代道德观念，认真践履现代道德，遵守现代道德规范，共同创造充满活力、幸福美好的现代新生活。

从我国历史和现实国情出发，社会主义道德建设要坚持以为人民服务为核心，以集体主义为原则，以爱祖国、爱人民、爱劳动、爱科学、爱社

① ［美］约翰·罗尔斯：《正义论》，廖申白译，中国社会科学出版社1988年版，第88页。

会主义为基本要求，以社会公德、职业道德、家庭美德为着力点。在公民道德建设中，应当把这些主要内容具体化、规范化，使之成为全体公民普遍认同和自觉遵守的行为准则。《公民道德建设实施纲要》提出要把"爱国守法、明礼诚信、团结友善、勤俭自强、敬业奉献"作为每个公民都应该遵守的基本规范。就领域来讲，公民道德包括社会公德、职业道德和家庭美德。社会公德是全体公民在社会交往和公共生活中应该遵循的行为准则，涵盖了人与人、人与社会、人与自然之间的关系。社会公德处于社会道德体系的基础层次。社会公德教育，主要培养社会成员符合社会公德的行为习惯。在现阶段，社会公德教育要以文明礼貌、助人为乐、爱护公物、保护环境、遵纪守法为主要内容，鼓励人们在社会上做一个好公民。职业道德是所有从业人员在职业活动中应该遵循的行为准则，涵盖了从业人员与服务对象、职业与职工、职业与职业之间的关系。职业道德教育要以爱岗敬业、诚实守信、办事公道、服务群众、奉献社会为主要内容，开展乐业教育、勤业教育和敬业教育，鼓励人们在工作中做一个好建设者。家庭美德是每个公民在家庭生活中应该遵循的行为准则，涵盖了夫妻、长幼、邻里之间的关系。家庭美德教育要以尊老爱幼、男女平等、夫妻和睦、勤俭持家、邻里团结为主要内容，培养和发展夫妻爱情、长幼亲情、邻里友情，鼓励人们在家庭里做一个好成员。

　　3. 爱国主义教育

　　爱国主义是人们忠诚、热爱、报效祖国的一种集情感、思想和意志于一体的社会意识形态，是一种对自己的祖国和民族的神圣的热爱之情。中华民族是富有爱国主义光荣传统的伟大民族，爱国主义是中华民族精神的核心，爱国、救国、强国是近代历史的主题。爱国主义是一个历史范畴，有着鲜明的时代特点，总是随着时代的前进和历史的进步而不断注入新内容，提出时代新要求。在当代中国，爱国主义与社会主义在本质上是一致的，爱国、爱社会主义是紧密联系的整体，建设中国特色社会主义是新时期爱国主义的主题，社会主义表明了爱国主义的时代特征。邓小平指出："中国人民有自己的民族自尊心和自豪感，以热爱祖国、贡献全部力量建设社会主义祖国为最大光荣，以损害社会主义祖国利益、尊严和荣誉为最大耻辱。"① 这是对我国现阶段爱国主义特征最精辟的概括，也指明了爱

---

① 《邓小平文选》第 3 卷，人民出版社 1993 年版，第 3 页。

国主义的本质。因此，我们今天讲爱国主义，就是要热爱我们伟大的社会主义祖国，在党的领导下为祖国的繁荣富强贡献自己的智慧和力量。

爱国主义教育内容主要包括中华民族悠久历史的教育、中华民族优秀传统文化教育、党的基本路线和社会主义现代化建设成就的教育、中国国情的教育、社会主义民主和法制教育、国防教育和国家安全教育、民族团结教育、"和平统一、一国两制"方针的教育等。进入 21 世纪，尤其是我国加入 WTO 以后，我国人民生活在更为开放的国际环境中，全球化时代赋予爱国主义以崭新的内涵和特点，为爱国主义教育提供了广阔的空间，也增加了爱国主义教育的艰巨性。新的时代背景下的爱国主义教育必须立足民族性，注重开放性，突出时代性。立足民族性，就是把爱国主义教育作为弘扬民族先进文化的重要途径，突出民族特色；注重开放性，就是要具有宽阔的视野和开放的胸怀，积极面对和汲取人类文明的一切优秀成果；突出时代性，就是要赋予爱国主义教育以新的时代内涵，把弘扬民族精神与培育时代精神结合起来，不断拓展爱国主义教育的内容。

4. 依法治国教育

民主法制教育是德育的重要组成部分，重视法制教育是新时期德育的一个显著特征。改革开放以后，我国党和政府强调并非常重视民主法制建设，把法制教育作为法制建设的基础性工程，在全社会努力推进普法工作。随着法制建设的发展和依法治国方略的提出与实施，进行依法治国教育，便成为法制教育的重中之重。可见，把法制教育纳入德育内容体系之中是德育内容体系发展的重要体现，而重点开展依法治国教育，进一步说明德育内容随社会历史的发展变化而发展。党的十八届四中全会审议通过的《中共中央关于全面推进依法治国若干重大问题的决定》是加快建设社会主义法治国家的纲领性文件。

开展依法治国教育，其重点对象一是广大青少年学生，他们具有基础性和未来性；二是领导干部和执法干部，他们具有示范性和较大的影响力。我们要通过宣传教育，使广大人民群众做到知法、懂法、守法、用法和护法，维护宪法和法律的权威。首先，教育人们知法、懂法，这是依法治国的基础。这就要认真组织广大人民群众自觉学习宪法和法律，增强法律意识和法制观念。只有提高了全体公民的法律意识和法制观念，才能使法制建设具有广泛而坚实的社会基础；才能使法制真正得到加强，并不断走向完善；才能使依法治国方略在实践中真正得到落实。其次，教育人们自觉遵守法律，这是法制教育的重要落脚点，也是依法治国的重要一环。这就要通过教育使人们不仅懂得什么是合法行为，什么是非法行为，而且自觉地遵守宪法和法律，正确行使公民权利，认真履行公民义务，以法律来规范和约束自己的行为，遏制和减少违法犯罪。再次，教育人们用法、护法，这是法制教育的最终归宿，也是依法治国的关键所在。这就要通过教育使人们不仅自己身体力行，遵纪守法，而且能运用法律维护自己的合法权益；运用法律行使监督权，参与管理国家事务，维护国家的利益，并敢于和善于同违法犯罪行为作斗争，维护法律尊严。这样，就能不断推进社会主义法制建设，依法治国，建设社会主义法治国家。

（二）德育的主导性内容

所谓主导性内容，是指体现德育的方向和性质，在德育中居于核心地位、起主导作用的内容。体现德育内容的主导性要求，就是要坚持马克思主义指导思想，坚定中国特色社会主义共同理想，弘扬与培育民族精神和时代精神，树立社会主义荣辱观，以构建社会主义核心价值体系。德育的主导性内容主要包括以思想理论教育、理想信念教育、民族精神教育和社会主义荣辱观教育等为代表的内容系列。

1. 思想理论教育

科学的思想理论在德育中起着一种基础性的、导向性的作用。马克思主义理论教育是我们党和社会主义国家的政治优势，是德育的核心内容。马克思主义的科学理论，坚持解释世界与改造世界，总结历史、说明现实与洞察未来、指导实践的统一，是无产阶级的"精神武器"和"伟大的认识工具"。马克思主义、毛泽东思想、中国特色社会主义理论不仅是德育的理论基础和指导思想，同时也是德育中占主体地位、起主导作用的内容。坚持马克思主义指导思想，就是要强化德育内容的导向性，巩固德育内容的价值本体，以马克思主义理论教育为核心内容，通过思想理论教育，为引导受教育者树立建设中国特色社会主义共同理想，树立正确的世界观、人生观、价值观打下牢固的思想理论基础。马克思主义理论教育不仅要传播马克思主义的基本原理，它根本的功能是使教育对象形成科学的世界观和方法论，并自觉地以马克思主义为指导去观察、分析和解决问题。因此，马克思主义理论教育必须着眼于引导受教育者掌握马克思主义的立场、观点、方法，树立正确的世界观、人生观和价值观。要坚持解放思想、实事求是、与时俱进，弘扬理论联系实际的学风，紧密结合我国社会主义改革和建设以及国际形势发展变化的新实际，加强对马克思主义的研究和宣传，努力对重大理论问题和现实问题做出科学的、符合实际的、有说服力的解释和说明，充分发挥理论在德育中的基础性作用，不断增强马克思主义理论的说服力。

总之，在思想理论教育中，要以马克思主义哲学、政治经济学和科学社会主义基本原理为根本，体现思想理论教育的基础性；以中国化的马克思主义为主题，加强毛泽东思想、邓小平理论和"三个代表"重要思想、科学发展观、中国梦的教育，体现思想理论教育的时代性；以运用马克思主义立场、观点和方法认识当代世界和人生为重点，体现思想理论教育的应用性。

2. 理想信念教育

理想，是指人们在实践中形成的具有现实可能性的对未来的向往和追求。信念是指人们对某种现实或观念抱有深刻信任感的精神状态。信仰，是人们关于普遍的、最高价值的信念。理想与信念相辅相成、辩证统一。信念是理想的基础，理想是信念的体现；理想以信念为支撑，理想的追求和实现体现并折射着信念的坚定；信念以理想为方向和内容，有什么样的理想就有什么样的信念，只有对理想的坚信才会有信念的坚定。理想信念教育要着力解决的是思想观念中的深层次和精神境界中的高标准问题。

崇高的理想和坚定的信念是人生的精神支柱和力量源泉，它既是教育的内容，又是教育的结果。理想是现实性与超越性的辩证统一。理想教育既要着眼于未来，但又不能远离现实。现实是理想的基础，离开了现实，理想就成了空中楼阁。反过来，理想又引导着现实，现实离开了理想的引导，则会陷入实用主义和功利主义。我们要准确把握理想信念教育的科学内涵和实现机制，把形成共同理想和树立远大理想这两个方面有机地结合起来。共产主义理想是人类历史上最科学的社会理想，它是无产阶级运用马克思主义科学理论揭示自然界和人类社会发展的一般规律而得出的科学结论；建设中国特色社会主义，把我国建设成为富强、民主、文明、和谐的社会主义现代化国家，是我们党在现阶段的奋斗目标，也是现阶段我国各族人民的共同理想。因此，在开展理想信念教育中，既要把握人类社会历史发展的总趋势，胸怀共产主义远大理想，又要立足于当代中国还处在社会主义初级阶段的实际，努力为建设中国特色社会主义伟大事业贡献自己的力量。总之，在德育中，要以理想信念教育为核心，深入进行树立正确的世界观、人生观和价值观教育，确立在中国共产党领导下走中国特色社会主义道路、实现中华民族伟大复兴的共同理想和坚定信念。

3. 民族精神教育

民族精神是一个民族在长期的共同生活和共同的社会实践基础上形成和发展的，为民族大多数成员所认同和接受的思想品格、价值取向和道德规范，是一个民族的理想信念、价值观念、文化传统、道德情感、心理特征、生活方式的精神浓缩和综合反映，是一个民族生命力、创造力和凝聚力的集中体现。民族精神是一个民族赖以生存和发展的精神动力和精神支撑，是民族文化的最本质、最深刻的体现。在五千多年的历史长河中，中华民族形成了以爱国主义为核心的团结统一、爱好和平、勤劳勇敢、自强不息的伟大民族精神。伟大的民族精神是中华民族最为深厚的历史情感的结晶，是古往今来千千万万中国人奋发向上、百折不挠的精神支柱，是中华民族生生不息、薪火相传的精神血脉，是维护国家团结统一、鼓舞人们奋发进取的精神旗帜。

民族精神教育是教育者在教育过程中通过有意识地传授民族文化教育内容，培养受教育者的民族情感和民族精神，并使这种情感与精神内化为受教育者的一种稳定的品质的教育。培育和弘扬民族精神，就是民族精神教育。培育民族精神和弘扬民族精神，二者相辅相成、缺一不可。相比较而言，培育更根本。民族精神不是民族内部自发形成的，不是由民族外部简单移植的，而是民族共同体自觉地、持续地培育的结果。从逻辑上讲，只有培育出民族精神，才能弘扬民族精神，民族精神要在培育的基础上弘扬；同时，民族精神又要在弘扬中培育，它永远在培育之中，是一个不断丰富、升华、发展的动态过程。弘扬和培育民族精神，既要继承中华民族的优秀传统，也要随着社会的进步，不断赋予民族精神以新的时代内涵。今天，我们要把以爱国主义为核心的民族精神和以改革创新为核心的时代精神有机结合起来，把弘扬和培育民族精神贯穿于社会主义现代化建设的全过程，不断增强公民对国家的认同感和归属感，增强全国人民的爱国意识、团结意识和发展意识，增强全民族的自尊心、自信心和自豪感，铸就民族自尊品格，坚持民族团结意识，弘扬民族英雄气概，坚定民族自强信念。

4. 社会主义荣辱观教育

荣辱观是人们对荣誉和耻辱的根本看法和态度，是世界观、人生观、价值观的外在形式和现实表现，它集中反映了社会的价值导向、人们的精神状态和社会的文明程度。胡锦涛指出，要引导广大干部群众特别是青少年树立社会主义荣辱观，坚持以热爱祖国为荣、以危害祖国为耻，以服务人民为荣、以背离人民为耻，以崇尚科学为荣、以愚昧无知为耻，以辛勤劳动为荣、以好逸恶劳为耻，以团结互助为荣、以损人利己为耻，以诚实守信为荣、以见利忘义为耻，以遵纪守法为荣、以违法乱纪为耻，以艰苦奋斗为荣、以骄奢淫逸为耻。胡锦涛"八荣八耻"的重要论述，涵盖爱国主义、集体主义、社会主义思想，体现了中华民族传统美德、优秀革命道德和时代精神的完美结合，反映了社会主义世界观、人生观、价值观，明确了当代中国最基本的价值取向和行为准则，是马克思主义道德观的精辟概括，是新时期社会主义道德的系统总结，也是德育的主导性内容。

以"八荣八耻"为核心的社会主义荣辱观，于简练的表述中蕴含着丰富的内涵，具有很强的民族性、思想性、时代性和实践性。"八荣八耻"中第一条是国家观，强调必须热爱祖国不能危害祖国；第二条是人民观，强调必须服务人民不能背离人民；第三条是科学观，强调必须崇尚科学不能愚昧无知；第四条是劳动观，强调必须辛勤劳动不能好逸恶劳。国家观、人民观、科学观、劳动观是事关国家、民族、社会和人生的最基本、最主要的问题，后面的四条，则具体涉及人我观、义利观、法纪观、生活观，这八个方面构成社会主义荣辱观的科学体系。在德育中，要深入开展社会主义荣辱观教育，营造浓厚的社会氛围，引导人们知荣明耻、见贤思齐、择善而从。要以青少年为主要对象，把社会主义荣辱观引入教材、引入课堂，纳入学校德育的全过程，渗透到学校教育的各个方面和各个环节。

（三）德育的拓展性内容

德育内容是一个既相对稳定又不断发展的体系。德育内容之所以需要拓展，一方面，是因为虽然某些教育内容是传统的和基本的，但是在以往的教育中受到了忽视和削弱，而在今天新的历史条件下备显重要，需要提到议事日程并予以加强；另一方面，更为重要的是因为时代的新变化和社会对人的全面发展的新要求，德育内容体系要始终保持与时俱进的品质。因此，在稳定德育基础性内容和主导性内容的同时，还要根据社会经济、政治、文化的发展拓展教育内容，将社会发展的要求和时代提出的课题纳入德育的内容体系。德育的拓展性内容主要包括以网络道德教育、心理健康教育、创新精神教育、生态道德教育和国际意识教育等为代表的内容系列。

1. 网络道德教育

随着网络应用的发展，人们在现实社会中的诸多活动转入网络，在网络社会得以真实地再现。然而，网络社会在创造一个神奇世界的同时，也将现实世界的诸多问题带入了网络。许多问题因为超出技术范围之外，成为"社会"问题，在很大程度上是伦理道德、思想观念方面的问题，因而仅仅依靠互联网技术本身的发展是不可能解决的，它必然需要德育的介入和参与。网络德育因之应运而生。

所谓网络德育，是指抓住网络的本质，针对网络影响，围绕现代德育思想、德育目标和德育内容，在网上开展的旨在提高网民的思想政治品德和网络文明素质的一系列网上虚拟实践活动，是德育现代化发展的必然趋势。

网络德育的这一概念包含以下几个方面的内涵：

（1）网络德育的开展以科学地把握网络的本质为前提。网络是人们以计算机技术、信息技术和通信技术为基础，以实现便捷通信和资源共享为目的的虚拟世界，是人们新的生存方式，是人的身体器官的延伸，是人的本质的发展，也是人的本质力量的对象化和发展。网络不仅给人提供了一种现代化的技术工具，更是人的一种新型生存空间和生活方式。单纯从工具的视角来认识网络，显然不能真正深刻认识网络对现代社会的影响及其对德育发展的意义。只有从人的本质发展的新角度认识网络，才能揭示网络德育的本质要求，从而为网络德育的实践奠定深厚的理性基础。

（2）网络德育必须针对网络对人们的思想、道德、行为等方面造成的影响来进行，否则网络德育就会如同隔靴搔痒，漫无目的，难收实效。

（3）网络德育是网络空间的德育活动，是一种虚拟实践活动。网络德育不仅仅是指利用网络这一技术手段开展德育，更是立足于网络社会这一新的生存空间，其德育实践是在网上进行，德育的对象是广大网民。正因为如此，网络德育也具有虚拟实践活动的特征。

（4）网络德育的内容除了传统德育所具有的思想教育、政治教育、道德教育等内容之外，还包括网络文明教育、信息素养教育等。网络德育除了培养网民的思想政治品德之外，还要形成网民的网络文明素质和良好的信息素养。这是传统德育所没有的，也是德育在内容和目标上的发展。

（5）网络德育的形式主要包括德育信息、网络文化、网络德育课、虚拟社区、网上咨询答疑、在线讨论、就业指导、网上德育基地、网上家长学校、网上漫游等多种方式。

（6）由于网络是人的本质力量的发展，因而网络德育实质上也是人的本质力量的一种发展。

网络社会环境下的青少年是首次掌握教育主动权的一代，是更加自主、自由的一代。道德教育要体现青少年的基本需要和内在需求，把他们作为道德教育的主体，关注他们的内心世界，加强网络心理教育，完善网络道德人格，以智慧和人性占领网络阵地。

2. 心理健康教育

随着经济和社会的发展，人们的工作和学习压力不断增大，生活节奏不断加快，心理负荷不断加大，心理问题不断出现。在这样的情况下，重视和加强心理健康教育，培养人们正确的心理健康观，促进人们心理和人格的健康发展，便成为现代德育的重要任务。世界卫生组织曾针对心理疾病给人类造成的严重危害断言："没有任何一种灾难比心理障碍带来的痛苦更深重。"[1] 因此，把心理健康教育纳入现代德育目标和内容体系之中，既是现代社会发展的现实需要，也是人的心理和品德发展规律的客观要求。

开展心理健康教育，一是要进行心理学知识的普及教育，使人们懂得基本的心理现象和心理活动规律。二是要进行心理健康标准教育，使人们对心理健康有一个正确的理解和认识。根据世界卫生组织的有关文件，心理健康标准主要包括以下内容：（1）智力正常；（2）善于协调和控制情绪；（3）具有较强的意志品质；（4）人际关系协调；（5）可以能动地适应和改善环境；（6）坚持人格的完善和健康。

心理健康教育，是教育者运用心理学、教育学原理以及心理咨询理论和技术等对受教育者施加一定的影响，帮助他们化解心理矛盾、减少心理冲突、缓解心理压力、优化心理素质的过程。心理健康教育的主要对象是广大青少年学生。要遵循德育和人的心理发展规律，坚持心理健康教育与思想教育相结合、普及教育与个别咨询相结合、课堂教育与课外活动相结

---

① 转引自傅红梅《远离职业倦怠避免隐性流失》，《天津日报》2007 年 7 月 27 日。

合、教育与自我教育相结合、解决心理问题与解决实际问题相结合，引导
人们提高心理调节能力，培养良好心理品质，促进受教育者思想道德素
质、科学文化素质和身心健康素质协调发展。学生心理健康教育要根据学
生的心理特点，宣传现代健康理念，有针对性地讲授心理健康知识，开展
辅导或咨询活动，帮助学生树立心理健康意识，优化心理品质，增强心理
调适能力和社会生活的适应能力，预防和缓解心理问题，帮助他们处理好
环境适应、自我管理、学习成才、人际交往、交友恋爱、求职择业、人格
发展和情绪调节等方面的困惑，热爱生命，提高心理健康水平，促进德智
体美等全面发展。

3. 创新精神教育

创新是人类文明的本质特征。马克思主义从实践的根本观点出发，确
认了人的创造性是人所特有的活动方式和能力。创造性是人的主体性的最
高表现，创造力是生产力中人的作用的最高体现。创造和创新是一种综合
素质，是一种积极开拓的状态。在现代社会，创造、创新、创业是时代的
潮流，创造、创新、创意是个体的品质，创新精神不仅是一种智力特征，
更是一种人格特征、精神状态和综合素质。

创新精神教育是根据创造学原理，以培养学生的创新意识、创新思
维、创新能力以及创新个性为主要目标的教育理论和方法，旨在激发创新
精神，挖掘创造潜能，开发个体创造性思维能力，包括创造性品格教育、
创造性思维教育以及创造力训练。开展创新精神教育，一是确立创新的价
值观。创新是人类文明的源泉，是社会前进的动力，是个人成才的核心；
创造力是生产力诸要素中最核心的因素，是人类智慧发展的鲜明标志。解
放和发展生产力，包含着人的创造力的激发，而人的创造力的解放和发展
程度，是社会进步的重要标志之一。二是建立有效的知识观。知识既可以
成为创新的翅膀，也可以成为创新的羁绊。那种把知识看成一成不变的绝
对真理而产生的知识迷信、书本迷信、权威迷信以及经验迷信等，都是阻
碍创造力发展的因素。我们要破除对权威的迷信，促进思维的科学化；破
除对古人的迷信，促进思维的现代化；破除对洋人的迷信，促进思维的民
族化；破除对书本的迷信，促进思维的客观化。三是树立先进的文化观。
创新意识和创新能力，是先进文化长期积淀而形成的一种社会文化形态。
要建设与时俱进的创新文化，营造有利于创新的社会氛围，从而为创新提
供尽可能大的自由空间，如经济上的自由竞争、学术上的自由讨论、思想

上的自由争鸣等，逐步形成以创造论英雄，以创新论价值的良好社会氛围。

4. 生态道德教育

生态文明是人类文明的一种新形态，这种文明形态以尊重和保护自然为前提，以人与人、人与自然、人与社会和谐共生为宗旨，以建立可持续的生产方式和生活方式为内涵，致力于引导人们走持续、和谐发展的道路。生态文明是人类对传统文明形态特别是工业文明进行深刻反思的成果，也是人类文明形态发展的飞跃。

建设生态文明，发展人与自然的和谐关系，促进社会可持续发展，推动整个社会走上生产发展、生活富裕、生态良好的文明发展道路，是全面建成小康社会与构建社会主义和谐社会的战略选择。生态文明建设离不开科学技术的支持和法规制度的保障，也离不开文化意识的支撑。因此，要拓宽道德教育的领域，充实道德教育的内容，不仅要注重调节和规范人与人、人与社会之间关系的道德教育，而且要重视调节和规范人与自然之间关系的道德教育。

开展生态道德教育，一是提高认识。生态道德观念是人们在生态环境问题上对是非、善恶、荣辱的认识、判断和评价。要树立正确的生态文明理念和生态道德观念，倡导生态伦理精神，树立可持续发展的理念，促进人口、经济、社会与环境、资源协调发展，提高广大青少年的生态道德素质，正确认识和对待人与自然的关系，改变传统的不可持续发展的思维方式、生产方式和消费方式。二是培养情感。生态道德情感是人们对生态环境的爱憎、好恶的态度。要把人与自然的关系纳入道德关怀的视野，自觉承担起对自然环境的道德责任，培植生态忧患感和生态责任感，热爱自然，善待自然，保护自然，建设"美丽中国"，以体现人类道德进步的新境界，体现人类自我完善的新发展。三是锤炼意志。生态道德意志是人们为实现一定的生态道德行为所做出的自觉的、不懈的努力。要教育人们切实革除掠夺性的生产方式，珍惜自然资源，合理地开发利用资源，尤其是珍惜非再生资源和节制对其使用与开发维护生态平衡，珍惜和善待生命，特别是濒危动物生命。四是规范行为。要引导学生养成健康的生活方式和良好的生活习惯，如不吃野生动物，不用一次性筷子，不破坏野生动物的栖息地等。总之，要将道德教育、规范约束和社会实践有机结合起来，以不断推动生态道德教育的发展。

5. 国际意识教育

国际意识也称为"世界意识""全球意识"。所谓国际意识，指的是教育所培养的人要有国际视野，正确把握时代潮流，科学把握世界大势。国际意识是一种思维方式、情感态度和价值观，是一种主动面向世界、自觉了解人类社会历史发展的多样性，理解和尊重世界各国、各地区、各民族的文化传统，学习汲取人类创造的优秀文明成果的态度、观念和开放意识，同时也是一种积极、平等、理性参与国际活动和国际竞争的品质和能力。德育在加强爱国主义教育的同时，要注重国际理解、国际竞争与国际合作意识的培养。国际意识教育的目的，是要求人们既能用世界的眼光观察、处理中国问题，又能站在中国国家利益和民族立场上观察和处理世界性问题。

国际意识主要包括国际经济意识、国际政治意识和国际文化意识。国际意识教育包括国际经济意识教育，即在国际经济事务中的竞争意识、合作意识以及国际市场意识；国际政治意识教育，即坚持和平共处五项原则，反对霸权主义，维护世界和平，树立新的国家安全观；国际文化意识教育，即尊重世界文化的多样性，理解和尊重世界各国、各民族的历史传统和现实发展。总之，通过国际意识教育，建构具有超越意识和全球意识的精神世界，努力培养适应经济全球化的、有国际意识和全球眼光的、有国际交往能力和国际竞争能力的高素质人才。

综上所述，德育是由基础性内容、主导性内容和拓展性内容组成的结构体系。德育的基础性内容是体现社会对个体思想政治品德的基本要求的内容，德育的主导性内容是突出教育的先进性、方向性、超前性的内容，德育的拓展性内容根据时代变化和社会发展及时调整、充实、更新的内容。一般来说，德育的基础性内容和主导性内容是相对稳定的，而德育的拓展性内容会随着社会实践的深化而不断变化。事实上，在德育实践中，它们相互包含、相互贯通、相互依存、相互作用，构成一个有机的整体。

四　现代德育主客体论

德育教育的主客体关系问题一直是德育教育主体性问题研讨的主要论题。长期以来，主客对立的思维方式渗透于传统德育之中，德育是一种单一的对象化的"主体—客体"两极模式，教育者常常处于指挥者、说教者的地位；受教育者被动接受灌输，成为教育者权威的服从者，这种人为地造成一方与另一方的依附与从属关系，只会阻碍道德教育的实践，只会在无形中将生动的教育形式变成僵硬的单方表演，其本该具有的生动性与灵活性就被消解了。由此，导致受教育者主体性的缺失、完整人格的支离和个性的扭曲。

事实上，德育是教师与学生"在场"的生命实践活动。在这一活动中，意义的沟通是师生"在场"的标识。在德育系统内，主客体的价值关系具有非常错综复杂的情形。第一，从人与人们德性修养要求的关系看，在德育活动中，人即教育者和受教育者均为主体，而他们所要认知的德性修养内容为客体，由此构成德育的主客体关系——认识关系。在这个层面上，认知内容永远是客体，人永远是主体。第二，从德育活动中人的关系看，教育者和受教育者之间形成主客体关系。前者是主体，后者是客体。这无论在实践关系还是在认识关系中都是如此。但是，德育主体与客体在教育过程中所担当的角色是可变的，"教学相长"这一朴素的表达也反映出教育主客体之间应该具备地位上的平等。德育活动中，教育者和被教育者都是主体，都是具有主体性和潜在主体性的人。其中，受教育者是道德教育的核心。教师主体性与学生主体性是对立统一的。在两个主体性的相互作用之中，学生不断得到改造、进化和发展，教师不断得到充实、丰富和提高。教师的教学主体性与学生的学习主体性是不同性质的主体性，具有不同的表现形式和特征，建构的方式也不同。第三，从"主我"与"客我"之间的关系看，教育者与受教育者都是既作为主体又作为客体的对立和统一。教育者作为主体，他要满足自己德性修养的需求，作为客体，他要接受社会包括受教育者的有利于自己德性修养的要求，即教育者首先受教育，也就是说，德育活动对于教育者自己也是一个不断提高与发展的过程。这虽然不是德育活动所要求的应然目的，但是德育的潜在价值。受教育者自身作为德育主客体的对立统一，是德育活动的最终目的和终极价值，即达到对于主我的应然目的与客我实然状况的统一。德育过程就是一个不断解决受教育者的应然目的与人（包括教育者）的实然状况之间的矛盾，并按照应然目的改造人的实然状况的过程。

（一）德育主体及其客体化

我国学校德育的主体，有从事德育教师和各科教学的教师，有从事学生思想政治工作的干部，有从事管理工作的行政人员，还有学校的各级党团组织和各类管理机构。不同的主体在学校的德育过程中发挥不同的积极作用。

学校教师特别是德育教师是对学生进行道德教育最重要的主体，起着主导性的作用，是一支不可替代的队伍。其中，大中小学班主任和高校辅导员更是学校道德教育主体的最直接的实践者和责任者。这是因为：首先，教师是学校教育的主体，与学生直接接触，对学生最了解，最有条件结合学生的思想状况，有针对性地进行思想品德教育。其次，教师由于他的学识，在学生的心目中占有特殊的地位，受到学生的普遍尊敬，学生容易接受教师言语，教师的行为往往成为学生楷模。因而，教师不仅是指导学生业务上提高的导师，而且是指引学生人生方向的导师。教师的这种地位决定了他们在学生道德教育中的特殊作用。再次，学生正确的思想品德的形成，不是单靠道德教育课所能完成的。业务教师运用各自的业务专长，结合科学知识，教书育人，往往能够起到良好的作用。

学校专职政工干部是对学生进行思想道德教育的骨干力量，是一支不可缺少的队伍。专职政工干部是指在学校中的党团干部和政治辅导员。他们在学校中的人数虽然不多，但一般都精明强干，在学校的思想品德教育中，他们起着组织、协调和指导作用。同时，他们熟悉学生，富有学生工作经验，能摸准学生的思想脉搏，根据学生的身心特点和思想动态，及时做好思想工作，促进学生养成良好的道德品质。

学校各类管理人员也是学校道德教育主体的重要组成部分。学校的一切行政管理人员，都要直接或间接地同学生发生联系，他们的言行举止、工作态度和作风都会对学生产生很大的影响，不是积极的就是消极的。因此，行政管理人员应该以积极的工作态度、饱满的工作精神、富有成效的工作效率热情为学生服务，从而以自己的影响力教育青少年学生。

教育者要先受教育，主体的客体化。德育主体特别是德育教师要塑造教育对象的美好的灵魂，归根到底先要提高自身的素质。

1. 人格精神

教师的人格对于年轻的心灵来说，是任何东西都不能代替的，教师的人格是教育事业的一切，只有人格才能影响人格的形成和发展。因此，教师人格的塑造是提升教师素质的一项基础性、综合性的工程。

人格是人在社会生活中通过自身的言、行、情、态等表现出来的人的品位或格调，是人的思想、品德、情感的统一体。人格是做人的根本，是人际交往的基础，又是社会风尚的表征，对于每一个具体从事某项职业的人来说，人格体现了人的社会性特征，它有职业的烙印，不同的职业有的除了拥有一般人共有的人格特征之外，还有其人格的特征和模式要求。

教师人格是指从事教师职业的人的一种反映教师职业特征的人的品位或格调，具体是指教师应具备的优良的情感及意志结构，合理的心理结构，稳定的道德意识和个体内在的行为倾向性。教师人格反映了教师对真善美的自觉要求，是构成教师道德内在本质的精神力量。求真是人类自身的内在要求，也是人生臻于完善的重要前提；至善是人类应该具有的高尚道德品质；达美是人类对美的追求，按照美的规律塑造自己。真善美的和谐统一是人生的最高境界，也是教师理想人格的集中体现。

教师理想人格的自我塑造和自觉追求，是教师职业劳动的客观专业知识，是教师影响力的源泉。影响力就是对学生的一种教育。教师的影响力除了他的品格、才能，最重要的是知识，知识是连接教师与学生的中介和纽带。教师知识渊博，讲课讲得好，又能因材施教，理论联系实际地解决学生的疑难问题，就能赢得学生的尊重和信赖。专业知识不仅对从事自然科学教学的教师，而且对从事人文社会科学的教师的教学都是一样的重要。专业知识还是教师创造力的基础，创造力是一种特殊的能力，它不是知识的简单累加，但是与知识相关，知识愈丰富，其结构愈合理，产生创造力的可能性愈大。从某种意义上说，创造力源于知识，知识是创造力的基础和前提。教师劳动是一种创造性的劳动，教师在组织教学活动时没有创造性的思维，难以培养具有创新精神的学生。

2. 伦理品格

德育教师的伦理品格是指师德修养。师德修养的主要规范是教师在教育过程中各种道德关系的反映和概括，是依据师德修养的基本原则对教师某一方面道德行为提出的要求和准则，它是评价教师行为善恶的具体道德标准。它比师德修养的基本原则能更直接、更深入地指导和评价教师的教育行为，是构成师德修养规范体系的基本因素。全国教育工会在 1984 年10 月 13 日颁布了《中小学教师职业道德要求》，1991 年 8 月 13 日国家教委和全国教育工会修订了《中小学教师职业道德规范》，1997 年 8 月 7 日国家教委和全国教育工会再次修订了《中小学教师职业道德规范》，2008年 9 月教育部和中国教科文卫体工会全国委员会又一次修订，颁布了新的《中小学教师职业道德规范》。2011 年 12 月 23 日教育部和中国教科文卫体工会全国委员会首次颁布《高等学校教师职业道德规范》。2014 年 1 月 11 日教育部印发《中小学教师违反职业道德行为处理办法》。

《中小学教师职业道德规范》（以下简称《规范》）是在我国社会经济和教育改革发展进入新的历史阶段的背景下重新修订并颁发的。《规范》修订过程采取了教师共同参与、共同讨论，向社会公开征求意见的方式。此次修订《规范》力图体现以下原则。

一是坚持"以人为本"。在新《规范》中充分体现"教育以育人为本，以学生为主体"，"办学以人才为本，以教师为主体"的理念，强调尊重教师，强调教师责任与权利的统一，充分调动广大教师的主动性、积极性和创造性。

二是坚持继承与创新相结合。此次修订工作认真总结了原《规范》执行以来的基本经验，汲取了原《规范》中反映教师职业道德本质的基本要求，又充分考虑经济、社会和教育发展对师德提出的新要求，将优秀师德传统与时代要求有机结合。

三是坚持广泛性与先进性相结合。《规范》修订从教师队伍现状和实际出发，面向全体教师，对教师职业道德既提出了基本要求，使之成为每位教师自觉遵守的行为准则；同时，又提出了反映社会主义核心价值体系基本内容的先进性要求，使广大教师有更高的道德目标。

四是倡导性要求与禁行性规定相结合。《规范》既旗帜鲜明地倡导教师加强师德修养，又从教师职业道德的阶段性特征出发，针对当前师德建设中的共性问题和突出问题，作出了若干禁行性规定，尽量体现针对性和可操作性。

新《规范》有 6 条基本内容，体现了教师职业特点对师德的本质要求和时代特征，"爱"和"责任"是贯穿其中的核心和灵魂。

一、爱国守法。热爱祖国，热爱人民，拥护中国共产党领导，拥护社会主义。全面贯彻国家教育方针，自觉遵守教育法律法规，依法履行教师职责权利。不得有违背党和国家方针政策的言行。

二、爱岗敬业。忠诚于人民教育事业，志存高远，勤恳敬业，甘为人梯，乐于奉献。对工作高度负责，认真备课上课，认真批改作业，认真辅导学生。不得敷衍塞责。

三、关爱学生。关心爱护全体学生，尊重学生人格，平等公正对待学生。对学生严慈相济，做学生良师益友。保护学生安全，关心学生健康，维护学生权益。不讽刺、挖苦、歧视学生，不体罚或变相体罚学生。

四、教书育人。遵循教育规律，实施素质教育。循循善诱，诲人不倦，因材施教。培养学生良好品行，激发学生创新精神，促进学生全面发展。不以分数作为评价学生的唯一标准。

五、为人师表。坚守高尚情操，知荣明耻，严于律己，以身作则。衣着得体，语言规范，举止文明。关心集体，团结协作，尊重同事，尊重家长。作风正派，廉洁奉公。自觉抵制有偿家教，不利用职务之便谋取私利。

六、终身学习。崇尚科学精神，树立终身学习理念，拓宽知识视野，更新知识结构。潜心钻研业务，勇于探索创新，不断提高专业素养和教育教学水平。

3. 知识结构

德育教师要履行自己的职责，教书育人，实现教育目标，同样需要掌握丰富的专业知识，优化自己的知识结构。道德教育教师的知识结构，是指教师为履行职责而必须具备的各方面知识的有机组合。所谓有机组合的知识结构是指丰富的，但又是合理的，能够充分运用知识的综合优势和整体功能，德育教师的知识结构主要包括以下几个方面。

基本的政治理论素质。古今中外任何国家，总是首先对教师提出较高的政治素质要求，这是由教师的职责所决定的。德育教师是学校德育的主要力量，承担着思想道德教育任务，为此必须系统地学习马克思主义、毛泽东思想和中国特色社会主义理论体系，掌握马克思主义的立场、观点和方法，运用马克思主义指导教学。

扎实的专业基础知识。首先是要学习、研究、掌握伦理学的学科知识，例如伦理学原理、中外伦理学史、道德教育的理论和方法。在道德教育方面我国古代和现代有许多典型的范例和经验，需要认真加以研究和运用。同时，还要注意学习国外特别是当代国外学校道德教育的理论和方法。道德教育课程是一门实践性很强的课程，方法问题十分重要，因此要充分研究并掌握切合中国实际的教育方法。道德教育课程教师还应注意学习相关学科的知识。例如社会学、法学、政治学和历史等。社会学关于人的社会化、社会角色与社会控制的理论，对从事道德教育课程有直接的借鉴意义。道德教育教师只有掌握了丰富的专业知识，才能使各种知识融会贯通，得心应手地驾驭道德课程，使道德课程生动活泼，起到教育的目的。

广博的科学文化知识。当代科学发展的形势是分化急剧、代谢迅速，知识密集程度和知识索取的自动化程度越来越高。科学的整体性、渗透性越来越强，知识的创新性、综合性越来越显著，新兴学科层出不穷，科学理论的高度抽象性、更替性越来越突出，科学研究的协作性和综合性越来越重要。面对科学发展的新形势和新特点，德育教师更有必要对自己的知识和智能结构进行全面的审理和调整，人文社会科学背景的德育教师要学习自然科学知识和方法，自然科学背景的德育教师要提升自己的人文素养，唯有如此，才能胜任推进素质教育、培养创新人才的重要使命。

必备的教育理论素养。教育科学方面的知识是每一位德育教师都应具备的。这是因为，教学和教育工作是有规律的，不遵循教学和教育规律，就不能教好学生。现在教育理论学科已经发展成具有庞大体系的学科群，但就教师来说，主要学习普通教育学、学科教育学、普通心理学、教育心理学、教育管理学等，以掌握现代教育技术。

4. 育人能力

教师的能力素养是以其知识素养为前提和条件的，但掌握了有关专业知识并不等于就有了从事德育工作的能力。教师的能力是教师热忱执教和渊博知识得以充分发挥，实现教育目标的实际工作本领。作为教师需要有多方面的能力，德育教师以其工作特点来看应主要具备以下几方面特点。

了解和研究学生的能力。学生是教育的对象，了解和研究自己的教育对象，是搞好教书育人的前提，也是教师的基本功。德育课的育人性和实践性决定了德育教师比其他课程的教师更需要这种能力。道德除了要以他自身严密的科学体系去说服教育学生，更要求有很强的针对性、理论联系实际。而针对性的前提，就是要主动了解学生，获取准确的信息，把握学生思想热点。这就要求德育教师有敏锐的观察力和较强的分析研究能力，从而触摸到学生感情的脉搏，思想深处的奥秘，从而因人、因时、因地施加教育。德育教师既要善于观察和研究影响大的外部特征明显、经常出现的问题，更要善于把握表现细微、偶尔出现、具有潜在影响的事件。道德教育要做人的思想工作，就应具有进入学生心灵世界的本领，在心灵世界中耕耘、播种、培育、采摘、流连忘返，发现学生还没有明显表现出来的问题和闪光点，发掘学生的潜在能力和积极因素，掌握教育和教学的主动权。

组织教学的能力。组织教学的能力也是教师的基本功。德育课不是单纯地向学生传授知识，而是需要更多更好地调动学生的主体精神，因此，组织与驾驭教学的能力显得特别重要。组织教学的能力主要有制订教育、教学工作计划的能力，掌握教材的能力，驾驭课堂教学的能力，围绕道德教育组织校内外活动的能力，等等。德育教师要正确分析判断外界各种环境因素及其对受教育者可能产生的影响，针对学生思想状况，把最适合学生接受水平和最能激发其需要和动机的因素，组织到道德教育过程中去，采用最有效的方法和方式，向学生施加影响。

语言表达能力。语言表达能力是教师最基本的教育能力。语言是教师传递信息、施加教育影响、表达思想感情的工具。教师的政治信念、思想观念、道德品格和学科知识是通过语言表达来影响学生的。德育教师运用的语言有口头语言、书面语言，还有形体语言，其中最主要的是口头语言表达能力。

科学研究能力。科学研究能力也是德育教师的基本能力之一。道德教育过程有自身的发展规律，古今中外的教育家、心理学家都对道德教育的规律和方法作了有益的探索，是值得学习和借鉴的。但是时代在前进，社会在发展，德育对象以及品德发展的需求发生了许多新的变化，德育实践中的新情况、新问题层出不穷，需要进行研究和探索。德育教师的科学研究能力就是用科学的态度研究教育教学工作，研究教育对象，总结经验教训，从中探索道德教育和教学规律和方法的能力。

现代信息技能。"工欲善其事，必先利其器"。德育教师要与时俱进，注重自觉研修，将提高信息修养作为一种自觉诉求。面对网络文化的冲击，德育教师要主动将信息技术有机地融入到德育工作过程中，不断提高自身的信息化教学设计能力，实现信息技术和德育课程的融合。自觉遵守和习行践履网络伦理道德规范。正人先正己。在虚拟的、开放的网络文化空间中，德育教师要增强自身的网络道德素养，用网络道德准则规范自己的行为，为学生树立典范，以良好的网络道德行为感染和鼓舞学生，引导学生树立正确的网络文化价值观。

5. 心理品质

心理品质是指一个人在心理过程和个性心理两个方面所表现出来的本质特征。在道德教育过程中起主导作用的教师对学生的影响，不仅依靠教师的专业知识，依靠教师的伦理品格，也有赖于教师的心理品质。教师是以自己的一切品质的总和来接触和影响学生的。因此，德育教师要十分注意培养并提高自己的意志、情感、兴趣爱好、性格等心理品质，努力使自己总是处于一种良好的心理状态下开展道德教育活动，从而对学生产生最佳的影响。

坚强的意志。意志是人们自觉地确定目的、制订计划、采取行动、克服各种困难，从而实现目的的心理过程。道德教育过程是一个复杂、多变的过程，道德教育教师要有效地实施道德教育过程，必须具有优良的意志品质。道德教育的重要性、目的性和达到这一目的的坚定性是教师动员自己全部力量以克服工作困难的源泉。教师的坚决、果断和不屈不挠的坚定信念，是在道德教育过程中直接影响学生的内在力量。教师的沉着、自制、耐心和行为一贯的坚持性也是有效地影响学生的重要品质，它再现在教师善于支配自己的情感，不为某些特别情况而失态。教师的意志品质与教育工作的成败密切相关。教师的意志品质不仅为提高自己和顺利地完成教育工作所必须，也为学生作出学习榜样。由于学生自我意识的发展，往往具有培养自己坚强意志品格的自我要求。因此，德育教师坚强的意志力，会强烈地影响学生。德育教师只有以自身的榜样去感染、教育学生，才能培养出学生的意志力。

丰富的情感。情感是人们对客观事物的态度的体验。丰富而健康的情感是人的精神生活得以高度发展和多方面发展的必要条件，同时也影响人的学习和工作效果。优秀的德育教师通常都是充满情感的人，他们的情感都表现出丰富和充实的特点。对学生冷酷无情、漠不关心，这样的教师远远离开了教师的天职。因此，对教育工作和对学生的热爱是德育教师情感的重要内容。教师对学生的爱对学生来说只是一种外部条件，但由于能促使学生产生积极的情绪体现，从而转化成学生接受教育的内部动力，也就是人们通常所说的"动之以情"的力量。教师的爱可以使学生形成对教师的良好的态度定式。就是说，如果教师把热爱学生的这种情感投射到学生的心灵中去，即能被学生所理解，学生便会萌生对教师的亲近感，使学生对教师产生良好的定式。教师的爱可以产生教师对学生的良好的期待。这种期待是学生向着教师所期望的方向发展的重要外因。教师的情感表达是多方面的，善于控制情绪也是优秀教师的重要心理品质。既要表现出积极向上、昂扬振奋，又要平静幽然和含蓄。

广泛的兴趣。兴趣是个人力求接近、探索某事物和从事某种活动的态度和倾向。德育教师的职业特征要求他们对许多事物都有浓厚的兴趣和敏感度。其中对自身教育工作的兴趣和广阔而丰富的求知欲，是做好工作的重要动力之一。德育教师的任务是塑造学生的心灵，因此其兴趣的中心应该是对学生个性发展的兴趣和对从事道德教育工作的兴趣。这种兴趣使教师接近学生，了解学生，研究学生身心发展的规律和道德形成的规律。这种兴趣促使教师以饱满的工作热情投入教育教学工作，寻求有效的教育方式方法。德育教师的兴趣还表现在宽广的求知欲和对周围事物的敏感性。这种广泛的兴趣容易使教师与学生产生共同的兴趣爱好，从而产生共同的语言，形成共同的体验，达成心灵的沟通。那么师生之间就易于建立自然并富有情感的联系。

优良的性格。性格是人在生活过程中形成的对现实的态度和习惯化的行为方式所表现出来的比较稳定的心理特征的总称。性格是个性的重要组成部分，表示一个人与他人不同的最明显和最主要的心理特征。德育教师应注意陶冶自己的性格。其基本要求是：（1）真诚坦率，德育教师要与学生真心相待，坦诚相处；（2）热情开朗，德育教师要在班级活动中主动与学生打成一片；（3）仁爱善良，德育教师要热爱学生，关心学生，成为学生的良师益友；（4）沉着冷静，德育教师要面对各级各类学生，要处理各种各样的事情，因此要善于控制自己的情绪，保持清醒的头脑。

健康的心理。健康的心理是教师从事教育工作的基础。只有教师自己心理健康才有可能培养人格健全的学生，反之会对学生心理成长带来不良的影响。因此，德育教师的心理健康显得十分重要。心理学家兰肯（P. T. RanKin）指出，就心理卫生而言，优秀教师应具备：（1）喜欢儿童和青少年；（2）自我调适良好，可为学生心理健康之表率；（3）具有教育和心理卫生方面的知识；（4）明了儿童成长与发展的途径，并能应用不同的技术以了解儿童及儿童的需要；（5）能提供促进心理健康的教室气氛；（6）能帮助各个学生满足基本的情绪需要；（7）能鉴定有严重问题的学生，并知道在什么地方及如何使他们得到帮助。

我国心理学者从六个方面提出了教师心理健康的指标：（1）教师角色的认识。即对自己了解恰当并能愉快地接受自身职业。这是教师心理健康的最基本标准之一。一名心理健康的教师应该承认教师这种专业身份，并愉快地接纳这一职业。而教师在角色认知上的不健康则表现在对教师价值观的认知缺陷，即不能理解自身价值，不能接纳教师身份；对自身的优势认知不足,对教师工作存在自卑、气馁心理;对自身劣势的估计不足,等等。(2)健康的教育心理环境。这种环境是指教师从事教育工作的内心活动背景。教师的教育心理环境是否稳定、是否乐观和积极,将影响教师整个心理状态及行为,也关系到教育教学工作效果。(3)教育独创性。教师在教育、教学工作中要进行独立的创造性活动,必须具有健康的心理基础,反过来教师在教育工作中的独创性也成为心理健康的标志之一。(4)抗教育焦虑。遇事能控制自己的情绪,保持镇静,能忍耐挫折和困难的考验等,都是教师心理健康的表现。与此相反的便是教育焦虑的表现。能够忍受一定强度的焦虑是教师心理健康的标志。(5)良好的教育人际关系。心理健康的教师能够正确处理学生、领导、家长以及与其他教师之间的教育人际关系。(6)教育环境的适应与改造。能够适应发展、革新的教育环境,接受教育事业的新事物,积极改造不良环境,是心理健康的表现。

从事德育的教师更应十分重视并注意增进自身的心理健康,保持昂扬振奋的精神、平静幽默的情绪、轻松愉快的心境和坚韧不拔的毅力。

(二)德育客体及其主体化

学生是学校的主体,是学校的生存之本。所谓以学生为本,就是学生不单是被灌输的客体,同时也是德育的主体,即客体的主体化。德育是社会要求,也是学生自我发展、自我生存的要求。我们要善于将社会要求转化为学生的自我要求,因为任何教育只有转化为自我教育才真正达到教育的效果。德育不是去禁锢人、束缚人、约束人,而是创造条件去发展人。德育的根本目的是构筑精神支柱,培育道德智慧,发掘创造潜能。德育同样可以培养学生的创新力、意志力、判断力、亲和力和学生的独立人格。德育必须直面社会开放和价值多元的现实,正视道德冲突,解决道德困惑,帮助学生辨别是非,学会判断和选择。德育的重点,应从传授道德知识和灌输现成结论,转移到让学生掌握批判的武器,提高学生的道德辨析力、判断力、选择力和创造力的教育上,学会自己面对人生,创造生活。

德育作为系统工程,应该从孩提时代抓起,一方面要分层次和序列化,另一方面又要注意其系统性和连贯性。根据青少年生理、心理、思想发展顺序性、阶段性、连续性以及个体的理解承受能力,德育本身发展的规律性,结合中外德育实践经验,遵循德育的循序渐进的原则要求,按照社会总体德育目标的要求，在不同年龄阶段进行具体的不同阶段和层次的教育，使德育逐步向纵深发展。

1. 人的思想品德的心理结构

研究思想品德的心理结构，有助于人们了解思想品德的心理实质，为德育研究及有效地培养思想品德提供科学的依据。

关于人的思想品德可分为哪些心理成分，目前尚无统一意见，影响较大的是"四因素说"，即将其分为思想品德认识、思想品德情感、思想品德意志和思想品德行为4个成分。

（1）思想品德认识。思想品德认识是对思想品德规范及其执行意义的认识。其结果是形成思想品德观念和原则，并能运用这些观念和原则判断他人行为的是非善恶，并调节和控制自己的行为。认识是基础，只有在思想品德认识的基础上，人们才能够分析和认识品德情境，依据一定的思想品德观念有选择地接受外部影响、调节行为，确定行动的方向，遇事知道为什么做和如何做。

（2）思想品德情感。思想品德情感是伴随着思想品德认识而产生的一种内心体验。它可以表现为人们根据道德观念来评价他人与自己的行为时产生的内心体验，也可以表现为人们在思想品德观念的支配下采取行动的心理过程中所产生的内心体验。

（3）思想品德意志。思想品德意志是一个人自觉地调节行为，克服困难，实现一定思想品德目的的心理过程。这主要表现为在实现目的过程中控制行为的力量。它使人能够抵御现实中的各种诱惑，不以外界环境为转移，选择目标，并不断克服困难，坚持行为，最终达到目标。

（4）思想品德行为。思想品德行为是人在思想品德观念的支配下表现出来的对他人和社会有意义的活动，是完成思想品德任务达到目的的手段。包括品德行为技能和品德行为习惯。

思想品德心理结构具有复杂性的特点，它表现为品德动机与行为方式的不对等。第一，同样的行为方式在不同的人身上可能是由不同的思想品德动机所引起的。例如，同样是帮助青年人，有的人是为了得到别人的夸奖，有的是为了满足助人为乐的动机，有的甚至为了钱财。第二，同样的思想品德动机在不同的情境中会表现为不同的行为方式。例如，同是为了关心集体，有的学生表现为积极参加班级活动，有的学生则把家里对班级有用的东西献给班级。

2. 小学生的思想品德发展

小学生一般是六七岁至十一二岁的儿童，其思想品德的发展有其自身的特点。

首先，思想品德发展极不稳定。根据人的思想品德的心理结构分析，可看出小学生思想品德发展还处在初步发展阶段，品德认识不深，情感单纯，意志不坚强，行为受外界影响较大。一切思想品德动机与行为都直接来自父母或同伴。由于小学生在思维、心理等方面都极不成熟和极不稳定，因此，小学生的思想品德发展极不稳定。

其次，小学生的思想品德有极大的可塑性。由于小学生思维、心理等发展都极不稳定和极不成熟，因此，小学生的思想品德可塑性极大。小学生的思想品德发展处在"启蒙"阶段，这一阶段的小学生父母主要对其实施养成教育，如卫生习惯、讲文明礼貌等。这一阶段小学生的思想品德为其以后的发展奠定基础。

小学是人一生中接受教育的黄金时期，少年儿童可塑性强，在幼儿心中留下印象的东西，有时甚至会影响一个人一生的成长道路。应从最基本的思想品德意识和行为规律的养成教育入手，进行德育。

3. 中学生的思想品德发展

中学生指年龄在十一二岁至十七八岁的青少年，虽然中学生保留了小学阶段的大量年龄特征和思想品德特点，但由于因年龄增长所表现出的心理、生理、思维等的巨大变化，思想品德的发展表现出独特的特点。

首先，中学生思想品德认识中的品德思维发展具有年龄特征和存在个性差异，其品德是非观念是在集体的影响下变化的。就大多数中学生而言，刚进中学思维处于"不理解"水平。如嘴里说"打架骂人不对"，但实际上不真正理解。初三处于初步揭露本质水平，上升到学生的基本要求和接班人的条件上加以认识。高中以后，便达到理解行为规范的实质，提高到社会道德风尚去分析。随着一个人整体思维和智力水平的发展，个体品德发展从不知到知，从不成熟发展到成熟，不同性别的中学生，品德趋向基本定型的时期也不一样。

一个良好的班集体和学校，尤其是集体舆论是中学生思想品德是非观念的形成及其性质的重要基础。集体舆论对集体成员品德形成通过以下三个途径起作用：对个体的道德行为作出权威性的肯定或否定；直接影响个体道德认识的提高；是集体荣誉感的源泉。正确的集体舆论是先进班集体品德心理的组成部分，是集体成员变化的"晴雨表"。

其次，中学生思想品德情感的形成存在着年龄特征。激发某种形式的品德情感，既决定于情感刺激强度，又决定于主观状态。初中三年级之前，学生易受情境影响，容易冲动，所以意识激情的后果是不容易控制；到初中三年级之后，直觉的情绪体验明显地减少，伦理道德的情绪体验在一般良好集体环境中基本占优势，集体成员对自己的激情也明显地表现出有意识的控制。到一定年龄之后，直觉的情绪体验在减少，但在强烈的外界刺激下，还会迅速地引起激情。同样，这种强烈的刺激，对不同学生会引起不同形式和不同程度的情绪体验。

再次，中学生思想品德意志日趋成熟，言行逐渐趋向一致。随着年龄的增长，中学生思维日趋成熟并独立，受外界影响逐渐减小。初中二年级是中学阶段思维发展的质变期，同时又是思想品德发展的质变期。尤其是进入高中以后，中学生逐步形成了比较独立的思想品德，是非观日渐独立，有了较强的思想品德控制力，对他人的行为和自己的行为都有较深入的认识。在正确的教育条件下，在良好的集体中，中学生的道德言论和品德行为可以在初中三年级之后趋于一致，且动机与效果也可以在那时得到初步的统一。

最后，中学生思想品德行为习惯日趋健康、良好。中学生通过在学习中不断地模仿，无数次地重复，有意识地练习及与坏习惯作斗争等生活过程和教育过程中，逐步形成与培养起良好的品德习惯。这是思想品德培养的最重要的目的。由于中学生心理思维等发展的日趋稳定，个体思想品德发展到初中三年级或高中一年级趋于稳定；高中期，学生中的思想品德基本成熟，行为日益符合社会道德规范的标准，并能及时根据环境的变化和社会舆论的变化调节自己的行为，表现出积极向上、健康良好的特点。

中学生处于一个逐步趋于成熟的时期，他们求知欲强，具有一定的认识能力，从个性心理发展的特征来说是一个自觉的阶段。因此，对中学生的教育要注意启发性，采取多种形式进行思想政治和社会主义道德风尚教育，使学生在德育、智育、体育、美育诸方面得到全面发展。

4. 大学生的思想品德发展

大学生正值青年期。青年期是一个人逐步完成生理心理发育、形成主观世界并开始选择职业、步入成人生活的时期。人们通常把14—28岁左右的人生称为青年期。其中，14—18岁左右为青年前期；18—24岁左右为青年中期；24—28 岁左右为青年晚期。目前，我国大学生的年龄一般都在 18—24 岁左右，处于青年中期。这个时期正是一个人生理心理急剧变化、生长发育迅速成熟的关键时期，也是人生最美好、最灿烂的黄金时期。

处于青年中期的大学生的生理特点是：骨骼逐渐长成，身体形态日趋定型。各器官各系统的机能日臻完善，神经系统的发育日渐成熟，生殖系统的发育也已结束。大学生生理发育的成熟，为其心理和思想行为的发展奠定了可靠的物质基础。

大学生生理发育的成熟，必然引起心理的变化。尽管生理的成熟并不意味着心理的成熟，青春期的生理发育与心理发展并不同步，心理上的"断乳"比生理上的"断乳"更困难，但生理发育的成熟，毕竟为心理发展提供了坚实的自然前提。一般来说，大学生都具有较强的自我意识，这是其个性趋于成熟的标志，它为提高大学生自我教育能力提供了前提和基础。大学生较强的自我意识主要体现在三个方面：一是特别关注自己的发展。他们经常对自己的过去、现实和未来以及自身的素质和潜能进行立体思考，并在认识和评价自己的同时，根据时代的要求来准备自己，对发展自己产生强烈的愿望。但在自觉性和稳定性方面还存在着一定差异，不少大学生评价别人的能力往往高于评价自己的能力。二是自尊心明显增强。由于大学生正在接受高等教育，知识日益丰富，能力不断提高，因而对自己的前途充满信心。他们处处争强好胜，希望得到别人的认可和尊重、支持和关心，而难以忍受别人对自己的指责和冷漠。正是由于这种心理倾向的作用，使他们对自己的评价往往过高，过分相信自己的判断，有时不能倾听不同意见，不愿接受他人的教诲。这种盲目自信一旦受挫，又可能变成盲目自卑、苦闷，甚至导致心理疾病。三是注意认识自己周围的环境。对于周围的环境，置身其中的大学生往往希望有一个全面的认识，并与周围的人建立起良好的人际关系。他们关心社会，憧憬未来，并从形势的发展与变化中学习和训练明辨是非的能力。诚然，大学生的认识能力并非已经达到能够客观而全面地把握事物的程度，有相当一部分人无论是对自己的认识还是对社会的认识，都还存在着某种主观性与片面性，其认识能力仍处于由主观向客观、由片面向全面、由现象向本质发展的过程之中。

与此同时，大学生处于性生理与性心理日益成熟时期，其人际交往范围已开始由同性朋友向异性朋友扩展。大学生活的相对独立性，使他们有可能按照个人的意愿去体味生活，涉足爱河。由此，爱情也逐渐成为大学生情感体验的一个重要方面。一般说来，多数高年级的同学在考虑爱情问题时，态度往往比较冷静；而少数低年级的同学入学不久，就热衷于谈恋爱，一些人因陷入热恋而影响学业，还有个别同学因失去理智而酿成苦果。

大学生经过长期的培养教育，早在入学前就已经形成了一定的思想道德基础。进入大学后，又系统地接受了思想品德教育，在道德认识、道德情感、道德意志和道德行为方面日趋成熟。通过教育引导，大多数同学能够把政治理论学习与思想道德修养结合起来，在实践中不断锤炼道德意志，自觉养成道德习惯。不少大学生都有自己所崇尚的理想人格，这种人格激励他们加强道德修养，力求做一个道德高尚的人。而人格的完善反过来又变成强大的精神动力，促使他们勤奋学习，勇于探索，遵纪守法，严格自律。诚然，尽管大学生人生观、价值观主流健康向上，在价值判断上高度认同奉献精神、责任意识、国家利益等，但在具体价值选择上，一些大学生则更加注重自我塑造、自我发展、自我实现，这使得大学生的人生观、价值观呈现出多样化的特征。一些大学生的道德判断极不稳定，对同一问题往往会因为听了一场英模报告或遇到一件不顺心的事而得出截然相反的结论。由于受拜金主义、享乐主义、个人主义的消极影响，个别大学生缺乏良好的道德素养，讲索取多，讲奉献少，讲享受多，讲奋斗少。他们在顺境中长大，享受着比上一代人更多的关爱和幸福，却不大乐意帮助和关心他人，对他人的感情往往持冷漠态度；他们追求美好舒适的生活，但对家庭、学校和社会给予的一切却不够珍惜，更不愿意为创造新生活付出艰苦的劳动。

时代背景、社会环境和学校教育对大学生的思想发展起着决定的作用。思想是客观现实在人的头脑中的主观反映。对于生理心理基本成熟的大学生来说，思想发展的年龄特征逐渐淡化，而社会影响则逐渐突出。

广大学生的爱国主义情感和对建设有中国特色社会主义认识有了从感性到理性的新变化。但一些人对社会主义本质特征的理解仍有不少困惑、模糊甚至错误认识。

他们关注和积极支持改革开放和市场经济的建立和发展，但又程度不同地存在着思想与行为、理论与实践脱节的现象，甚至存在着某些疑虑、担心和矛盾的心态。

他们的民主和参与竞争的意识增强，对官僚主义和腐败现象持鲜明的反感态度。但是，由于受现代西方社会思潮中一些消极因素的影响，缺乏科学正确的分析，又存在淡化政治的倾向或某些思想误区。

他们大多数具有追求为人民服务的奋发进取的人生目的和态度。但一些人在价值观念上又呈现主体自我性、取向功利性、目标短期性、手段多样性及选择不定性等特点，少数人存在享乐主义、拜金主义等人生目的和消极悲观的人生态度。

他们重视自我发展，盼望成才，但职业的选择又倾向于个人价值并偏重现实和实惠，有时还存在不求实际的盲目性，甚至受挫折后缺乏自信心而出现心理失衡现象。

他们的道德和法制观念增强，重视自身的道德和基础文明修养，但思想和行为上个人利己主义影响也程度不同地侵蚀一些学生，致使集体主义观念淡漠，出现道德认识和行为的错位或滞后现象。

他们崇尚现代文化和生活方式，也尊重我国传统文化，但是在理解和实践科学、健康、文明的生活方式方面又存在某些偏差和片面现象。

以上大学生在政治、思想、品德、心理及行为上表现出来的现象和特征，说明新时代大学生的整体和主流是积极向上的，但对他们存在的问题应在教育中引起高度重视。从这种意义上看，科学把握德育对象又是科学育人的基础。坚持实事求是原则，辩证分析教育环境和教育对象的特点，对于提高育人实效是非常必要的。在教育中应首先看到我国现实社会环境的主流和积极的影响对学生政治思想的认知、情感、意志和行为的发展起着基础作用。同时，要善于把握教育对象的特点，既注意社会先入性的影响，又重视学校教育的主导性作用。这样在教育过程中，通过多种途径和方法，正确疏导和激励学生，帮助学生进行科学和正确的选择、判断，明辨是非，抵制消极影响，促进他们在实践中坚持正确的世界观、人生观、价值观、道德观和自觉克服认知障碍、态度障碍、行为障碍以及可能受到的群体压力障碍，达到学校德育实效。

德育必须面向每个学生，尊重、关心、教育、引导好每一个学生，最大限度地满足每一个学生成长成才的需要。德育的对象不是被灌输客体，而应当是培育主体。现代德育是不断自我教育、自我完善的主体性的德育，它不仅是解决学生品格的认知问题，而且要体现人、社会、自然和谐发展的要求。不仅是一种社会需求，还应当成为学生自身生存的需要。要善于将学生的精神需求与教育需求结合起来，将教育的要求转化为学生的自我要求。任何教育只有转化为自我教育才能达到教育的真正效果。德育应着力于创造力、判断力、亲和力、独立人格的培养，使学生学会生存，学会关心，学会合作，学会发展。

五 现代德育载体论

德育要通过一定的载体进行。载体承载和传递德育信息，是联系德育主体与客体的一种物质存在方式和外在表现形态。德育的载体不可能一成不变，必须与时俱进，在继承传统的基础上不断优化创新。因此，现代德育一方面要注重传统载体的现代化，对其不断地更新，如继续巩固课堂教学载体、拓展社会实践载体、优化管理服务载体、健全校园文化载体等。另一方面要积极寻求新载体。根据科学文化发展的最新成果和学生时尚流行的最新趋势进行的，德育可以利用的新载体包括短信、博客、微信、网络心理咨询等。

（一）德育载体的特点

德育载体是德育的基本要素之一，是德育过程各要素的联结点，是教育主体与教育客体的中介，是实现教育目的、任务、目标与内容的手段与形式，并与教育途径、渠道、方式、方法密切相关，在德育过程中起着传输、增效、互动和检测作用，是教育落到实处的关键环节，也是提高德育实效性、吸引力和感染力的重要因素。近几年被广泛采用的网络、社会实践活动、文化建设等载体，因其形式新颖、主客体可以据此产生良性互动、寓教于乐，从而收到了事半功倍的效果。

1. 承传性。指德育载体能承载传导德育信息，这是德育载体的固有属性，或为自然属性。在德育领域，德育信息包括教育目标、任务、内容、原则等，载体承载着这些信息，把这些信息承载到教育客体面前。但这不是目的，承载只是为传导提供了前提和条件，向教育客体传导教育主体所要求的政治观点、价值观念、道德规范才是德育的目的和主要功能。德育过程是一个以传导德育信息为中心的过程，载体就是传导德育信息的基本渠道。

2. 中介性。指德育载体是教育主体和教育客体联系的中介，这是德育载体的功能属性。德育过程，是德育主体、客体、介体、环体四要素之间相互影响、相互制约的过程，德育载体就是其中的主要介体。撇开德育环境，德育主客体的思想意识，都需通过德育载体来表现。德育载体为德育主客体之间发生相互作用提供了一个阵地和场所，否则，德育主客体就无法发生相互影响和作用，更谈不上有效地实施德育。德育载体也是实现德育"两个转化"的中介。在德育过程中，教育主体将德育信息通过德育载体传递给教育客体，教育客体则在比较、选择、论证、吸收后，将德育信息转化为个体意识，这是德育的"内化"阶段。然后，教育客体再通过德育载体，将个体意识转化为行为习惯和个人品德，这是德育的"外化"阶段。在整个德育过程中，无论是"内化"阶段还是"外化"阶段，都离不开德育载体这个中介。

3. 实践性。指德育载体对社会实践的依存关系，这是德育载体的本质属性。第一，德育是一项实践性很强的社会活动。德育过程是教育主体、客体和载体等要素共同参与、相互作用的矛盾运动过程；德育有最广泛的学生实践作基础，哪里有学生的实践活动，哪里就有德育实践；德育的效果如何，也必须受到实践的检验。第二，德育载体的形态在德育实践中呈现出由少到多、日益丰富的趋势。过去，德育较多地运用开会、办学习班、文体活动、报刊等载体，而今天除了继续运用这些载体外，还大量运用了文化活动、精神文明活动、网络等载体。第三，许多德育载体的内涵也在德育的实践中不断丰富和发展。如各种活动一直是德育的主要载体，但过去对活动方式的运用主要限于文体活动、读书活动、学习英雄模范人物活动等。而在新时期，德育对活动载体的运用有了很大的发展，除继续使用上述形式外，还创造了大量新的形式，如"三下乡"社会实践活动、青年志愿者活动、"文明寝室"活动、"青年文明号"活动等。

（二）现代德育载体

1. 巩固课堂教学载体

课堂教学是学校教育教学的主要形式。对于学校德育具有两方面的意义：其一是通过德育课程直接进行德育教育；其二是通过其他课程渗透德育教育。学校德育课具有不同于一般德育工作的学科特点、不同于一般专业课程的教育功能，是对青少年学生进行思想道德教育的主渠道。我们要依据青少年思想品德形成的特点和规律，准确规范各阶段德育目标内容，科学设置德育课程。

从小学 1—2 年级起，开设《品德与生活》，3—6 年级开设《品德与社会》，重在品德启蒙教育和行为养成教育，引领小学生逐步认识自我、认识社会；初中开设《思想品德》，重在进行良好品德教育、健康人格教育和公民意识教育，引导学生初步认识个人和他人、个人和集体、国家、社会的关系；高中开设《思想政治》，重在加强中国特色社会主义理论基本常识教育和世界观、人生观、价值观教育；高等学校开设《马克思主义基本原理概论》《毛泽东思想和中国特色社会主义理论体系概论》《中国近现代史纲要》和《思想道德修养与法律基础》等课程，深入进行社会主义核心价值体系教育，形成由浅入深、循环上升、有机统一的大中小学德育课程体系。

整体规划大中小学德育课程，要坚持科学性、时代性和针对性的统一，既要贯穿马克思主义基本理论观点，保证德育课程始终坚持正确政治方向，又要体现马克思主义与时俱进的理论品格，把德育课程与解决现实思想道德问题结合起来。要以青少年不断拓展的生活经验为成长根基，帮助他们学会处理各种关系、参与公共事务，面对复杂社会生活和多样价值观念能够作出正确判断和选择，解决好成长中的思想道德问题。

广大教师要以高度负责的态度，率先垂范、言传身教，以良好的思想、道德、品质和人格给大学生以潜移默化的影响。要把德育教育融入学生学习的各个环节，渗透到教学、科研和社会服务各个方面。要深入发掘各类课程的德育资源，在传授专业知识过程中加强思想政治教育，使学生在学习科学文化知识过程中，自觉加强思想道德修养，提高政治觉悟。

2. 拓展实践活动载体

活动载体是指德育者有意识地开展各种活动，将德育信息寓于活动之中，使人们在活动过程中受到教育，提高思想道德素质。随着社会的发展和生活多样化，人们闲暇时间的逐渐增多，社会活动越来越多，越来越丰富多彩，对于人们生活和人的发展也越来越重要。这种情况要求德育工作者必须重视各种群众性活动的开展，善于寓德育内容于活动之中，学会运用各种活动载体进行德育，实践育人。

所谓活动载体是指德育主体为了实现一定的教育目标，有计划、有目的地组织开展各种活动，寓德育信息于活动之中，使德育客体在参加活动的过程中潜移默化地受到教育，提高觉悟，增强素质。活动载体是德育最重要的载体，其形式多种多样，如科技文化艺术活动、管理活动、文明创建活动、社会实践活动，等等。活动载体的主要特点，一是明确的目的性。人们开展的活动很多，但并非全都是德育的活动载体，只有将这些活动纳入德育视野，赋予明确的教育目的和教育内容，它才能成为德育载体。如管理活动古已有之，但很长时间内没有成为德育载体，只有把德育的目标、内容等融入到管理活动中，它才成为德育的管理载体。因此，具有明确的目的性，是德育活动载体的显著特征。而且活动的目的性越明确，就越能增强德育的针对性和实效性。二是积极的参与性。德育主体既是活动的设计者，又是活动的参与者，而且只有成为活动的参与者，才能完成德育的全过程，实现德育的目的。德育客体也只有参与到活动中才能受到教育，而且在参与活动中能实现教育客体向教育主体的转化，积极主动地接受教育。三是强烈的实践性。作为德育载体的活动不是自发的、盲目的、无目的的，而是依据一定的教育目的，按照人们思想品德形成发展的规律和德育原理组织的。因此，它是人们开展的目的性很强的社会实践活动。德育客体在参加实践活动受到教育的同时，也在努力践行教育内容。教育的结果也要通过实践来检验。四是浓郁的趣味性。活动载体最大的特点是将教育目的、任务、内容等德育信息渗透在丰富多彩、生动活泼的活动中，使参与活动的教育客体在宽松、愉快的氛围或激烈的竞争中，体悟到一定的价值追求、行为规范，并将之内化为个人的自觉行为。因此，在运用活动载体开展德育时，要研究德育客体的年龄特征、知识水平、兴趣爱好、审美时尚，寻找那些既富有时代气息，又与德育客体相融合的活动载体，以增强吸引力，提高教育效果。

社会实践是大学生思想政治教育的重要环节，对于促进大学生了解社会、了解国情，增长才干，奉献社会，锻炼毅力、培养品格，增强社会责任感具有不可替代的作用。要建立大学生社会实践保障体系，探索实践育人的长效机制，引导大学生走出校门，到基层去，到群众中去。高等学校要把社会实践纳入学校教育教学总体规划和教学大纲，规定学时和学分，提供必要经费。积极探索和建立社会实践与专业学习相结合、与服务社会相结合、与勤工助学相结合、与择业就业相结合、与创新创业相结合的管理体制，增强社会实践活动的效果，培养大学生的劳动观念和职业道德，要认真组织大学生参加军政训练。利用好寒暑假，开展形式多样的社会实践活动。积极组织大学生参加社会调查、生产劳动、志愿服务、公益活动、科技发明和勤工助学等社会实践活动。重视社会实践基地建设，不断丰富社会实践的内容和形式，提高社会实践的质量和效果，使大学生在社会实践活动中受教育、长才干、做贡献，增强社会责任感。

高校要把志愿精神作为进一步加强和改进大学生思想政治教育的重要内容，纳入思想政治理论课教育教学，在《思想道德修养与法律基础》课中安排适当课时讲授相关内容。要编写激励学生发扬志愿精神的辅导读物，在教学讨论和评价中增加宣传志愿精神的内容。要在学生社会实践活动中加大志愿服务的力度，积极引导学生利用社会实践的机会开展志愿服务活动，可将学生志愿服务活动折算成社会实践学分。要加强社会工作专业的学科建设，为学生志愿服务提供学科依托和理论支持。要通过举办讲座、报告会等形式，积极传播志愿服务理念，激发学生参加志愿服务活动的热情。

中小学要把志愿精神作为进一步加强和改进未成年人思想道德建设的重要内容，有机融入到《品德与生活》《品德与社会》《思想品德》《思想政治》《职业道德与修养》等课程的教育教学中。要因地制宜、重在教育，积极探索实践教学和学生参加社会实践、社区服务的有效机制，引导学生根据年龄特点，通过社会实践、社区服务开展力所能及的公益性劳动和志愿服务活动，不断增强他们的志愿服务意识。

各地各校要根据不同学生的特点，结合各地各校实际，组织学生积极参加各类志愿服务活动，同时利用寒暑假期和节假日，开展社会实践活动，探索形成具有学生特点的志愿服务品牌项目，建设学生志愿服务基地。

在着眼于讲文明树新风的志愿服务活动中，组织开展普及文明风尚志愿服务，更好地传播文明理念，倡导团结互助精神，引导人们知礼仪、重礼节、讲道德；组织学生参加科技、文体、法律、卫生、社会治安、保护生态环境等志愿服务，为普及科学知识、传播先进文化、营造和谐环境服务。

在着眼于扶危济困的志愿服务活动中，组织开展送温暖、献爱心活动，大力弘扬我国扶危济困、助人为乐的传统美德，坚持从办得到、群众又迫切需要的事情做起，把生活困难群众和老年人、残疾人作为重点对象，努力为困难群众排忧解难。

在着眼于大型社会活动顺利进行的志愿服务中，开展公共秩序和赛会保障等志愿服务活动，动员学生志愿者到公共场所、道路交通和赛会场馆等重点部位，宣传文明行为规范，参加接待、咨询、联络、秩序维护等方面的工作，努力创造规范有序的社会公共秩序，为大型社会活动的顺利进行提供保障。

在着眼于应急救援的志愿服务活动中，以高校学生为主组织志愿者参与普及防灾避险、疏散安置、急救技能等应急处置知识，重大自然灾害和突发事件的抢险救援、卫生防疫、群众安置、设施抢修和心理安抚等工作。要依托有关职能部门、行业协会和专门学会，组织有相关知识、经验和资质的高校学生志愿者成立专业救援服务队，提高应急救援的专业化水平，保证高校学生志愿者关键时刻能服务、会服务。

3. 优化管理服务载体

组织载体是指德育主体通过建立组织把教育客体有效地组织起来，对他们进行教育，或引导他们进行自我教育。管理载体能将德育内容寓于管理活动之中并与管理手段相结合，以达到提高人们的思想道德素质、规范人们的行为、调动人们的生产、工作、学习积极性的目的。通过规章制度的严格执行，做到规范内化，达到品德行为反复训练的目的，起着养成优良习惯的作用。坚持教育与管理相结合。把德育融于学校管理之中，建立长效工作机制，使自律与他律、激励与约束有机地结合起来，有效地引导学生的思想和行为。

组织载体的特点首先表现在它的严密性，这是组织载体的显著特征。所谓组织，就是按照一定的宗旨和系统建立起来的集体。这些基层组织一般都有自己的章程，有比较健全的领导机构，有一整套保障组织正常运转的规章制度。基层组织有明确的工作目标，它是联系成员的纽带，能将每一个成员凝聚在一起，培养集体的意志、良好的风气，促进集体成员之间互相帮助、互相关心、和谐发展。其次是综合性。基层组织是教育主体可以借助的对教育客体进行德育的有效载体，在开展德育时，要同时借助和运用其他载体，是多种载体的综合运用。基层组织是学校最基本的教育单位之一，是寓德、智、体、美于一体的综合化、整体化的组织。基层组织既是教育主体开展德育可以借助的载体，又是教育客体进行自我教育的重要载体。最后是群众性。高等学校的基层组织，无论是团组织，还是学生会、研究生会、班级、社团等组织，都是党联系先进青年和广大学生的桥梁和纽带。这些组织队伍庞大、联系面广，有广泛的群众基础，对广大学生有强烈的吸引力。其所开展的活动在学生中有很大影响，可以为不同需求的学生提供广阔的选择余地和发展空间，从而有效地增强德育的针对性和吸引力。

依托班级、社团等组织形式开展德育。班级是学生的基本组织形式，是学生自我教育、自我管理、自我服务的主要组织载体。要着力加强班级集体建设，组织开展丰富多彩的主题班会等活动，发挥团结学生、组织学生、教育学生的职能。要加强对学生社团的领导和管理，帮助学生社团选聘指导教师，支持和引导学生社团自主开展活动。要高度重视学生生活社区、学生公寓、网络虚拟群体等新型学生组织的德育工作，选拔学生骨干参与学生公寓、网络的教育管理，发挥学生自身的积极性和主动性，增强教育效果。

科学管理是刚性管理和柔性管理的辩证统一。制度产生觉悟、规范强化行为，和谐校园建设必须以与办学理念一致、融学校文化于一体的系统化制度为保证。离开制度约束和科学管理的组织运行必然是无序的、混乱的，学校也不例外。学校管理首先需要运用严格的制度去协调学校、教师和学生三者之间的关系，确保实现学校的有序运转和预期绩效。学校管理的刚性就在于强调面向全体，公正对待，凡事讲规则，制度保公平。因此，刚性管理是管理工作的前提和基础，离开刚性管理，柔性管理也必然丧失其立足点。学校管理从人盯人，到制度管人，再到精神引领人，是一个不断进步、提升和超越的过程。

4. 丰富校园文化载体

文化载体是指德育者充分利用各种文化产品，并将德育的信息寓于文化建设之中，借此对人们进行教育，以达到提高人们的思想道德素质的目的。以文化为载体有利于增强德育的吸引力，有利于形成与社会主义现代化相适应的价值观，有利于提高人们的思想道德素质和科学文化素质。

以文化人，建构人文德育环境。学校的校园建筑、环境设施等是学校环境的有形部分，它们似乎是毫无生命和情感色彩的客观存在物，但是，如果其间熔铸进教育者的心血，并按照德育规律加以精心设计和构造，这些物质环境因素就会成为影响学生思想情感、道德行为的重要外部力量，进而从一般的物质环境优化为有育人功能的德育环境。校园内部的各种物质环境因素都可以成为学校德育环境的组成部分，但是最关键的有两种因素：一是校容校貌。精心设计建造校园每一处设施，是学校德育工作的一部分，应该让学校的优美环境激发起学生对周围事物的关心和热爱。二是学校各种文化设施。学生道德价值观的形成，道德情感的丰富，文明教养的取得，很大程度上受到这些文化设施的影响。学校应该根据校园文化的要求加大对文化设施建设的力度，重视舆论宣传教育工作。

校园文化具有重要的育人功能，要建设体现社会主义特点、时代特征和学校特色的校园文化，形成优良的校风、教风和学风。大力加强学生文化素质教育，开展丰富多彩、积极向上的学术、科技、体育、艺术和娱乐活动，把德育与智育、体育、美育有机结合起来，寓教育于文化活动之中。要善于结合传统节庆日、重大事件和开学典礼、毕业典礼等，开展特色鲜明、吸引力强的主题教育活动。重视校园人文环境和自然环境建设，完善校园文化活动设施，建设好大学生活动中心。加强校报、校刊、校内广播电视和学校出版社的建设；加强报告会、讲座的管理，绝不给错误观点和言论提供传播渠道。坚决抵制各种有害文化和腐朽生活方式对大学生的侵蚀和影响。禁止在学校传播宗教。

文化部门和艺术团体要进一步推进高雅文化进校园活动，丰富校园文化生活，提高学生艺术修养。充分发挥爱国主义教育基地对大学生的教育作用：各类博物馆、纪念馆、展览馆、烈士陵园等爱国主义教育基地，对学生集体参观实行免票。各级政府和企事业单位要鼓励和支持面向学生的公益性文化活动。坚持不懈地开展"扫黄""打非"，依法加强对各类网站的管理，净化文化市场和网络环境。

5. 掌握新媒体载体

新媒体是相对于传统媒体而言，依托数字技术、互联网络技术、移动通信技术等新技术，以电脑、手机、数字电视机等终端，以手机网络、短信、博客、微信、即时通信软件为代表，以文字和影像传播为内容向用户提供信息和服务的传播形态。它具有技术上的开放性与平等性，人际交流的互动性与双向性，信息传播的广泛性与即时性，个体思想建构的独立性与自由性等特点。一方面，新媒体技术的开放性和共享性拓展了德育的新领域，新媒体传播的即时性和隐匿性丰富了德育的新手段，新媒体环境的自由性和亲和性塑造了青年学生主体的新形象。新媒体以其独特的功能和魅力强烈吸引着最易追随时尚的青年学生群体，已成为他们感知世界、认知社会的窗口和扩大交往、展示自我的舞台。另一方面，新媒体传播的"去中心化"消解了德育的权威性，新媒体传播的"无屏障性"增添了德育的复杂性，新媒体技术的快速更新考验着德育工作者的创新性。

著名传媒大师麦克卢汉曾说："任何技术都倾向于创造一个新的人类环境。"① 在新媒体时代全新的生存样式、话语方式、传播手段与文化境遇中，需要我们要从源头上探讨如何充分发挥新媒体的独特优势，探索符合新媒体传播规律和青年学生心理行为特点的德育新路径，使新媒体的正面功能得到最大限度的体现。使青少年在接受广泛的社会信息的同时，接受德育，从而全面提高自己的思想道德素质和科学文化素质。

抢占阵地，构筑立体化的校园新媒体教育平台。要在基于"三网融合"的新媒体环境下，加快构建以"主题网站"为引领，以校园门户网站为主体，积极利用博客、微信、播客、即时通信、流媒体等新技术发展校园网络新产品，精心开发设计具有思想性、时代性、交互性、趣味性的思想政治教育软件和"严肃游戏软件"，为学生提供全新的教学管理模式和全方位的教学生活娱乐服务，信息传播实现了由"导向为首"到"内容为王"的转变。创新话语，牢牢掌握新媒体思想政治教育话语权。语言是"教育的存在和展现方式"，"没有语言，教育便不可能，这是教育存在的事实，因为教育在任何意义上都是在交流中完成的"。② 新媒体既为大学生提供了一个开放的、自由的话语空间，又为每一个人提供了个性化的表达方式。德育工作者应主动引导学校网络舆情空间热点话题的建构，通过精心设置"话题议程"，及时发布导向正确、语言生动、事例鲜活的帖子吸引学生点击和跟帖，把握引导学校热门话题的主动权。要理直气壮地回答生活中出现的问题和困惑，将人文精神和人文关怀通过网络传递给学生，及时解决学生在成长过程中遇到的学习、交友、就业等实际问题，真正做到"传道、授业、解惑"。

开展网络心理咨询。通过网络开展心理咨询的方式主要有：公开校内心理咨询工作者和相关教师的邮箱，学生有问题能及时通过邮件与老师联系沟通，收到邮件的相关人员应以负责的态度及时回答学生提出的问题。利用即时通信技术提供的方便、快捷的在线聊天环境，可公开学校心理咨询人员的网名和 QQ 号及聊天时间，通过即时聊天给大学生提供心理帮助

---

① ［美］理查德·A. 斯皮内洛：《世纪道德——信息技术的伦理方面》，刘钢译，中央编译出版社 1999 年版，第 1 页。

② 金生鈜：《理解与教育》，教育科学出版社 1997 年版，第 57 页。

和心理援助，帮助解决学生的成长烦恼、心理问题、心理障碍、不解的社会问题等，使他们成熟起来，豁达、理智而富有激情地学习、生活，这样的对话有利于拉近彼此的心理和思想距离。这种在非见面的空间中交流少了许多约束和心理思想负担。相对于传统的心理咨询门诊，这种匿名性为求询者提供了一种心理安全的屏障，使来询者可以直抒胸臆，在网上开展心理咨询，更容易使来询者与咨询者之间建立一种相互信任的人际关系。逐步构建起服务大学生日常学习、生活、思想、行为等正确导向的全方位平台。

第五章

现代德育的实践展开

德育本质上是实践的。正是在德育实践中，德育系统才正式形成，德育过程得以展开，德育目标进一步明确，德育方法给予应用，德育载体不断创新，德育的针对性和实效性方能实现。

一 现代德育目标论

德育目标是德育本质的重要反映。德育目标是一定社会对德育活动所要培养的人的思想品德所做的规定，是对德育活动结果的具体要求，是德育活动所要达到的预期目的。道德教育的目标，应该是使学生掌握正确处理人与自然、个人与社会、个人与自身三大关系的基本道德准则，并培养学生相应的道德情感、道德需要、道德意志、道德信念、道德智慧、道德直觉和道德行为习惯，形成主体性道德人格。德育目标包含两个方面的规定和要求，一是要培养人们哪些方面的思想品德，二是每一方面思想品德应达到的质量要求以及体现这些要求的具体规格。

（一）德育目标确定的原则

一般来说，确定德育目标必须坚持以下原则。

1. 适应社会发展需要与人的发展需要相统一的原则

德育是人类社会实践活动的重要组成部分。德育既是社会发展的产物，是人的发展的需要，同时也是社会和人进一步发展的条件。适应和满足一定社会与人的发展需要的相互统一，是确定德育目标的根本依据。

在确定德育目标上，历来存在社会本位和个人本位之争。前者主张教育和德育目标的确定应从社会发展需要出发，认为教育只有社会目的而没有个人目的，教育的结果只能从其社会功能加以评判；后者主张教育和德育目标的确定应从个人的发展需要出发，强调个人价值高于社会价值。他们各执一端，长期争论。他们虽然在某种程度上反映了教育现实，具有一定合理性，但他们都把社会与个人对立起来，因而都是片面的，甚至是错误的。其实，马克思主义认为，社会属性是人的本质属性，人的本质是一切社会关系的总和，社会与个人的关系是辩证统一的。一方面，社会和个人相互依赖，社会为个人的生存与发展提供物质的、精神的条件；个人对社会承担义务和责任，并通过能动的实践活动，通过千千万万的个人的体力劳动和脑力劳动来为社会创造物质财富和精神财富。另一方面，社会和个人也有相互矛盾的方面，集中表现为个人行为的随意性和社会规范的约束性，个人需要的多重性与社会满足个人需要的有限性等矛盾之中。这些矛盾的性质，取决于社会的性质。在私有制条件下，个人与社会的矛盾具有明显的对抗性；在以公有制为主体的社会主义条件下，个人与社会的矛盾具有非对抗性，属于人民内部矛盾。从某种意义上说，人类社会发展史，就是不断解决个人与社会之间的矛盾，促进个人和社会协调、和谐发展的历史。德育活动正是为这种协调、和谐发展提供思想和精神保证的实践活动。因此，确定德育目标必须坚持适应社会发展与个人发展相统一的原则。

德育目标和在其指导下的德育活动，不仅要适应社会发展的需要，而且要适应人的发展的需要，这二者是并行不悖、相得益彰的。德育适应和满足一定社会发展的需要，就是要适应社会上层建筑和经济基础变化发展的需要，就是要适应社会生产力发展的需要。德育为一定社会的上层建筑和经济基础服务，最终要为一定社会的生产力发展服务。德育适应和满足人的发展需要，就是要适应人的智力、体力的发展需要，就是要适应人的思想道德品质发展的需要。德育通过适应和满足人的思想品质发展的需要，来促进人的智力和体力的发展，从而促进人的全面发展。总之，坚持适应社会发展需要与人的发展需要相统一的原则来确定德育目标，是由社会与个人的辩证关系决定的。

2. 理想性、超越性与实践性、现实性相统一的原则

德育是育人的工作，是面向未来的事业。德育目标是对未来的一种预期、一种设想，德育目标是对德育现实的一种扬弃、一种超越。因此，德育目标具有明显的超越性和未来指向性，否则，它就失去了存在的价值和

意义。同时德育目标又有其现实依据，有现实可能性，它必须以一定社会历史条件为基础，以德育实践活动中的现实主客观条件为基础。可见，德育目标既具有现实性，又具有强烈的实践性，否则，也会失去存在的价值和意义。理想性、超越性与实践性、现实性是统一的。理想为实践提供指导，超越是现实的未来指向；而实践为理想提供依据，现实为超越提供基础。

德育目标的理想性、超越性，要求德育面向未来，对预期结果的设计要超越现实生活的内容。要坚持以科学的理论武装人，以正确的舆论引导人，以高尚的精神塑造人，以优秀的作品鼓舞人。要坚持以先进的思想、先进的理论、先进的道德来教育人。德育应引导人们积极认同和履行现实社会中的积极的、先进的规范，批判现实生活中落后的规范，否定不符合时代发展要求的规范，充实和完善代表时代发展方向的新生事物和先进的思想观念。德育目标的实践性和现实性，要求确定德育目标必须以社会实践和德育实践为依据，必须反映社会发展和人的发展的现实需要。德育目标来源于实践，又回到实践中指导实践，并由实践来检验它，以修正其自身，发展其自身。当前，社会发展呈现出全球化、信息化、生态化等新趋势，人的发展也出现了知识化、技能化、人格健康化等新特点，这就对人的思想品德发展提出了许多新的要求，德育目标必须反映这些要求，使人们的思想品德跟上时代发展的步伐。

3. 真理性与价值性相统一的原则

德育是培育人、塑造人的事业。德育目标是人们对德育价值认识并追求德育价值的具体体现。德育目标的正确与否，德育目标的科学性如何，德育目标是否具有真理性，直接影响德育的效果，影响德育目标和价值的实现。因此，坚持真理性与价值性的统一，是确定德育目标体系必须遵循的重要原则。否则，如果只凭主观热情，对社会发展规律和人自身的发展规律缺乏科学的认识，盲目追求"高、大、上"式的目标和价值，那么其结果不但不能达到德育目的，反而会给德育工作带来危害。在这一点上，我们过去有过严重的教训。而改革开放以后新的历史时期，我们对德育目标实事求是的定位，坚持了真理性与价值性的统一，从而促进了德育工作的良性发展。

坚持真理性与价值性的统一，不是抽象的统一，而是具体的历史的统一。这就要求我们在构建中国特色社会主义德育目标体系时，必须坚持马克思主义的指导地位，坚持社会主义的正确方向，坚持正确的一元价值观和真理观。这就要求我们坚持用社会主义核心价值体系引领德育工作，不断创造和发展先进的具有中国特色的德育文化。在我国进一步扩大开放和全球思想文化相互激荡的背景下，在发展社会主义市场经济的条件下，在我国社会经济成分、组织形式、就业方式、物质利益发生多样化变化的情况下，坚持这一点就显得尤为重要。

（二）德育目标的层次

德育目标层次，是指在德育活动过程中，按照人们的思想意识和人格素质的不同层次以及人们思想道德发展的梯进式特点而形成的不同层次的目标，它是德育目标针对不同对象在不同水平或同一对象在不同阶段的具体标准。

如前所述，尽管德育目标是对德育活动结果的未来预期和设计，但它必须以人们现有的思想道德状况为依据。人们思想道德状况的层次性及其发展的梯进式特点，决定了德育目标必须划分层次标准。第一，人们的思想意识和人格素质是分层次的。社会存在决定社会意识，社会意识是社会存在的反映，社会存在的复杂性、多变性、层次性，决定了社会意识也具有层次性。一方面在我国随着社会主义市场经济体制的建立和市场经济建设的发展，已经确立了以公有制为主体、多种经济成分共同发展的所有制结构，确立了以按劳分配为主、多种分配形式并存的分配制度。这就带来了社会经济成分、组织形式、物质利益和就业方式的多样化，再加上全球化背景下，世界各国尤其是东西方之间思想文化和意识形态的相互激荡，使人们思想活动的独立性、选择性、多变性、差异性日益增强，人们的思想意识的层次性日益明显。另一方面，由于每个人所处的环境不同，所受的教育不同，取得的经济收入不同，年龄乃至性格不同，所以其人格素质水平、思想道德状况都是不一样的，分别处在不同层级上。从群体而言，不同的群体也有相应的层次差别。因此，针对不同层次对象的德育活动，必须有不同层次的德育目标，否则，如果目标过高或过低，都会失去针对性，而使教育低效或无效。第二，人们思想道德水平的发展是梯进式的。一般而言，一个人从婴幼儿、儿童、少年到青年、成年，其思想品德是梯级进步，不断发展的。我们应当把每个人都培养成为有理想、有道德、有文化、有纪律的社会主义新人，还要努力把其中的优秀分子培养成为共产主义者。但是这个目标不可能在一次教育中达到，而必须分阶段、一步一步地走。只有合理地设计层级目标，分阶段实施教育，才能塑造人们优良的思想品德。第三，社会思想意识本身也是分层次的。较低层次的思想意识是较高层次思想意识的基础，只有具备了一定层次的思想意识，才有可能向较高层次的思想意识发展。比如，道德就有社会主义道德和共产主义道德的层次之分，而它们又以社会公德为基础；理想也有中国特色社会主义共同理想和共产主义崇高理想的层次之别，而它们的实现又以人们脚踏实地对个人职业理想的追求和实现为基础。如果一个人连起码的社会公德都不具备，连自己的本职工作都不能做好，是绝不会具有崇高的道德和理想的。因此，确定德育目标时，除总体目标外，还划分为不同层次的目标，符合社会思想意识由低层次向高层次发展的规律性。

在德育实践中，坚持德育目标的层次性，既符合德育客观规律，也体现了我们党一贯的德育工作传统和基本经验。在我国社会主义社会中，总是由少数先进分子和大多数普通群众组成的，当然也存在极少数落后分子。毛泽东就曾指出过："任何有群众的地方，大致都有比较积极的、中间状态的和比较落后的三部分人。"[1] 邓小平也强调："我们在鼓励帮助每个人勤奋努力的同时，仍然不能不承认各个人在成长过程中所表现出来的才能和品德的差异，并且按照这种差异给以区别对待，尽可能使每个人按不同的条件向社会主义和共产主义的总目标前进。"[2] 党的十三届四中全会以后，以江泽民为核心的党的第三代领导集体同样十分重视党的德育工作，重视德育目标和内容的层次性。江泽民反复强调：宣传思想教育工作，"一要适应形势的发展，二要分别不同对象，采取多种形式，分层次地进行有效的宣传教育"。"要注意分层次，针对不同特点，把先进性的要求同广泛性的要求结合起来，把思想教育同行为规范的培养结合起来。"[3] 党的十四届六中全会，全面分析了我国社会主义精神文明建设面临的形势，总结了精神文明建设和党的思想政治工作、德育工作的经验教训，提出思想道德建设要把先进性要求同广泛性要求结合起来，中国特色社会主义文化建设要弘扬主旋律，提倡多样化。

---

[1] 《毛泽东选集》第 3 卷，人民出版社 1991 年版，第 898 页。

[2] 《邓小平文选》第 2 卷，人民出版社 1994 年版，第 106 页。

[3] 《毛泽东邓小平江泽民论思想政治工作》，学习出版社 2000 年版，第 62、64 页。

　　因此，面对教育对象的层次性，我们必须坚持先进性要求与广泛性要求相结合，坚持弘扬主旋律与提倡多样化相结合，将德育目标设定为不同的层次。根据改革开放以来我国德育发展的新实践，以及德育和宣传思想政治工作的研究新成果，德育目标可以设定为基础性目标、主体性目标、主导性目标和理想性目标四个层次。

　　1. 德育的基础性目标

　　德育的基础性目标主要包括最基本的思想政治教育目标、最起码的社会公德教育目标和最基础的心理健康教育目标。其中，社会公德教育目标在这一层次目标中，处在最重要的地位。社会公德是人类社会为了维护社会生活秩序而形成的最基本的社会公共行为准则和规范，它是对每个社会主义公民最起码的道德要求。但是，由于诸多原因，在过去一段时间里，我们的学校、家庭乃至整个社会教育忽视了这种基础性的道德教育，尤其是在市场经济的冲击下，在相当一部分社会成员中特别是在青少年学生中，文明处事、礼貌待人、热爱劳动、勤奋求学、爱护公物、艰苦创业、勤俭节约等没有成为普遍的道德行为。因此，在德育活动中，必须将它确立为最基础的目标。要从做人的基本道德入手，从做一个合格的社会主义公民的必备条件入手，对全体人民尤其是青少年学生进行广泛教育。对于各级各类学校来说，从学生入学教育开始，就应对其进行文明行为的养成教育，使他们懂得文明待人、刻苦求学、热爱劳动、勤俭节约等是对一个公民、也是一个学生起码的要求。对于全社会各部门各单位以致全体家庭来说，也应该通过多种形式，采取多种多样的措施，广泛地开展社会公德教育。不加强这些基础性的道德教育，爱祖国、爱人民、爱社会主义就失去了赖以升华的基础；不重视这些做人的基本道德教育，社会主义、集体主义思想教育也难以奏效。

　　2. 德育的主体性目标

　　德育的主体性目标主要包括爱国主义教育，正确的世界观、人生观、价值观教育，艰苦奋斗和革命传统教育等方面的目标。在这个层次的目标中，最主要的是爱国主义教育与人生观教育的有机结合。

　　爱国主义是动员和鼓舞中国人民团结奋斗的一面旗帜，是推动我国社会历史前进的巨大力量，是全国各族人民共同的精神支柱。在新的历史条件下，继承和发扬爱国主义传统，对于振奋民族精神，凝聚全民族力量，团结全国各族人民，自力更生、艰苦创业，为实现全面建成小康社会的目标和中华民族的伟大复兴的中国梦而奋斗，具有十分重要的现实意义。爱国不是一个抽象的名词，爱国主义不是一个空洞的口号，一个人是否爱国，必然从他的思想表现和具体行为中体现出来，必然同他的人生观紧密联系。所以爱国主义教育必须同人生观教育有机结合起来。

爱国主义教育从对象来说是全民教育，重点是青少年。爱国主义教育的内容十分广泛，主要包括中华民族悠久的历史教育、优秀传统文化教育、国情教育、党的基本路线教育、现代化建设成就教育、民主法制教育、国防和国家安全教育、民族团结教育、"和平统一、一国两制"方针教育等，这几乎涵盖了德育在思想、政治、道德、法纪、理想信念、人生观、价值观、社会主义和集体主义等所有方面的内容。可见，爱国主义教育具有极大的包容性和统一性，这也是将爱国主义教育确定为德育的主体性目标的理论与实践依据。

3. 德育的主导性目标

德育的主导性目标是指社会主义和集体主义思想教育目标。这一目标是对爱国主义教育目标的升华和发展。在当代中国，爱国主义与社会主义本质上是一致的，建设有中国特色的社会主义是新时期爱国主义的主题。正如江泽民所指出的："在我国，爱国主义、集体主义、社会主义教育，是三位一体、相互促进的。"[1] 中国社会主义革命与建设的历史与实践已经证明，只有社会主义才能救中国，才能发展中国。我国现阶段经济、政治基本制度和精神文明建设的重要特征是社会主义。社会主义公有制的主导地位决定了社会主义思想和道德在我国思想意识形态和人际关系中占主导地位。社会主义社会人民的根本利益是一致的，为了集体利益，绝大多数人能自觉地摆正国家、集体、个人之间的关系，爱社会主义、爱祖国、爱人民、爱科学是我国现阶段的思想道德主流。因此，社会主义思想教育目标是德育的主导性目标。

集体主义是社会主义道德教育的原则。集体主义从根本上说是以个体、群体、社会的和谐统一为理论前提的。集体主义在不同的社会制度或同一社会制度的不同发展阶段的社会思想体系中，含义是不尽相同的。在现阶段，由于社会主义市场经济利益关系表现出多样性与一致性相统一的特点，因此集体主义就有特定含义，它表现为把个人、集体、国家利益相

---

① 《毛泽东邓小平江泽民论思想政治工作》，学习出版社2000年版，第124页。

结合的原则。开展集体主义思想教育，就是要使人们树立起国家和集体利益的首要性、个人利益的正当性、个人利益和集体利益的结合性的观念，培养人们平等互助、团结进取、开拓创新的集体主义精神。

4. 德育的理想性目标

德育的理想性目标是共产主义思想道德教育目标，它是对社会主义思想教育目标的升华和发展。如果说前三个层次的德育目标是广泛性要求的话，那么理想性目标则是先进性要求。

中国共产党是无产阶级的政党，把实现共产主义作为自己的崇高理想。共产主义作为一种运动，时刻都发生在社会主义革命与建设的实践过程之中，并不断积累。社会主义思想道德是共产主义思想道德的基础层次，最终随着社会、经济关系的完善而发展成为共产主义思想体系。社会主义的教育和德育工作不仅仅是培养社会主义的建设者，而更重要的是培养德智体美全面发展的社会主义"四有"新人。因此，我们不仅要向广大的共产党员和先进分子进行共产主义思想和道德教育，要求他们用共产主义思想和道德规范来严格要求自己，作出表率，而且还应在全社会尤其是在广大青少年中大力提倡和积极宣传共产主义思想和道德，用崇高的理想来激励他们前进。

（三）德育目标的内容

德育目标领域，是指德育目标按其内容和内在要求而形成的不同方面的目标，它是德育目标在不同领域的具体标准。如果说德育目标层次是对德育目标的纵向划分的话，那么德育目标领域则是对德育目标的横向划分。

德育目标领域的划分，是以社会对人的思想道德多方面要求和个人思想道德发展多方面需要为根本依据的。纵观我国社会主义德育发展的历史，同德育目标层次的划分相比较而言，对德育目标领域划分的理论研究及其在德育活动中的实践，得到了更多的重视，也取得了更多的成果。从目前的情况来看，无论在理论上还是在实践中，将德育目标领域划分为思想、政治、道德、法制、心理健康等五个方面的教育，已基本达成共识。当然，这五个方面的教育，其地位和作用也不是完全相同的。在开展德育活动时，人们总是根据实际情况，对于不同的对象或在不同的时期，对某一方面的教育有所侧重。由于社会在变化、时代在发展，所以每一个方面的教育目标也是发展变化的，特别是科学与民主的精神已贯穿到各目标领域之中，这是现代德育发展的必然趋势和要求。

1. 思想教育目标

思想教育目标，是通过教育使人们树立马克思主义的科学世界观、人生观、价值观。其核心是马克思主义理想和信念教育，使人们树立中国特色社会主义共同理想；用共产主义远大理想来教育、影响人们，使其中的优秀分子成为坚定的共产主义者。共同理想的提出，是新时期德育目标的显著特色，是德育目标适应改革开放和中国特色社会主义现代化建设需要的具体体现。

2. 政治教育目标

政治教育目标，是通过教育使人们树立爱国主义精神，确立社会主义思想和党的基本路线一百年不动摇的观念和信心。政治教育是德育最重要的目标领域之一，但在不同时期，对政治教育有不同的要求。在当代中国，现代化建设是最大的政治，我们只有以经济建设为中心，全面建成小康社会，才能抓住政治的根本。这正是对新形势下政治教育目标提出的新要求，也是新世纪新阶段我国政治教育实践方向的重点。

3. 道德教育目标

道德教育目标，是通过教育使人们树立集体主义精神，确立为人民服务的思想，能正确认识和处理个人与个人、个人与社会、个人与自然、社会与自然的关系。道德教育是德育亘古不变的目标领域，"以德治国"方略的提出和实施，进一步提升了道德教育的地位。同时，现代道德教育的内容比以往任何时候都要丰富得多，市场经济道德、生态文明道德、科技道德、网络道德、生命道德、创造观、和谐文明观、国际理解观等方面的教育已纳入当前道德教育目标之中。

4. 法制教育目标

法制教育目标，是通过教育使人们树立民主、法治和纪律观念。其重点是"依法治国"的观念和行为教育，使人们能做到学法、知法、守法、用法、护法。现代社会是民主的社会、法治的社会，民主与法治是现代国家的重要特征。因此，民主与法治观念教育，"依法治国"教育已成为现代德育重要的目标领域。强调这一点，对于有着两千多年封建专制历史而缺乏民主法治传统的中国来说，更有其重大的现实意义。

5. 心理健康教育目标

心理健康教育目标，就是通过教育使人们树立正确的心理健康观，并不断地将自己的心理调节到健康的状态。心理健康教育是德育目标的新领域，这一新领域是适应社会发展的需要而提出的，是构建现代德育目标体系必不可少的重要组成部分。随着社会的发展，心理健康及其教育已愈来愈得到人们的重视。心理健康既是一个人个性心理持续发展的基础，更是一个人德性养成和发展的前提条件。

德育目标是一个多层面、多维度的系统，它包括总目标、层次目标和领域目标。总目标可划分为层次目标和领域目标，而层次目标和领域目标的辩证联结和有机统一又构成总目标。

二　现代德育过程论

过程是指事情进行或事物发展所经过的程序。德育的实施或发展也有一个过程。一般说来，德育过程是在教育者施教传道和受教育者受教修养的相互作用的统一活动中，将一定社会或阶级的哲学世界观、政治思想、法权思想以及道德和宗教等形式的社会意识及其体现的社会规范，转化为受教育者个体品德，促使受教育者与社会及其发展和谐一致的过程。简言之，德育过程是在教育者施教传道和受教育者受教修养的相互作用的统一活动中，将一定社会或阶级的"道"转化为受教育者个体品德的过程。现代德育过程是一种实践过程，是一种主体性过程，是一种系统性过程。现代德育过程的本质是在实践基础上使社会思想道德个体化、个体品德社会化的统一过程。

在将一定社会或阶级的"道"转化为受教育者个体品德的德育过程中，既包括教育者的施教传道过程，也包括受教育者的受教修养过程；既包括一定社会或阶级的"道"向受教育者个体品德的内化过程，也包括受教育者个体的品德认识向品德行为的转化过程及其在行动中表现出来，施于人，作用于社会，达到与他人、社会及自然和谐一致的外化过程；既包括对受教育者良好品德的塑造过程，也包括对受教育者不良品德的矫正或改造过程。德育过程是教育者施教传道和受教育者受教修养相互影响和作用的统一过程，是一定社会或阶级的"道"向受教育者个体品德的内化和受教育者个体的品德在行动中外化出来的统一过程，是受教育者良好品德塑造和不良品德改造的统一过程，是促使受教育者的品德内部矛盾斗争转化和不断地突破已有水平或状态的限制，由低层次向高水平、高境界发展的过程，或者说是促使受教育者品德的社会性发展，使其能在更广的范围内和更深的程度上达到与现实社会要求特别是社会发展规律相一致的过程。

德育过程是在教育者和受教育者的相互作用的统一活动中，教育者根据一定社会或阶级的要求和受教育者品德形成发展的规律与需要，有目的、有计划、有组织地系统地向受教育者传递一定社会或阶级的思想政治准则和法纪道德规范，并通过受教育者品德内部矛盾运动，使其养成教育者所期望的品德的过程。简言之，学校德育过程是教师将一定社会或阶级的思想道德转化为学生品德的过程。

（一）德育过程的特点

德育过程的特点由德育的目标决定。

1. 计划性与正面性

德育过程与一般社会影响的区别主要表现在计划性和正面性两个方面。

所谓"计划性"，是指学校德育不像一般社会影响那样处于自然、无序状态，难以控制。学校德育作为人的最具教育自觉的一部分活动，总是有目的、有计划、有组织的影响过程。学校德育的使命在于精心组织最有利于学生的品德成长的影响内容、环境去自觉地影响学生。所以它更有可控性、针对性，也更有效率。当然，学校德育的计划性是以尊重道德学习主体的需要、品德发展的实际等道德学习主体性及其特征为前提的。同时为了实现这一尊重，计划性应当与灵活性相结合。

所谓"正面性"是与计划性密切相关的。这是因为我们所计划的德育影响在价值选择上不可能不考虑选择积极的价值内容和最有利于德育对象品德发展的教育方式。因此，德育过程的正面性特征的内涵主要有二：第一，德育价值的正面性；第二，德育方式的正面性。

关于道德价值的正面选择，应该说是有一定的困难的。因为价值真理具有相对性，道德教育中所谓正面的价值往往有相当大的成人主观特征。因而极易导致道德教育上的"灌输"。但是，如果从价值真理的相对与绝对相统一的立场出发，我们仍然可以发现在道德教育内容上是存在既有利于社会发展又有利于个人生活幸福的积极价值内容体系的。美国当代教育家厄内斯特·波伊尔就认为学校德育应当教会学生诚实、尊重、负责、同情、自律、坚忍、奉献等七项美德。① 我们认为，像厄内斯特·波伊尔那样寻找积极或正面的道德价值是可能的，而且迄今为止的道德教育也一直在这样做。

所谓教育方式的正面性，首先是指教育方式本身应有正面教育意义，是一种优质的隐性课程，其次是指在一定条件下道德教育宜较多采用正面教育的方式。关于道德教育方式上的正面性，苏联教育学家曾经有许多卓越的论述。例如伊·斯·马里延科就曾经在讨论如何对"难教的学生"进行道德教育时指出："在某些教育理论著作中，不知为什么认为道德教育问题，只要研究儿童不道德行为产生的原因就够了。要知道儿童不道德行为的现状和动向，不仅取决于产生与滋长这种行为的原因，而且取决于与之相对抗和敌对的原因。""有时候，革除旧的观念，并不一定从阐明什么不好，为什么不好开始，而是从安排另一种生活实践开始，让学生接触另一些人们的行为……"② 苏联和中国的教育家们一直强调正面进行道德教育，应该说是具有一定的真理性的。当然，正如德育过程的计划性应当与灵活性相结合一样，德育过程的正面性理解也应当包括培养学生对负面的道德影响的分析、批判、抵制能力在内。在现代社会，教育与社会在道德价值上的影响已经比过去更为复杂地交织在一起，我们既要对这一影响的复杂关系有清醒的认识，寻求学校德育与社会影响的协同，但是也绝对不能忽视学校德育过程与社会影响的质的不同而重蹈覆辙。

2. 复杂性与多端性

许多德育著作在讲德育过程的特点时常常将"德育过程"与"教学过程"相比较讨论德育过程的特点。但是，由于教学本来也是道德教育的一个具体途径，因此，我们认为，如果要讨论德育过程与平行的教育过程相区别的特点的话，只能是将德育过程与智育、体育、美育等教育过程相比较。

与智育、体育、美育等教育过程相比较，德育过程的首要特征是它的复杂性。相对说来，智育、体育、美育过程较为单纯而德育过程较为复

---

① ［美］厄内斯特·波伊尔：《基础学校——一个学习化的社区大家庭》，王晓平等译，人民教育出版社 1998 年版，第 151—152 页。

② ［苏］伊·斯·马里延科：《德育过程原理》，人民教育出版社 1985 年版，第 58 页。

杂。其主要原因是因为道德教育所要完成的任务往往是对个体利益的调整、态度的改变和行为的约束。

苏联教育学家曾经列举过决定"教育"过程复杂性的因素。这些因素是："对儿童各种各样影响的汇合（学校、家庭、街道以及各种非正式组织的影响）；儿童的某些已形成的观点、志向、习惯、爱好；揭示学生内心状况的困难（学生常常是自己也不知道造成自己状况的原因）；同一教育活动所得到的不同的结果；儿童个性的好动性。"① 应当说这一描述基本上表现了德育过程中影响因素、影响过程、影响结果的复杂性。由于德育过程复杂性的存在，道德教育就不可能是一蹴而就的，它需要包括教育者和受教育者在多方面的协同，需要实现教育与再教育、教育与自我教育的统一。

复杂性的另外一个重要表现是道德教育过程的多端性。所谓"多端性"是指道德教育过程可以从知、情、意、行任何一个心理环节开始。我们知道，如果一般而论，智育主要从认知出发，美育主要从情感出发，体育主要从行为出发开始教育过程。但是道德教育则不然。道德教育可以从知、情、意、行任何一端开始进行教育。德育过程之所以有多端性主要原因在于，第一，"知、情、意、行具有相对独立性和相互渗透作用……这就为每一具体的过程的多种开端提供了可能性"。第二，"教育实践中的大量事实表明，受教育者每一种思想品德的形成，其知、情、意、行的发展的方向和水平，是经常处于不平衡状态的……这就需要在德育过程中充分利用这种多种开端的规律，开辟多种渠道，有的放矢地使受教育者在知、情、意、行几方面都得到相应的发展"。②

3. 引导性与整合性

道德教育是一种非注重发挥德育对象主体性而不能具有实质性效果的教育形态。德育过程应当充分注意实现道德学习主体的道德建构与道德教育主体之价值引导的统一。但是，假如我们将道德教育与个体品德发展过程本身相比较，则我们不能不认为"（道德）价值引导"存在与否乃是德育过程与个体品德发展过程的区别所在。这就是所谓的德育过程的"引导性"特征。

---

① ［苏］巴拉诺夫等：《教育学》，李子卓等译，人民教育出版社 1983 年版，第 195 页。

② 王逢贤：《学校德育过程特点初探》，《教育研究》1979 年第 3 期。

由于引导性特征的存在，我们再谈道德教育和道德学习的主体性时就不能仅仅是德育对象个体的主体性，而是教与学双方的"双主体性"与"交互主体性"。所谓"双主体性"是说在德育过程中存在教师和学生两个主体，必须发挥两个活动主体的主体性。虽然教师的主体性发挥的出发点和最终目的永远都是为学生学习主体性的发挥，但是学生的道德建构所需要的最佳价值环境却需要教师去精心组织和安排，舍此就不能称为道德"教育"。所谓"交互主体性"是指主体之间的关系。它既包括师生之间，也包括道德学习个体与其他人例如同学之间的关系。同时这种关系不是物理性质的关系，而是一种渗透灵魂的深层次的精神交往关系。从这一意义上说，德育过程中的双主体性和交互主体性的关系特性也就是"整合性"的特征。就是说，道德教育过程实际上应当是师生双方或多方精神交往关系的整合，价值引导与自主建构过程的统一。

道德教育过程的引导性与整合性特征都关系到道德教育中的一个非常重要的命题：教育与发展的关系。教育与发展的关系不仅要考虑到教育对象的整体道德发展水平，既不做发展的尾巴，也不提出超越发展实际的德育任务。而且由于每个学生的品德形成和发展过程都是不同的，道德教育过程的引导性与整合性实际上要求的是实现对每一个个体的精神关照，实现教育与再教育、教育与自我教育的统一。

（二）德育过程的实施

从实践的角度来说，德育过程就是教育者从一定的德育任务出发，根据德育过程的规律与特点，设计教育方案并付诸实施的过程。亦即教育者对受教育者具体施加教育影响的过程。由于教育任务和教育对象的不同，也由于德育过程的复杂性，我们很难给出一个德育过程通用的基本程式。但一般来说，这一过程包括明确德育目标、制订德育大纲、选择德育机制、组织德育活动、评估德育效果等主要环节。

1. 明确德育目标

明确德育目标，是实施学校德育的首要步骤与关键环节之一，也是整个教育过程的开端。可以说，在德育的整个过程中，无论是教育内容的规定、教育办法的选择还是教育活动的开展，都是为实现一定的教育目标服务的。明确的德育目标使学校德育过程更具有目的性和自觉性，否则，目标不明确，德育过程便会失去方向。

德育目标的制定不是随心所欲的，它必须符合社会发展和人的全面发展的需要，以时代和社会发展对人的思想品德的客观要求为重要依据。不同的时代有不同的教育目标，时代发展了，教育目标也应随之更新。在现阶段，德育的总目标就是要培养有理想、有道德、有文化、有纪律的建设有中国特色社会主义的合格公民。由于社会各行各业对人的素质要求不同，受教育者本身的年龄经历、文化程度、社会职业、思想基础等也有很大的不同，因此，德育除了总目标以外，还应有许多分层次的具体目标。只有根据不同的教育要求与教育对象的不同特点确定教育目标，德育才能避免一般化、简单化，做到有的放矢。事实上，德育对象的客观实际，也是制定德育目标的重要依据。

2. 制订德育大纲

德育目标确定以后，要进一步制定德育大纲。德育大纲是具体实施学校德育过程的依据，是建构德育科学体系的基本前提，也是学校德育取得良好效果的必要保证。长期以来，德育在实施过程中由于缺乏系统、科学的总体设计，各种不同内容、不同途径的德育没有形成有机合理的结构，造成重复交叉、脱节、凌乱、低效等弊端，常常带有很大的盲目性与随意性。制定德育大纲就是为了解决各种学校德育内容和不同学校德育途径的优化组合，促进受教育者品德各个要素的协调发展，以求更好地实现教育目标。改革开放以来，国家先后发布了《小学德育纲要（试行）》、《中学德育大纲（试行）》、《中国普通高等学校德育大纲》，2005 年教育部制定了《关于整体规划大中小学德育体系的意见》。这为各级各类学校制定德育大纲提出了要求。

学校德育大纲的制定，必须围绕如何更好地实现学校德育的目标与任务来进行，从特定的教育对象的实际与需要出发，以取得最优的教育效果为目的。德育大纲应包括德育内容的安排、德育方法的选择、德育途径的确定、德育活动的设计等内容。这里仅就德育内容的确定与安排作一阐述。

德育内容是教育的根本目的和任务的具体体现。由于教育对象的思想政治观点和品德素质具有多层次、多方面的特点，决定了学校德育内容的丰富性。同时，由于党和国家在不同时期的中心任务不同，也制约着不同时期学校德育内容的发展变化。德育包括世界观、人生观、价值观、道德观、法制观等多方面的教育内容。其中有些是长期以来形成的，体现我国社会主义特色与文化传统的相对稳定的教育内容，有些则是为了适应社会的发展和形势的变化需要经常更新的教育内容；有些教育内容是面向全体人民的，如爱国主义教育、集体主义教育和社会主义教育等，有些则除了共性要求外还要根据教育对象的年龄、文化、职业等不同而有所区别和侧重，如同样是职业道德教育，不同的职业就有不同的具体要求。总之，在确定和安排内容时，除了要服从一定的教育任务外，还必须符合教育对象的实际与特点。在教育内容的把握上，要注意系统性与针对性的统一，稳定性与灵活性的统一，由浅入深，由具体到抽象，不断深化，不断提高。

3. 选择教育机制

所谓教育机制，是学校德育过程中的内在工作方式。只有通过一定的工作方式，才能将学校德育的目标逐步转化为受教育者的内在需要和动机（即内化），并把这种动机转化为行为且获得良好的行为效果（即外化）。因此，教育机制也就是达到教育目的的中介和桥梁。

德育过程的教育机制主要有集体教育、典型教育、陶冶教育和自我教育等方式。

在德育过程中，集体之所以能成为一种教育力量，集体教育之所以会收到较好的教育效果，是因为集体对于处于其中的每一成员都会产生一种心理力量。集体通过暗示、模仿、认同、从众、褒贬、舆论等对每一个人施加有形或无形的影响。符合德育目的的集体气氛，往往有助于学校德育的进行。集体教育的根本要求是使集体成员维持一种积极的心理动势，也叫集体动势，它表现在集体奋斗目标、理想、精神面貌、行为规范、无形的舆论和集体风气等方面，这种集体心理能形成一种催人行动的动力。

典型教育也是德育的机制之一，典型教育的意义在于它的榜样示范作用。在典型者身上，往往形象地体现了学校德育所要褒或贬的品德行为。因此，在生活中，不断发现并树立能够引起人们思想共鸣的先进典型（包括集体和个人），是增强教育影响力的重要手段。典型教育中的一个重要内容是教育者本身的示范作用。教育者对自己所传授的思想理论的真诚信仰，对先进思想与道德规范的躬身践行，对自己从事职业的无比热爱，本身就是一种很好的教育，必将对受教育者产生积极的影响。典型教育也不排斥反面典型的作用，人们总是通过社会上各种行为规范的比较选择，逐步明确自己的行为规范。因此，反面典型的教育可以使人们了解社会所排斥的行为规范和思想内容。

　　陶冶教育是自觉地利用环境、气氛、作风、文化等教育因素，对受教育者进行积极影响的教育机制。陶冶教育主要是有意识地创造教育情境，使教育者置身于所设置的教育情境中，耳濡目染、潜移默化地影响受教育者的情感与认识，以达到一定的教育目的。由于任何环境都是以具体、直观的生动形象呈现在人面前的，故对人的影响作用较之抽象说教更容易被理解，而且更容易激发人们情感上的共鸣。同时，又由于环境的影响作用不是强制的，而是人与之接触中不知不觉受其影响的，所以往往能产生"润物细无声"的良好教育效果。校园文化建设等活动，就是利用陶冶教育机制进行学校德育的一种尝试。

　　在德育的机制中，自我教育的作用已经越来越被重视。所谓自我教育，是指在教育者的影响和启发下，受教育者发挥自主因素进行自我调节、自我控制和自我修正思想行为的活动。教育的核心是自我教育，离开了自我教育，一切外在的教育都会落空。自我教育是教育对象主体能动性的表现。当然，自我教育不是放任自流，而是一种新型的有控影响。教育者要努力激起受教育者自我教育的愿望，培养受教育者自我教育的能力。"教是为了不教"，这是教育的最高境界，也是学校德育应该追求的目标。

　　德育的机制是十分丰富的，在实际教育过程中，这些机制常常是相互作用、相互渗透的，教育影响也常常是几种方式共同作用的结果。当然，对于不同的教育内容、不同的教育对象以及不同的教育环境，它们所起的作用也会有所不同，教育者应根据具体情况选择相应的教育机制。

　　4. 组织德育活动

　　思想品德是通过活动与交往形成的，组织好各种形式的教育活动，对于受教育者思想品德的形成是很有益处的。从教育的角度来讲，各种教育影响也必须通过教育活动这一载体对受教育者发生作用。因此，组织好德育活动是学校德育过程中十分具体而又非常关键的一个环节。

　　学校德育活动的形式是多种多样的。从教育目的来分，有以提高认识、丰富知识为主的活动，如读书活动、学习辅导、形势报告、知识竞赛等；有以陶冶情操、扩大视野为主的活动，如演讲、歌咏比赛、各种参观活动等；也有以磨炼意志、培养各种品质为主的活动，如军训、体育比赛、社会公益劳动等。当然也有集各种教育目的于一体，既能提高认识、陶冶情操，又能磨炼意志、培养行为习惯的活动。从教育活动的组织者来分，有党团活动、少先队活动以及各种社会团体组织的活动等。

学校德育活动的组织，一要根据不同的教育目的与教育内容来进行，二要根据不同教育对象的特点来设计。组织好德育活动，对学校德育工作者提出了很高的要求，要求教育者对教育内容有深刻理解，对教育对象有全面把握，对教育形式能不断创新。学校德育活动要尽量采取受教育者喜闻乐见、丰富多彩的形式来进行，要充分利用各种教育载体，寓教于乐、寓教于景，切忌枯燥、空洞，千篇一律。同时，在教育活动的开展过程中，教育者要有意识地提高受教育者的认识，培养受教育者的道德思维，不断激发他们的情感、需要与动机，指导他们践行社会要求，养成良好的行为习惯。

5. 注重德育效果

德育效果的评估与反馈是学校德育过程中必不可少的一个环节。较长时间来，德育缺乏对于效果的检查，这与缺乏一个科学的评估系统有关。

进行教育效果的评估、检查，是为了总结教育经验，及时发现教育中的问题，进行反馈和修正，以调整和指导教育实践。因为教育对象的思想品德是一个不断完善的过程，因此德育过程也应不断完善与提高。从整个德育过程来说，教育效果的评估既是终点、又是起点，是新的教育过程的开始，这就需要反馈。研究教育效果的状况，利用反馈信息调节教育活动，才能使德育提高到新的水平。

德育的效果最终是通过受教育者思想品德水平的提高体现出来的，因此，效果的评估必然包括受教育者"德"的考评。通过考评，肯定成绩，指出不足，找出差距，进一步明确教育要求与是非标准，使受教育者已经获得的新品质得到强化，片面的、错误的认识得到纠正。从这个意义上说，教育效果的评估与反馈也能促进教育对象的自我教育，促使受教育者反复实践，不断提高自己思想品德的水准。

总之，如何组织、实施德育过程，不仅是一门科学，同时也是一门艺术。教育者只有深入研究德育过程的客观规律，深刻把握教育对象的实际，不断总结、不断创新，才能取得良好的教育效果。

三　现代德育方法论

方法在人们的活动中具有重要意义。在中文里，方法两个字分开来说，方，道也；法，术也，指示人如何去做。德育作为一种教育活动，它具有师授性和他控性。如同其他教育活动一样，德育也必须是从有师而学到无师自通。教育是引导，不是去左右；教育是影响，不是去支配；教育是感染，不是去教训；教育是解放，不是去控制。

在价值观念日趋多元化的现代社会，学生的品德面貌呈现复杂多变的状况，再加上各种社会客观条件的急剧变化，传统的德育方法越来越受到挑战，表现出极大的局限性。因此，德育方法必须根据时代的发展变化不断创新，才能发挥出德育应有的功能。

社会主义市场经济的确立和知识经济时代的到来，带给德育方法一个新的跃迁，它预示着德育方法体系的变革，从而使之能更适应时代发展的要求和教育对象的思想实际。在德育方法的变革、创新即德育方法的过程中应遵循如下几条基本原则。

一是科学性原则。传统的以灌输为主的德育方法体系，已越来越不符合社会发展的要求，也越来越不能为教育对象所接受。在今天的德育方法实践中，究竟哪些方法应该弘扬，哪些方法应该舍弃，哪些方法应该发展创新，其判断的标准在于它是否符合科学性的原则。应坚持由浅入深、循序渐进的做法，使教育对象在实践中切实增长知识，提高认识，升华思想。

二是民主性原则。随着社会主义市场经济的建立，人们的自立、自强、自爱、自重等意识不断增强，平等竞争、独立思考等意识也在不断得到强化，加之大众传播媒介日益发达，人们获取的信息量越来越大，参与社会的机会也越来越多。因此，德育绝不能采取"强迫式"的或"被教育"的方法。在德育方法实践中，必须更多地采取启发、示范等疏导的方式，使教育者与受教育者能在平等的基础上，进行交流，增进了解，达到以情感人、以理服人的目的。

三是实效性原则。现代德育的方法体系如果没有有效机制，就不能发挥有效功能。实效性原则要求教育者在德育方法实践中，应力求以最少的时间和精力，采取最佳的方法，取得理想的德育效果。

德育方法的现代化是时代发展和德育功能要求提出的必然要求。随着德育方法研究和实践的深入，德育方法将从传统的困扰中走出，德育功能将在德育方法的创新中得到发展。

在德育方法上，特别要在增强时代感，加强针对性、实效性、主动性上下功夫。在指导思想上强调"四个转向"：从"人治"转向"法治"，从管理转向服务，从封闭转向开放，从外堵转向内疏。在工作方法上强调"五个更注重"：在管理上更注重服务，在对象上更注重个性，在教育上更注重有效，在时空上更注重全程，在范围上更注重全员。坚持解决思想问题与解决实际问题相结合，把工作着力点从消极防范转向真诚服务上来。它们构成了晓之以理、动之以情、导之以行、先进示范、后进转化、咨询服务等思想道德教育有机联系的实施环节。

1. 说理教育法

说理教育是指思想道德教育者通过阐述某种思想理论，启发开导教育对象，以理服人的教育方法。在思想道德教育中，之所以要用说理教育，其依据是：第一，解决思想问题必须依照思想发展的规律，思想问题的产生是与人们的认识角度、认识能力及环境等各种因素密切联系的，思想问题的形成有一个逐渐积累的过程，思想问题的解决，也绝不是一朝一夕可以完成的，人不可能在短时间内完成认识上的跨越，企图用行政命令的方法解决是非问题、思想问题，不但没有效力，而且是有害的。第二，思想道德教育的目的是引导人们形成正确的理想和信念，正确的理想和信念的形成需要经历复杂的过程，它需要以对某种理论的认识为基础，并经历情感接受和理智支撑等过程才能形成。思想道德教育必须坚持循序渐进、进行耐心说理教育，正确的理想和信念才能在与错误的思想认识相比较、相斗争中逐渐地确立。因此，一个人形成思想的复杂过程绝不可以用简单的压服的方法完成。

说理教育法在实施过程中应注意以下几个方面才能使诲人之理真正进入人的心田。第一，坚持以理服人。教育者所传播和宣传的思想理论必须具有真理性，理论只要彻底，就能说服人，这是说理教育的前提条件，也是说理教育的力量所在。假如虚言累牍，空话连篇，牵强附会，就不必哀叹"为什么播下的是葵种，收获的是蒺藜"。第二，做到有的放矢。说理教育，做到针对学生的思想实际和他们关心的"热点""难点"问题，有的放矢；对他们反映出的思想问题进行实事求是的分析，分清思想问题的症结，对症下药；针对不同的教育对象的情况采用不同的方式。第三，讲究说理艺术。一要讲究语言艺术，善于运用幽默风趣的语言讲述深奥的道理。二要善于寓理于事，用生动、形象、具体的事例说明讲述的道理，事例的选择要具有新、近、精、实的特点。要选"新"的事例，"接近"青

年学生接受视域范围的事例，"精"选具有典型性的事例，确有其事的
"实"例。

用说理教育法开展理想信念教育。马克思说得好："理论只要说服
人，就能掌握群众；而理论只要彻底，就能说服人。"① 开展大学生理想
信念教育，首先，向学生系统介绍马克思主义的理想观。理想是人类所特
有的社会意识，是人们的精神支柱。自从有了人类，就有了理想和对理想
的追求。它像一团燃烧着的"活火"，永不熄灭。从某种意义上讲，人类
的历史，就是一部理想的奋斗史。马克思主义在为人类指出美好未来的同
时，提出了科学的理想观。所谓理想，是指人们在一定的时间和空间所要
达到的改造世界、改造自身的奋斗目标，是通过实践有可能实现的希望和
信念。它是人们的世界观、人生观在奋斗目标上的集中表现。普列汉诺夫
在论述理想时，曾以恩格斯为例指出："恩格斯把自己的全部生命献给一
个非常崇高的目的：解放无产阶级。他也曾有过'理想'，但是他的理想
从来没有脱离过现实。他的理想，也就是现实，但这是明天的现实，是将
要发生的现实。它将要发生并不是因为恩格斯是一个有理想的人，而是因
为目前现实的特性就是如此，因为那可以叫做恩格斯的理想的明天的现
实，是应该从目前的现实中，应该按照目前现实本身的内部规律发展而来
的。""从客观的一面来看，恩格斯的原理是这样的意思：现实在其一种
形式转化为另一种形式的过程中，吸引了他，把他当做行将到来的变革的
必要工具之一。从主观的一面来看，恩格斯非常乐意参加历史运动，他认
为这是他应尽的职责和一生的伟大任务。"② 普列汉诺夫的话表明了马克
思主义关于理想的基本观点：（1）理想不是空想和乱想，而是深藏于现
实生活中的矛盾的分析，符合社会生活发展规律的、经过努力奋斗能够实
现的目标或信念。对此列宁曾深刻指出："理想只能是现实的某种反映。
因此，它们必须由现实检验，必须归结为事实。"③（2）理想有两个不可
分割的侧面：一方面，它是现实生活发展过程所提出的客观要求；另一方
面，它是人们对这种客观要求的自觉认识。缺少任何一方面，都不能构成
理想。（3）由理想变为现实的过程是一条曲折的攀登之路，即使是一个

① 《马克思恩格斯选集》第1卷，人民出版社1972年版，第9页。
② 《普列汉诺夫哲学著作选集》，人民出版社1972年版，第547页。
③ 《列宁全集》第1卷，人民出版社1972年版，第393页。

符合客观规律的科学理想，它也不可能一蹴而就，立刻实现。只有通过人们脚踏实地、一步一个脚印地努力才能实现，离开了实践那只能是一句空话。（4）马克思主义者确立理想，是为了参加即将到来的社会变革，推动历史前进，履行自己的职责。这些基本观点是我们今天进行理想信念教育的重要指导思想。

我们党的历代领导核心，在马克思主义中国化的过程中，丰富和发展了马克思主义的理想观。毛泽东早在井冈山时期针对"红旗到底能够打多久"的悲观情绪，提出"星星之火，可以燎原"的著名论断，新中国成立后又指出："社会主义制度的建立给我们开辟了一条到达理想境界的道路，而理想境界的实现还要靠我们的辛勤劳动。"① 邓小平在新时期提出"四有"时最强调的是有理想，他认为："为什么我们过去能在非常困难的情况下奋斗出来，战胜千难万险使革命胜利呢？就是因为我们有理想，有马克思主义信念，有共产主义信念。"② 江泽民也深刻指出："不能设想一个没有强大精神支柱的民族，可以自立于世界民族之林。"要求在新形势下"突出加强理想信念教育，不断增强全体人民的凝聚力"。③ 胡锦涛强调指出："以理想信念教育为核心，深入进行正确的世界观、人生观、价值观教育"，④ 教育广大干部群众特别是广大青少年树立社会主义核心价值体系。党的十八大以来，习近平提出中国梦这一重大的治国理政战略思想。中国梦展现了国家强盛、民族振兴、人民幸福的宏伟蓝图，极大地激发了人民群众实现民族伟大复兴的内心渴望和高涨热情，成为当今中国发展进步的高昂旋律和精神旗帜。

其次，向学生科学展示理想的内在结构。理想同其他复杂事物一样，是一个多维性、多层次的范畴。理想是由相互作用、相互影响、具有特定功能要素所组成的一个动态的系统，它既有丰富的层次，又有复杂的结构。从主体的角度看，理想可分为群体理想和个体理想。群体理想制约导引着个体理想，规定个体理想的方向；个体理想体现群体理想，是群体理想得以实现的不可或缺的条件和基础。就客体的角度而言，从横向看，理

① 《毛泽东著作选读》下册，人民出版社1986年版，第781页。
② 《邓小平文选》第3卷，人民出版社1993年版，第110页。
③ 江泽民：《在中央思想政治工作会议上的讲话》，《人民日报》2000年6月29日。
④ 胡锦涛：《在全国加强和改进大学生思想政治教育工作会议上的讲话》，《中国教育报》2005年1月19日。

想可分为政治（社会）理想、道德理想、职业理想和生活理想。其中政治理想处于主导的支配地位，它决定道德理想，并与道德理想一起决定职业理想和生活理想；从纵向看，理想又可分为远大理想和阶段理想。远大理想是最高层次的理想，是阶段理想的方向和统帅，阶段理想则是实现远大理想的基本途径和实际步骤。一般说来，一个远大理想总可分解为若干个阶段理想。建设中国特色社会主义、实现中华民族伟大复兴，是现阶段我国各族人民的共同理想。

再次，向学生深刻分析从信念到理想的逻辑发展。信念、信仰和理想属于价值观，它们在人的意识中有无限多的层次和形态，有其不同于认识、知识和科学的特殊表现和规律。在信念、信仰、理想的关系中，信念是信仰的基础，信仰是理想的基础，理想则是在信念、信仰的基础上设计的远大价值目标体系。信念，即人对某种现实或观念抱有深刻信任感的精神状态。信念往往是具体化的，可以表现为人对一时一事的现象持有某种观念和态度，也可以表现为对宇宙人生的总体性、普遍性的观念和态度。当它成为人的一定总体性、普遍性的观念和态度时，信念就成为信仰。信仰，是人们关于普遍、最高价值的信念。信念只是一种意念，信仰则是一个整体性的精神姿态、一种综合的精神活动。信仰是人生的"主心骨"，是人的全部价值意识的定向形式。人不能没有信仰，没有信仰的生命就等于没有灵魂。理想是价值意识的最高范畴，它是以一定信念和信仰为基础的价值目标体系。从内容上看，理想是信仰中最高价值目标的具体形象，表征了人的人生智慧；从形式上看，理想则是知识、逻辑与情感、愿望、目的的统一，是对现实的反映与对未来价值预测、价值追求的统一。理想的培育、确立和追求，是人的精神生活的最高层次。

最后，向学生深入宣传理想的价值。理想使"人"成为人。理想作为人类特有的精神现象，理想是人的一种能力，这种能力把人和动物区别开来，并把人从动物提升为人。理想使世界辉煌。人类实现理想的过程，一方面创造了辉煌成就，另一方面也创造着新的自我。人类的辉煌成就，对象化着人类的理想，记录着人类为理想奋斗的足迹，展示着理想的核心价值。理想，使人类的生活充满希望。一个人有了理想，就有了明确的奋斗目标和努力方向，就会用理想去规划指引自己的生活，把自己的一切都纳入实现理想的轨道，进而使生活丰富充实。理想的价值就在于它是目标，是追求，是希望。理想是引领人生前进的灯塔，是促进人生奋斗的动力，是提高人生境界的保障。青年期是理想确立的关键期。大学生正处在风华正茂的青春年华，对未来充满美好的憧憬，他们以青年人特有的激情和丰富的想象力，急切而又严肃地探索、寻求着值得为之奋斗终生的人生目标。当代大学生身处我国全面建成小康社会的新时代，肩负着民族振兴的伟大历史使命，党和人民对大学生寄予了无限的希望。每一个远大抱负的青年学生，都应该树立崇高的人生理想，自觉地把自己培养成社会主义现代化事业所需要的人才。

2. 情感教育法

情感教育法是教育者通过真挚的情感、善意的言行，激发教育对象的感情共鸣，使其形成正确思想的教育方法。情感教育法所以能起作用，因为，第一，情感具有调节效应。情感是人的需要与客观事物之间联系的中介和联系的产物。人总是按照一定的情感方式调节自己的思想和行为。情感对于人们的认知过程具有组织或抵触效能。同样的道理，施受双方情感融洽，人们对讲述的道理接受起来就没有障碍；如果施受双方有情感隔阂，即使讲述的理论是正确的，教育对象也会拒之千里。第二，情感具有感化效应。情感教育需要情感沟通与感化，人的情感感化如春之花、夏之荫、秋之果、冬之绿。一个人只有倾听了正确的道理并且被感化之后，这些道理才能铭记于心，生发出亲身实践的要求，产生正确的行为，并且保持持久。

进行情感教育的基本要求是：首先，对教育对象充分尊重、理解与信任。动之以情，情从哪里来，源于对教育事业的热爱与忠诚，这样，才能以情育情、以心交心，促其进步，对教育对象做到平等相待的尊重，换位思考的理解，信任并敢于托付。原苏联教育家马卡连柯在成功创办工读学校的实践中有一条最重要的经验，就是给失足者以信任，以激发他们的希冀和追求。学童谢苗沾染偷窃的恶习，曾一度自行离开工读学校，后来当他与同伙决裂重返学校时，马卡连柯不仅热情地接待他，还委以重任。一次，竟让他骑马带枪去取一笔巨款。当谢苗取回巨款让马卡连柯查验时，马卡连柯说："我一直知道你跟我一样诚实，难道你看不出来？"谢苗感动得哭了。后来，谢苗担任了挽救和教育失足者的工作，继承了马卡连柯的事业。情感的感化效应，一旦点燃了心灵的火花，就会产生意想不到的效果。

其次，切实帮助教育对象办实事、解决实际问题。以情感人不能只停留在口头上，还应落实到行动上。教育对象正是从帮助他们解决的具体问题和实际困难上真切地感受思想道德教育者的诚心实意。尤其对那些暂时后进和思想问题比较多的学生更是如此。只有给予他们更多的帮助、更多的关心，他们才能更努力地学习和工作。

再次，情理交融，以理为主。思想道德教育者要懂得情感教育的力量，也应了解情感的局限。思想道德教育陶冶性灵，培育身心，引人思进。思想道德教育有时是"三分情，七分理"，情与理是互为补充、互相渗透的，既要寓理于情，以情为基础；又要寓情于理，以理为主导。这样的思想道德教育才会使教育对象如饮甘露、如遇良师，使人们的灵与感都得到升华，使思想道德教育更富有摄取人心的魅力。

3. 激励教育法

激励教育是指持续地激发人的动机，使人提高积极性，从而达到提高行为效率目的的方法。"水激石则鸣，人激志则宏"。现代心理学研究表明，人的工作热情在经过激发与未经激发之间有着巨大的差异。思想道德教育的重要功能之一，就是要运用多种激励手段，激发和调动人们的积极性和创造性。

新时期，思想道德教育的一个根本性的转变是，在思想道德教育的着眼点上，实现从批评教育到调动人们积极性的转变。把思想道德教育仅仅看成是对人的批评和改造，其结果是把教育对象当成了一个被动的客体。事实上，思想道德教育更为根本的目的在于通过对人进行思想道德教育来激发和调动人们的积极性。换句话说，思想道德教育不仅要消除思想障碍，更要通过思想激励手段使人们不断地在原有的水平上再迈出新的步伐。思想道德教育之所以将激励作为新时期思想道德教育的重要方法，是因为它是调动人们积极性的有效方式。

激发人的积极性，就要研究人的积极性的源泉，这样的激励就不是盲目的。人的需要是人的积极性的动力要素，人们产生积极的行为的关键在于采用什么样的措施来满足人们的需要。人们的需要是分层次的，由于人的需要的层级不同，必须给予不同的激励方式。

进行激励教育的基本要求是：要把物质激励与精神激励结合起来。物质激励是通过满足人们的物质需要，改善人的衣、食、住、行等生活条件，来调动和激发人的积极性。物质激励包括奖金和实物奖酬。精神激励是通过满足人们的精神文化生活需求来调动人的积极性，如确立信仰、确立目标、激发自尊心、培育荣誉感、表彰先进事迹等。精神激励包括奖状、奖章、荣誉称号、荣誉证书、培养升职、记功嘉奖、大力宣传等。物质激励与精神激励相辅相成，互为补充，密切联系。忽视其中任何一个方面，在思想道德教育中都会有失偏颇，难以形成巨大而持久的激励效应。在表彰先进人物时，在颁发奖金的同时，赋予荣誉称号，这种自豪感、荣誉感对人的激励效果更大。

典型教育是一种常用的激励教育方法。通过具有代表性的人或事进行示范，引导人们学习、对照和仿效，提高人们的思想认识。典型教育具有形象、具体、生动的特点。进行典型教育的基本要求是：首先，选择典型要有先进性和可及性。其次，宣传典型要实事求是，不能任意拔高。典型的树立使人感到可学、愿意学。再次，树立典型更要爱护典型。要帮助典型克服可能滋长的骄傲情绪、名利思想，对典型不断地提出更高的要求，使其能够不断进步。最后，推广典型要注意引导。

在思想道德教育中，激励的方式很多，以教育对象的行为过程为依据，可以分为四类。

第一类，在教育对象行为之前所采取的激励方式，以目标激励为代表。目标是人们期望达到的成就或结果，目标与人的需要、动机和利益直接相关。运用目标激励应注意的问题是：（1）目标对教育对象要有价值，才具有激励作用。（2）目标的设置应以引起教育对象的适度期望为宜。（3）目标应具有层次性和阶段性。（4）设置目标时要将个人目标与集体目标、国家目标尽量相结合。

第二类，在教育对象行为过程中所采取的激励方式，以强化激励为代表。强化激励是教育者对教育对象的行为肯定或否定，使其行为进行或停止的激励方式。运用强化激励应注意的问题是：（1）强化要及时，不能搞"秋后算账"。（2）肯定、赏识、赞扬使正确行为得到支持的正强化激励，与否定、批评和制止使错误的行为消失的负强化激励，两种方式要结合运用。（3）要依据客观情况对强化的程度要掌握"适度"、准确的原则。

第三类，在教育对象行为之后所采取的激励方式，以奖励激励为代表。运用表彰等手段，对人的思想行为及行为结果予以肯定，使之得到发扬。奖励是最有效的激励方式之一。运用奖励激励应注意的问题是：（1）奖励要及时、适当、公平。（2）防止陷入龟兔赛跑评价误区。人们对乌龟大加称颂，对兔子大加指责，其结果不是把赞许的重点放在效果上，而是放在了付出上。由此造成的不良后果是，顺利完成工作的人遭遇冷落，使人不去考虑如何高效率地完成任务和提高自身的素质。

第四类，贯彻于教育对象行为始终的激励方式，以信任激励为代表。信任激励是通过对教育对象的信任、尊重、支持等激发其积极性、主动性和创造性的激励方式。信任激励可以使人产生自尊心、自信心、兴奋感、满足感等多种美好的情绪体验。关怀激励、情感激励、授权激励、理解激励、归属激励等都是信任激励的具体体现。运用信任激励应做到：（1）理解人的困难，相信人的能力，支持人的创造精神。（2）为人们施展才华创造条件提供机会。（3）尊重人的人格，尤其是对失足沦落、犯过错误的人，更应给予关怀和信任激励，提供改正的机会。

4. 自我教育法

自我教育的方法是现代德育方法创新的重要方面。过去我们也曾强调过自我教育，但由于某种条件的限制，所谓自我教育只能称为"约束性自我教育"，即把自我教育主要看作自我检讨、自我批评、自我反省之类的自我贬损、自我压抑的过程，总是把自己当作教育、改造的对象。这是很难形成自尊、自信、积极向上的主体人格的，很难发展其积极的个性道德品质。这不符合现代德育主体性和发展性的要求。现代德育中的自我教育方法，从根本上来说是自觉发展性的自我教育方法，是在主体发展性思想指导下的自我教育，即把德育当作主体人格的提升，当作主体德性发展的过程，可称为"发展性自我教育"。这种自我教育着眼于培养主体精神，发展自己积极的个性品质，强调受教育者的主观能动性，能够在教育者的积极引导下，自觉遵循德育目标，对自己进行充满自尊、自信、积极进取精神的教育，以满足自身全面发展和素质提高的需要。

叙述、评议、辨析相结合统一的方法，是在主体性德育基础上发展而成的。这种德育方法的运用是将叙述、评议、辨析三者作为一个整体过程来使用。如在学校德育中，由教师或学生叙述一个关于道德的故事，然后由学生们对故事中所遇到的道德问题进行评议，充分发表他们的意见，表达他们的观点，教师也参与进行，引导讨论的方向，待时机成熟后，进行辨析，阐发观点，分析错误，启发学生，达到共同提高的目的。这种方法，也可以在家庭教育、社区教育和社会教育中使用。

5. 实践教育法

传统的德育强调对学生进行知识的灌输和掌握，虽然通过教育使学生具有了德育的理论性、系统性、全面性，明白了什么是正确的、什么是错误的，什么是善的、什么是恶的等德育知识，但忽视了让学生按照认知的理论规范自己的言行。这样培养出来的学生往往容易出现双重人格，即思想上的巨人、行动上的矮子，他们明明知道某种行为是错误的，却难以节制；明明知道某种行为是对的，是社会所需要的，却无动于衷。加强德育实践的教育与训练，必要时可采用"换位"方式，不失为一种新的德育方法。因此，在德育过程中，特别是学校德育中，要加强实践性教学环节，所采取的教学内容要贴近社会、贴近生活、贴近时代、要让学生深入社会、深入群众，让学生在服务社会、服务人民的同时，感受人民群众的优良品质，在实践中接受教育和提高道德认识水平。

马克思主义本质上是实践的。在马克思看来："一步实际行动比一打纲领更重要。"[1] 理想信念教育既是一个理论问题，又是一个实践问题，必须紧密结合实际，积极进行创新，加强针对性，方能取得实效性。通过校园文化和社会实践创新理想信念教育。文明的校园、优良的校风，对陶冶情操、提高学生的思想道德素质起着潜移默化的重要作用。学生的理想信念教育不应局限于课堂教育，而应充分发挥校园文化的潜在作用和社会实践的积极功能。校园文化，是学校在长期的教育教学实践中所形成的校园精神和文化氛围，具有潜在的渗透性。校园文化具有重要的育人功能，其核心和实质是促进人的全面发展。学校通过开展学术、科研、文化、艺术、体育等丰富多彩的活动，利用各种载体，培养学生健全的人格和健康的心态，积极适应网络化、信息化的趋势，创造一些新方式方法，主动占领思想政治教育新阵地。结合教学内容进行社会考察，让有理想的人讲理想。充分利用社会教育资源，拓展学生社会实践的领域，通过"校区共建"和"志愿者服务"等各种形式参加社会实践服务活动，引导学生深入社会、了解社会、服务社会，让青年学生在社会实践中发挥和展示自己的聪明才智，体现人生价值，用实际行动来开辟理想之路。

6. 心理咨询法

在思想道德教育中，引入和借鉴心理咨询方法，不仅在普及心理健康知识，提高心理健康的水平，促进个性发展与潜能开发方面发挥了重要作用，而且在分析思想矛盾、缓解思想困扰等方面，发挥着积极有效的教育

---

[1] 《马克思恩格斯选集》第3卷，人民出版社1972年版，第92页。

功能。由于它触及传统思想道德教育方法鞭长莫及的心理领域，心理咨询方法已经成为新形势下思想道德教育新的途径和方法。

思想道德教育中的心理咨询是指运用心理学的方法，对教育对象存在的心理失衡、心理障碍、心理疾病予以调整、排除，使思想道德教育有效进行的方法。心理咨询的最终目的是帮助咨询对象重新认识自我、接纳自我，实现自我发展。所以，心理咨询蕴含着丰富的教育意义及价值。思想道德教育中的心理咨询遵循的是教育模式，而不是医学模式；它关注的是绝大多数青年的成长与发展，而不是单纯的心理治疗；它是一种思想道德教育者和教育对象之间通过交谈、启发和指导的平等协助过程，不是自上而下的告知教育，教育者只是协助教育对象解决问题，并非代替他们解决问题。

在思想道德教育中引入心理咨询的意义是：第一，心理咨询是完善学生心理素质的需要。在人生的各个阶段，每个人都可能遇到困难和挫折，都可能产生困扰和烦恼。当人们感到仅依靠自己的力量无法摆脱心理困境的时候，就会想到进行咨询，寻求帮助。因此，各个年龄阶段的人群都可能成为心理咨询的对象。但是相比较而言，青年学生是心理咨询的主要对象，这主要是由青年的特点决定的。青年是人生发展的重要阶段，他们面临求学、择业、恋爱、人际交往等发展中的诸多选择，与他们所具有的人生经验相比，这些重大选择使他们承受着很多心理压力。大学生比一般青年有更加繁重的学习任务，因而更容易产生心理问题和心理困扰。近年来的调查研究表明，相当一部分大学生心理上存在不良反应和适应障碍。这不仅影响着大学生的成长与发展，而且造成教育资源的巨大损失，并给家庭、社会带来痛苦与危害。心理咨询教育方法在解决大学生心理困扰、提升心理素质、预防心理疾病等方面起着功效显著的重要作用，心理咨询是完善青年大学生心理素质的迫切需要。

第二，心理咨询是新时期提高思想道德教育科学性、有效性、主动性的需要。用心理学所揭示的规律去解决传统思想道德教育所忽视和难以解决的问题，是新时期提高思想道德教育科学性、有效性的需要。随着社会主义市场经济的建设和发展，社会生活越来越多的领域被越来越深地卷入市场之中，人们在权衡选择中的得失苦乐时必然引发一些心理问题。减少人们的心理障碍，增强人们的心理承受能力，成为思想道德教育中亟待解决的一项经常性的社会任务。在思想道德教育中，适应社会主义市场经济的发展，改进和加强思想道德教育，使我们不得不越来越多地关注和研究个体心理和社会心理问题。心理咨询方法正是适应新时期调适人们心理，缓解心理矛盾，提高思想道德教育主动性的需要。

第三，施治和预防性的善意提醒，帮助学生改变看问题的角度，调整看问题的方法，建立新的思维方式，树立积极进取的精神，是新时期思想道德教育的重要方面，心理咨询成为新时期思想道德教育解决个体具有特殊性问题的重要思想道德教育方法，引入心理咨询是进一步完善思想道德教育方法体系的需要。

思想道德教育中心理咨询的功能主要是：（1）调适功能，即通过平等的、真诚的、尊重的、相互沟通的方式，进行人的情绪调控、人的心理调适和人际关系的调整，从而达到提高人的心理承受能力、调整对自我的认知和对他人的认知、保持良好的心理状态的目的。（2）激励功能，即运用多种手段，充分调动人的积极性和主动性，恢复或增强自信心。心理学研究表明，每个人都喜欢被关注、被欣赏。心理咨询过程以积极关注作为必要因素，通过不断发掘和肯定咨询者自身所具有的优势和积极方面，调动他们的内在的、能动的积极性，鼓励他们在活动过程中显示自己的主动自觉的进取精神，鼓励他们学会欣赏自己、树立自信，从而使心理咨询发挥思想道德教育的作用。（3）预防功能，即在明确咨询对象心理问题的同时，及时提醒咨询对象预防心理问题的加深和可能出现的其他心理障碍，并提供心理健康知识和技术，使咨询对象掌握心理调控的主动权，把人们罹患心理疾病的可能性减少到最低程度。

实施心理咨询法的基本要求是：首先，正确认识心理咨询的地位。思想道德教育与心理咨询既相互区别又相互联系，它们是部分重叠又各自独立的。心理咨询与思想道德教育相重合，有着提升思想道德教育绩效的功能。但是，也应看到心理咨询与思想道德教育的区别。心理咨询是心理学的特有方法，是从人的认识、情感、意志、行为等一般心理过程和兴趣、习惯、智能、气质、性格等个性心理特征方面研究人的一般心理规律；思想道德教育是从宏观角度从社会生活方面研究人、了解人。借鉴心理学中的心理咨询方法，对清除教育对象思想形成和发展中的心理障碍，帮助他们改变看问题的角度有实际作用，这种作用对思想道德教育来说具有重要的方法论意义。因此，应注意克服"思想道德教育心理化"和"心理咨询政治化"的倾向。

其次，努力提高运用心理咨询方法的能力。思想道德教育中运用心理咨询方法必须注意科学性。心理咨询是由受过咨询心理学专门训练的专业人员运用心理学知识、理论联系实践，针对求询者的各种适应问题与发展问题进行指导的过程。目前，我国思想道德教育部门的心理咨询人员中有一部分是经过专门训练的，另一部分是从事思想道德教育工作的人员兼职做心理咨询和研究。努力加强心理咨询理论与技能的学习与实践，增强用心理咨询的能力是后者的努力方向。心理咨询是科学性、实践性很强的工作，心理咨询的科学性使它必须具有正确的专业理论知识基础，心理咨询的实践性使之必须具有相应的技能与技巧，这样，才能使思想道德教育中的心理咨询达到预期效果。

四　现代德育评估论

现代德育效果评估是对青少年学生接受德育教育之后引起的思想和行为变化的动态评估，是德育过程的重要环节和不可或缺的组成部分。从理论和实践的结合上揭示德育效果评估的必要性和可行性、范围和原则、标准和指标体系，既是实现德育目的的客观要求，也是提高德育有效性的现实需要。

（一）德育效果评估的依据

1. 德育效果评估的内因

德育效果评估是指各级教育行政部门、教育督导和教育科研等专业机构及学校等主体根据党和国家的教育方针、德育工作法规和工作目标，依据学生身心发展规律，有计划、有组织地运用科学手段、形式和方法对评价对象的德育实施状况和成效所进行的价值判断过程，从而为德育工作决策提供依据并保证德育工作目标的实现。德育效果评估，是对德育效果及其相关的行为效果进行全面系统的评判，是德育评估的核心内容，其本质在于"德育价值估计"。

首先，德育效果评估是学校德育过程的一个重要环节。德育过程就是德育工作者根据一定的目标、任务和要求对学生进行有目的、有计划、有组织的教育，使学生形成一定的社会、国家所期望的思想政治品德的过程。德育目的能否达到，教育任务是否完成，教育内容是否科学，教育方法是否合理，教育组织形式是否有效，学生是否发生了预期的思想政治品德行为变化等，这些都有一定的客观尺度，都是能够进行评估的内容，而且必须进行评估才能进一步反馈和预测。

其次，德育效果评估是学校德育科学化的一个重要措施。德育的目标、内容、原则、方法、途径、考评等诸要素在学生德育过程中必须综合优化。实现综合优化的前提是要真正把握学生的道德状况及其发展变化规律。由于学生思想道德是一个复杂的动态系统，要了解这个复杂的系统，就必须在对学生作定性分析的基础上进行定量分析和描述，这就需要效果评估才能得出科学的结论。只有这样，才能对学校德育对象思想得到状况做到胸中有数、有的放矢、对症下药，从而收到理想的效果。

再次，德育效果评估是加强和改进学校德育工作的迫切要求。长期以来，德育效果评估还处在一种自然状态，无论在理论上还是在实践中，都需进一步研究。一是没有建立科学的客观的评价内容和标准，工作的随意性很大；二是评价方法学生缺乏认同感，常常是局限于老师评价学生；三是量化方式单一，一般就是用考试成绩来量化学生受教育的效果，认为学习好，道德就好。在德育评语中，往往只局限于笼统的定性描述，即使作了定量评价，也很少用统计学、数学语言、计算机作为工具，造成科学性不足，不能满足科学管理的要求。

2. 德育效果评估的外因

第一，德育效果中质的直接体现是学生日常行为倾向。德育效果不仅有质的方面，而且有量的方面。如某学生的道德观是否正确，生活方式是否积极健康，某个班级是先进还是落后，都是质的方面；而人生价值的大小、生活质量的高低和奉献精神的程度都表现了量的差异性。为了全面而准确地把握学生思想道德素质，就必须从质和量的方面进行搜集、分析和整理。青少年学生是社会的存在物，其道德素质大量地反映在日常生活和学习中，学生的思想和行为存在各种各样的联系，不同的道德状况会有不同的行为表现，这为我们对学生德育效果评估提供了可行的依据。

第二，德育效果中量的描述是客观存在的。从德育过程来看，学生受德育的任务、目标、师资、时间、经费投入的多少，取得教育效果的大小等方面，都有量的要求。学生德育工作者队伍人数、年龄、学历、职称、层次等都是基本的量，而学生德育工作者的素质、实绩则是更重要的量，它们之间相互联系、相互影响、相互制约。学生的道德素质可以通过他的道德立场、学习态度、理论水平、知识结构和课程成绩等若干要素表现出来，并且这些若干要素可以依据一定的客观要求予以量化，从而可以进行量化评估。既然学生德育中量的存在是客观的，那么完全可以进行量化评估。

第三，现代数学的发展与计算机的广泛应用，为学生德育评估提供了可靠的方法手段。之所以感到思想品德现象难以量化，是因为在思想品德现象中，除了有确定性现象外，还存在不确定现象，如随机性现象与模糊性现象。对于确定性现象可以采用严密而精确的传统数学方法进行分析和处理，而对于不确定性思想品德现象，就难以用传统的数学方法了。而数理统计、模糊数学，则为解决这个难题提供了有效的工具和手段。现代电子计算机技术特别是大数据的广泛运用，为定量评估提供了良好的物质基础与技术保证，为学生德育评估的科学化开辟了广阔的前景。

（二）德育效果评估的范围

1. 德育效果评估的内容

德育效果评估的范围，也就是评估的基本内容。它必须以德育的根本任务和目标为依据，同时又受到德育的特点和规律的制约与影响。因此，作为学校德育主体的教育者和作为客体的青少年学生是进行评估的两个基本方面。此外，学生德育过程、教育环境和活动整体，也直接或间接地影响着教育效果，因而它们也自然纳入了学生德育效果评估的范围。

首先，对学生德育主客体评估。学生德育主体是学校德育工作者，客体则是全体学生。主客体密切联系，相互促进。由于主体的作用要通过客体的思想品德和行为表现出来，因此对学生评估是整个学生德育评估的中心环节，是学生德育的起点。具体内容包括学生的学习态度、考试成绩、思想素质、分析问题的方法和对重大问题的观点和态度，遵纪守法的情况以及社会责任感、精神状态。德育工作者在整个学生德育过程中起着主导作用，对其评估主要包括对他们各种素质和教育效果的评估。具体内容包括师资配备情况、思想政治素质、知识结构、能力素质、工作水平和效果。通过评估，一方面促进德育工作者不断提升理论水平，改进教育方法和手段，提高教育效果；另一方面精确把握学生思想品德行为表现，增强教育的针对性。

其次，对学生德育过程评估。学生德育过程能否在实践的基础上统一起来，直接关系到学生德育的社会效果。在这个过程中，学生德育的途径、形式和方法始终是重要的要素。就教育过程的具体体现来说，就是要看学生德育是否生动活泼、丰富多样，是否把思想性、教育性和知识性很好地结合起来，是否对学生具有较强的吸引力、说服力和感召力。从一定程度上可以说，学生德育途径是否正确、形式是否适宜、方法是否得当是决定教育是否能够达到预期目标的关键所在。教育过程评估的内容包括学生德育内容是否遵循党的教育方针和国家的政策，是否切合实际，具有针对性、科学性。教育的方法是否能保证内容的贯彻落实、是否能保证目标的实现、是否讲究艺术性、能否被学生所接受。

再次，对学生德育环境的评估。学生德育主要是靠教师来做工作，但无论是教师还是学生，他们都是学校组成因素，都生活在一定的环境之中。为了保证学生德育效果评估工作的准确性和务实性，对教育环境的评估也是十分必要的。评估的内容包括对家庭环境的评估、对学习环境的评估、对社会大气候的评估。学生德育评估要通过对社会环境的准确评估，充分认识社会环境在多大程度上制约了学生德育的有效性，从而最终回到准确评估德育上来。在两者关系中，既要看到社会环境对学生德育的影响，又要看到学生德育本身对社会环境的反作用。

最后，对学生德育活动整体的评估。在一般情况下，前面三个方面评估的结论基本可代表学生德育效果的整体状况。但由于学生德育效果受方方面面的影响和制约，有时 $1+1 \neq 2$，如果整合得好有可能大于2，如果是缺乏整合或者是相互抵消，就可能小于2。对学生德育进行活动整体的评估，一是可弥补上述方面不完全而带来的评估不全面的缺陷，又可反映出上述几方面结合而成的合力所产生的效果。这方面的评估内容包括：教育活动的决策是否正确，总体教育目标是否达到，取得的成效如何，存在哪些不足等。通过评估既总结了经验，又使以后的教育有所借鉴，从而促进学生德育活动进一步提高。

2. 德育效果评估的标准

根据德育效果评估的内容，对于学生德育效果评估的标准，可以分为宏观和微观两个角度。所谓宏观角度，是从国家和社会的角度，在一个较长的历史时期内，评估学生德育活动在现代化建设的总体布局中的地位及它所发挥的社会作用。具体到某所学校，就是社会上对该校德育的认可程度。所谓微观评估，是对学生德育活动的某一项具体工作、某一具体过程的评估。学生德育效果评估，主要是就微观评估的标准，往往是结合学生的思想政治状况来评估，所以常常转化为对学生个体的评估，如学业考试、思想品德考查、推优入党等。

学生个体德育效果评估的标准，是具体的、技术性的层次，包括三种形式：第一，绝对标准，就是在学生的群体之外确定的标准，又叫一般标准。一定社会的规范、准则、要求，以及学生德育的根本目标、长远目标，都是绝对标准。第二，相对标准，就是在学生的群体之内，选取一个常模，然后把学生逐一与常模比较，来判断其在群体中的相对位置。第三，自身标准，就是以学生某一方面或其发展的某一阶段的表现为标准，与他的其他方面、其他阶段的表现相比，它其实也是相对标准。无论采用以上三种标准中的哪一种，通过比较，学生德育效果都可以确定在一个相应的水平位置上，以表示其价值。

学生德育效果评估标准体现和反映着学校对特定领域、特定实践活动的发展目标和方向的认识与理解程度。确定什么作为评估的标准，受德育根本目标的制约和影响，也体现了社会对学生德育"理想化""完善化"的追求。制定合理的评估标准，可以对学生德育的成败得失，对其相关要素、环节和步骤安排、运行合理与否等，做出相应的判定，并以此为契机，使学生德育向更高的层次和境界跃升。

（三）学校德育效果的评估

1. 德育效果评估的原则

第一，导向性原则。学生德育效果评估必须以马克思主义与我们党的教育方针为指导，立足于培养中国特色社会主义事业的合格建设者和可靠接班人，紧紧围绕党的根本任务来进行。坚持学生德育效果评估的方向性，关键就是在设计评价内容和指标体系时要始终贯彻正确的指导思想，无论评价内容还是评价的指标体系，都应以是否有利于提高学生思想道德素质为根本标准，是否有利于学生的全面发展进步为标准，是否有利于提高学生的综合素质为标准，是否有利于调动学生德育工作者的积极性和创造性为标准。

第二，客观性原则。学生德育效果评估应坚持实事求是，采用科学方法和技术手段进行客观、公正的考核，不能主观臆断或掺杂个人感情。学生德育评估应走群众路线，注重调查研究，掌握大量丰富的一手材料，全面了解德育过程的各方面情况，然后以事实为根据，进行认真地评估。学生德育效果评估的内容和标准要经过认真调查、集体研究、科学论证，在广泛征求意见的基础上进行确定，一经确定就应有相对的稳定性。考评指标形成科学、合理、有序的等级和分数值后，就要避免主观随意性和盲目性，使考评工作纳入制度化、程序化的轨道。不能因照顾某个评估对象而随意改变评估条件或标准，一定要做到评价标准客观、评价过程客观，否则就会使学生怀疑甚至对评估产生逆反情绪，从而影响评估效果的发挥。客观性原则是建立学生德育效果评估可信性与科学性的关键。

第三，整体优化原则。学生德育效果评估体系是一个复杂系统，各个要素之间存在着有机联系。整体优化原则就是要求我们一方面坚持全面性，另一方面要考虑综合性。全面性要求学生德育效果评估不能顾此失彼、以偏概全。全面性原则并不是面面俱到，而是要遵循综合性原则，即要求在评估过程中，善于抓住各要素之间的内在联系；特别是主要矛盾及矛盾的主要方面。学生德育系统包括教育主体、教育客体、教育介体和教育环境四要素，我们在评估时，既要从四大方面进行评估，同时又要突出评估四方面的协调，并以整体整合优化的最终结果作为效果评估标准，以此发挥学生德育效果评估的综合作用。

第四，可操作性原则。学生德育评估的程序和方法要简便易行，便于操作，指标体系的设计要科学，即各个指标必须是客观的、可测的。可操作性原则，要求我们在设计指标时要做到精微分化，具有可比性。

2. 德育效果评估的指标设计

学生德育效果评估的指标体系是在评估范围的基础上，依据评估标准，对学生思想政治素质进行量化评估的设计。

学生德育效果评估指标体系设计的基本途径是分解评估标准，即通过逐级分解目标来形成指标体系，因此学生德育效果评估的指标体系最终的物质承担者是人、物和环境三个量化指标。相对于评估的标准来说，人和物的指标是微观指标，环境指标是宏观指标。微观指标一般是德育第一线工作者使用，如教师、辅导员和班主任等；宏观指标一般是领导部门使用。

微观评估指标，主要是通过学生思想道德行为表现、奖惩情况及工作成绩设计。主要有四项指标：（1）德育是否抑制了学生某种消极思想行为滋长与蔓延；（2）德育是否提高了学生的思想政治理论水平，具体可以分解为四项二级指标：一是考察学生对党的路线、方针、政策的理解力，二是对各种思想与思潮的分析力，三是对是非问题的辨别力，四是对错误观点的抵制力等；（3）德育是否促进了学生的社会主义思想道德的发展；（4）德育是否有利于学生的身心健康。

宏观评估指标，主要是学生德育环境的优化指标体系。主要有三项指标：（1）是否有一种有利于充分发挥学生积极性的环境和条件，以保证学生德育的顺利完成；（2）是否有良好的社会舆论和校园氛围，具体可考察学生是否能坚持发扬良好的社会风尚，抵制和批评不良现象，勇于同歪风邪气和违法乱纪行为作斗争，热心参加各项社会活动和公益劳动；（3）是否建立了良好的校园文化氛围和人际环境。

学生德育效果的微观和宏观评估指标都是其评估标准的具体化，它们既要合目的性，也要合规律性。建立一套完整科学的评估指标体系体现了对学生德育规律的把握，是进一步加强和促进学生德育的客观要求和必然结果。

2012年2月教育部制定了《全国大学生思想政治教育工作测评体系（试行）》。分为省（区、市）大学生思想政治教育工作测评体系（简称党委政府版）和普通高等学校大学生思想政治教育工作测评体系（简称高校版）。测评对象：党委政府版主要用于测试省（区、市）党委、政府加强和改进大学生思想政治教育工作的进展及成效；高校版主要用于测试高校加强和改进大学生思想政治教育工作的进展及成效。党委政府版包括4个一级指标、12个二级指标；高校版包括6个一级指标、20个二级指标。数据采集主要采用材料审核和实地考察两种方法。材料审核以测评年度前两年的材料为主，各类数据取测评年度前两年的平均值。实地考察采取走访、问卷调查等方式。测评结果采用"状态描述法"，以A、B、C、D描述测评结果，分别对应为优秀、良好、合格、不合格。

第六章

现代德育的创新发展

在 21 世纪，我们党要带领全国各族人民全面建成小康社会，构建社会主义和谐社会和"美丽中国"，实现中华民族的伟大复兴，习近平总书记关于中国梦的重要论述，为指引全党全国各族人民凝心聚力、共同推进中国特色社会主义事业注入了强大的精神力量，现代德育的地位和作用将更为重要。这就决定了现代德育将与充满生机和活力的有中国特色社会主义事业一样与时俱进，面向现代化，面向世界，面向未来，以改进求加强，以创新促发展。

一 现代德育创新论

创新是德育的永恒主题。德育要跟上时代潮流，就必须适应形势变化，不断解放思想、与时俱进。现在，我们的教育对象、教育环境正在发生并将继续发生深刻变化，新情况、新问题层出不穷，有些方法过去有效，现在未必有效；有些事过去做不合时宜，现在却势在必行。必须用时代要求审视德育，清醒认识思想观念上存在的差距，清醒认识方式方法上存在的不足，清醒认识体制机制方面存在的弊端，努力体现时代性、把握规律性、富于创造性。

（一）现代德育创新的原则

1. 坚持全球化发展与民族化发展相结合的原则

在开放的社会条件下，德育特别是爱国主义、社会主义、集体主义的主旋律教育，面临着全球化与民族化，这既是一个实践问题，也是一个理论问题。全球化发展与民族化发展是当代社会互动发展的两种趋势，这两种趋势反映在主观层面，就是全球观念与民族观念。全球化发展与民族化发展，表现在经济、科技、信息、文化、教育等许多方面，这两个既相矛盾、又相统一的辩证关系，既揭示了当代社会发展的必然性，也警示当代社会发展的风险性。

全球化发展是不可改变的客观发展趋势，民族化发展是全球化发展的基点；全球化发展只能依赖民族化发展，民族化发展也必须融入全球化发展。只强调全球化发展，忽视民族化发展，就会淡漠民族、国家界限，误入西方所宣扬的全球化就是"西方化"的陷阱，危及民族国家的发展前途；相反，只强调民族化发展，忽视全球化发展，就会形成自我封闭，走向现代狭隘的民族主义、地域主义境地，丧失民族国家的发展机遇。因此，全球化与民族化的辩证统一发展观念，是开放条件下每一个人都应当确立的新的发展观，并且要按照这种发展理念进行主旋律教育。

在新的历史条件下，我们要站在国际舞台上同西方发达国家进行对话、竞争，在时空界限相对模糊的条件下进行主旋律教育，教育的条件、内容、目标都发生了很大变化。如果说解放前的爱国主义教育是为了民族的独立和解放，解决后的爱国主义教育是为了我国社会主义制度的建立和巩固，那么，当今的爱国主义教育就是要面向全球发展，立足于民族经济、文化的发展，维护国家的安全和利益。因而，应当合理地把当代的主旋律教育引导到增强民族凝聚力与竞争力、面向世界发展的层面，只有国家具有强大的经济实力、国防实力，我们才能走向世界，只有强大的民族竞争力、凝聚力，才能推动我们走向世界，才能使我们在实现全球化进程中有所作为。

2. 坚持主导性与多样性相结合的原则

在社会生活领域和意识形态领域，德育面临着主导性与多样性的辩证发展状况，坚持主导性与多样性的辩证统一既是德育面临的新课题，也是德育所要坚持的新原则。

我国基本的政治、经济制度，决定了我国社会生活和意识形态领域必须以马克思主义为主导，坚持社会主义方向。在社会主义初级阶段，我们必须坚持多种所有制、多种分配方式、多种社会组织、多种生活方式并存的发展，必须在开放中继承过去，借鉴西方，吸收世界范围内的最新研究成果，这样必定能形成社会生活和意识形态领域的多样化发展局面。

主导性与多样性的关系，实际上是普遍性与特殊性、绝对性与相对性、一致性与差异性的关系。社会主义与资本主义的本质区别，是两种制度的区别，是集体主义与个人主义的根本价值观的区别。社会主义向来主张要有一个统一的目标、原则，而资本主义则主张相对主义、个人主义，并由个人主义发展到享乐主义、金钱主义。因此，强调德育的主导性，与强调社会主义的方向性、集体主义的原则性，本质上是一致的。

当前，社会上实际存在着两种影响人们的倾向：一种是理论形态，即否定集体主义原则性、指导思想的统一性和奋斗目标的一致性，主张个人主义和指导思想多元化，也就是从理论上否定德育的主导性；另一种是实际形态，即为求得发展而忽视必要的道德遵循，甚至越轨犯规，在信仰领域的多元取向冲击着德育的主导性。这种用多样化取代、淹没德育主导性的倾向，正是德育所面临的新挑战。

主导性与多样性是一个古老的哲学命题，是事物发展的基本形态，它们只能辩证统一。我们既要汲取过去时代只讲主导性、排斥多样性的教训，也要防止一些人只讲多样性、忽视主导性的倾向。我们只能在坚持主导性的指导下发展多样性，在发展多样性的基础上坚持主导性。

3. 坚持主体性与社会化相结合的原则

在市场经济条件下，人的发展面临着自主性与社会化辩证的发展要求，并由此引申出竞争性与合作性、自由性与规范性的关系，这既是每个人所面临的发展选择，也是德育所要把握的准则。

社会主义市场经济体制的建立，改变了计划经济体制下人的依赖性，增强了人的自主性与竞争性，这是人的发展的一个很大的进步。但是，只看到市场经济体制所要求的自主性与竞争性的一面，忽视了市场经济体制的另一面，即社会化与合作性的一面，以为自主性就是个人完全独立，就是孤立的自我奋斗，是一种新的封闭观念。市场经济是商品经济高度发展的结果，是社会化程度很高的一种经济形态，正因为如此，它才能推进生产、资源配置的社会化和经济全球化。同时，我国社会主义市场经济体制不仅反映市场经济体制的社会化要求，而且社会主义、集体主义所强调的整体性、全局性，已经包含着社会化的深刻内涵。因此，在社会主义市场经济体制下，人既要发展自主性、独立性、竞争性，又要发展社会化、合作性、集体性。

在社会生活中，一些人只注重市场经济的自主性、竞争性，忽视社会化、合作性，由此走向了个人本位、个人中心。这种情况，说明我们在理论上对社会主义市场经济体制的认识有待深化。为此，我们要强化自主性、竞争性教育，以此增强人的主体性，提高人的素质和品位；同时，也要强化社会化、合作性教育，以此丰富人的社会关系，发展人的社会作用。这是新形势下人的全面发展相互联系、不可分割的两个方面。割裂、对立这两个方面，不是走向自我本位和自我封闭，就是出现平均主义和依赖倾向。

（二）现代德育创新的内容

1. 德育观念的创新

站在时代发展的战略高度，突破传统德育观念，树立现代德育观念，是德育创新体系建立的先导与关键，没有观念的创新，便没有行动的创新。当前，要特别强调以邓小平的"教育要面向现代化、面向世界、面向未来"为指导思想，树立全新的德育观，使德育逐步走向科学化、社会化、现代化，建立整体的、多元的、开放的和动态的创新体系。

（1）德育要面向现代化

面向社会主义现代化建设，就是把社会主义现代化建设作为正确的政治方向，作为德育的主题，并贯彻到德育的各个环节中去，引导学生适应社会主义现代化建设的要求，培养其热爱社会主义现代化建设的情感，塑造符合社会主义现代化建设的思想道德素质，使之成为社会主义现代化建设的主力军。同时，德育必须与现代科技相结合，实现自身的现代化。知识经济时代高科技将更加全面而广泛地渗透到学生的学习、生活的各个方面，学生会更追求德育的高质量和高效率，更向往具有现代化气息的德育。因此，适应知识经济时代的要求，用现代科学技术变革德育方法和手段，是德育学科发展的重要内容之一。

（2）德育要面向世界

德育面向世界是时代发展的大趋势。知识经济时代面临着信息化与全球化的现实，学校应具有全球视野，广泛参与国际竞争与合作，发挥沟通不同社会、不同文化的桥梁作用。在全球化过程中，多种文化的协调与撞击成为教育不可回避的问题。知识经济时代国际竞争表现为对有道德、有知识的人力资源的竞争。因此，德育不能自我封闭，而要面向世界。现代社会发展中，各国面临着共同性的、全球性的问题，如生态恶化、资源枯竭、人口爆炸、道德嬗变，从而也形成了共同的德育要求与内容，学会关

心、学会合作、环境保护等已属于全人类的道德要求。了解世界德育发展
趋势，确立全球意识，站在世界高度看本国、本民族的道德建设。既借鉴
外国的成功经验，又汲取其教训，反映时代要求，体现时代精神，必将成
为我国德育十分关注的问题，必将有利于我国德育的改革与发展，使之更
有科学性与生命力。同时，我国学校必须培养面向世界的人才，面向世界
的人才不仅要有相应的知识和能力，也要有参与世界范围竞争的思想道德
素质和心理素质；有坚定的爱国主义思想；有正确分辨、选择人生观、价
值观的思想基础；有敢于竞争的勇气和自立自强的精神；有开阔的视野、
健康的心理和文明的风度，等等。要培养学生的这些素质，关起门来教育
是不成的，我们要让学生了解国外的情况，要研究其他国家的政治理论、
道德观念、生活方式，面向世界把德育推向更广阔的舞台。

（3）德育要面向未来

德育面向未来表现在为社会经济发展服务具有先行性、超前性。知识
经济时代，教育更加优先发展，学校将从被动跟从社会、适应社会转变成
创造新思想、新知识、新技术与培养高智能、高情感人才资源，从而领先
于社会变革，去主动引导、推动社会经济的可持续发展。德育对社会发展
的作用已不是消极的适应而是积极的适应，不仅适应当前，而且要适应未
来，面向未来，为未来培养人。德育的先行和超前，关键在培养能动的道
德主体。德育的社会功能与个体功能是一致的，社会价值与个体发展的内
在价值是一致的。因此，现代德育是主体性与工具性的统一，是服务性与
发展性的统一。

2. 德育内容的创新

德育内容的创新是建构德育创新体系的主要落脚点，也是重点与难
点。学校应从知识经济时代科学技术、经济、社会发展的特征与趋势和人
才培养目标的整体出发，对德育内容进行改革与创新。

（1）加强中国特色社会主义理论体系和中国梦的学习宣传

德育改革创新的核心是进一步解决好中国特色社会主义理论体系进课
堂、进教材、进头脑的问题。党的十五大做出的最重要的贡献之一，就是
确定了邓小平理论作为党的指导思想、作为党在新时期的伟大旗帜。这是
把中国特色社会主义推向21世纪最可靠的理论与思想保证。党的十六大
将"三个代表"重要思想作为党的指导思想提出。党的十八大又将科学
发展观作为党的指导思想进行全面阐述。从这个意义来说，以邓小平理

论、"三个代表"重要思想和科学发展观为核心内容的思想政治理论课必然是 21 世纪德育的主渠道、主阵地。思想政治理论课教学改革是高等学校教育改革的重要内容。要在认真总结经验的基础上，规范思想政治理论课课程设置，修订教学基本要求，加强课程建设，通过系统教学与专题讲座、课内与课外以及丰富多彩的社会实践等活动，进一步拓宽思想政治理论课的渠道，提高思想政治理论课教学水平和教学效果。

中国梦的提出是对德育内容的丰富和创新，是理想信念教育话语体系的重要发展。中国梦视野宽广、内涵丰富，升华了我们党的执政理念，是当今中国的高昂旋律和精神旗帜。深化中国梦的宣传教育，要同中国特色社会主义宣传教育结合起来，同社会主义核心价值体系建设结合起来，同做好当前各项工作结合起来，引导人们坚定理想信念、构筑精神支柱，积极投身实现中国梦的生动实践。要把中国梦的宣传教育融入各级各类学校教育教学之中，融入未成年人思想道德建设和大学生思想政治教育之中，融入校园文化建设之中，做到进教材、进课堂、进学生头脑。学习领会中国梦的精神实质，要把握好国家富强、民族振兴、人民幸福的基本内涵，把握好坚持中国道路、弘扬中国精神、凝聚中国力量的重要遵循，把握好中国梦是人民的梦这一本质属性，进一步坚定自信、增强自觉、实现自强，努力建设强盛中国、文明中国、和谐中国、美丽中国。青少年是祖国的未来，青年之梦将托起中国之梦。奋斗是成就事业的基石，唯有奋斗才能踏进梦想之门，如果纸上谈兵而不真抓实干，再美好的梦想也不可能成真。每个中国人都是"梦之队"的一员，都是中国梦的参与者、书写者，大家心往一块儿想、劲往一处使，就能够汇聚起实现中国梦的强大力量。

（2）注重人文素质教育

在知识经济时代，以高科技为核心的知识与信息成为经济增长、社会财富增加的主要推动力。掌握高科技的知识分子将成为社会的中坚。但是，有些人掌握了高科技、生活在高技术环境中，由于缺乏道德教育，精神空虚，道德败坏，人际关系淡漠，在价值观上追逐私利，甚至损人利己。另外，知识经济时代，网络信息大大拓宽了教育的渠道，但也出现大量不健康甚至是有毒害作用的信息，其结果会导致人们丧失自己的文化传统与民族精神。因此，加强人文素质教育显得尤为重要。必须指出的是，我们的人文素质教育既有同历史上、同国外各种人文教育相通的东西，又有很大的不同，其根本之点是我们要以马克思主义作为指导思想，把坚定不移地弘扬爱国主义、集体主义、社会主义和反对个人主义、拜金主义、享乐主义等一切腐朽没落的低级情趣作为人文素质教育的主旋律。其根本的任务是为了有利于受教育者形成科学的世界观、人生观和价值观。总之，人文素质教育作为德育的拓展与延伸，不仅深化了德育的内涵，而且拓宽了德育的视野，对大学生完美人格的养成与综合素质的提高发挥其独特的功能。新世纪的德育工作中，人文素质教育确实是一个很好的切入点。

（3）彰显科学精神教育

科学文化与人文文化都是人类文化必不可少的内在组成部分，也是人类实践所不可或缺的精神动力。当代人类实践的健康发展对人文文化和科学文化的融通与共建既提供了紧迫要求，也奠定了现实基础。

在观念层面上，我们应正确认识科学和人文的辩证关系。早在 100 多年前，马克思就预言："自然科学往后将包括人的科学，正像人的科学包括自然科学一样，这将成为一门科学。"① 科学和人文两者是互相依存、互相制约的；科学为人文奠定基础，人文为科学引导方向。科学要以人为本，人文要合乎科学。科学研究的对象是物，是客观世界，它要回答"是什么"即"实然"的问题，它主要的目标是求真。它崇尚真理，追求真理，是社会前进的巨大推动力。科学力量是强大的。科技是人能生存于世界的基础，也是一国跻身于世界民族之林的基础，是社会发展与进步的杠杆。科学，深深影响着人的思维，影响着人的灵性。人文研究的对象是人，是主观世界，它回答"应当怎样"即"应然"的问题，它主要的目标是求善。它抑恶扬善，从善如流，是人类精神家园的滋润剂。人文文化是为人之本，教育首先是教如何做人，培养具有高度责任感的人。人文文化关系到民族的存亡、国家的强弱、社会的进退、人格的高低。同时两者都追求美。正因为科学和人文的追求既有相同之处，又有不同之处，所以两者的结合才能共同实现对真、善、美的追求，实现人的全面发展和社会的全面进步。

在实践层面上，我们应积极鼓励科学和人文的融通。目前人类已经进入了高科技时代，要防止、克服或削弱高科技可能带来的非人化后果，有必要大力发展人文文化，强化高科技时代的人文精神。另一方面，当代人

---

① 《马克思恩格斯全集》第 42 卷，人民出版社 1979 年版，第 128 页。

文精神也离不开科学精神，只有自觉把科学精神内蕴于宏大的人文精神，人文精神才更富清晰性、准确性，体现人文关怀，才能更好地指导人类实践。解决人类面临的人口、环境、资源气候、物种等全球问题，既离不开科学，也离不开人文。因此，可持续发展战略和科学发展观的提出和实施，正是科学文化和人文文化融合的智慧结晶。

知识经济时代科学技术高度发达、日新月异。科技道德教育已成为现代德育的不可或缺的重要内容，通过跨学科的各种途径培养大学生遵循社会共同行为规范，树立从事科技活动的崇高道德意识。其主要内容包括对祖国、对全人类负责的高度责任感；实事求是、严谨治学的品格；勇于探索、不断创新的境界；真诚合作、团结协同的精神，等等。

（4）广泛开展可持续发展战略教育

知识经济是促进人与自然协调、可持续发展的经济，发展知识经济是人类社会可持续发展的必然选择。1992 年在巴西里约热内卢召开的世界环境与发展会议明确提出了全球 21 世纪的可持续发展目标。可持续发展不仅是一种新的发展观，而且是一种新的文明观，具有丰富的、全新的伦理道德内涵，要求人们不应为了自己的发展而无节制地掠夺自然，也不应为了自己的发展而无限制地侵夺后人的权益。这一主张与只考虑"个人利益""自我价值"的思想观念是不相容的。因此，可持续发展观应成为广大学生价值观教育的重要组成部分，可持续发展战略教育理念为知识经济时代德育开辟了一个新的空间。

（5）知识经济时代的法制教育

依法治国方略已写入我国宪法，党的十八届四中全会作出了全面推进依法治国的重大决定，社会主义中国应是法治的社会。高度自觉和谐的社会，需要借助法的严格规范和实施；社会多元利益与整体和谐需要法律予以调节和平衡。因此，加强法制教育与宣传应成为 21 世纪德育的重要内容。例如知识产权法与打击数字化犯罪的教育。知识资产中凝结着创造者智慧与心血，侵犯知识产权不仅是对知识经济社会创新人才的扼杀，更是对一个国家整体创新能力的严重危害。数字化犯罪是在计算机网络上进行的一种高技术型犯罪，具有危害面广、影响大、损失重及隐蔽性强等特点。随着计算机网络的日益广泛与普及，对学生加强这方面的法律知识教育，使其增强法律意识便显得更加迫切与重要。

（6）和谐社会的心理素质教育

知识经济时代是科学技术日新月异、经济发展迅速的多元化社会，构建和谐社会是一种明智的选择。人际关系的内容与形式也将会变得丰富与复杂，各行各业竞争激烈，生存与发展的压力可能会加重人们的心理负担。这要求人们尤其是学生，要具备良好的心理素质来面对生活与工作中的各种机遇与挑战。在知识经济时代学校心理素质教育应注重以下两个方面：其一，重视心理咨询与行为指导工作，把心理咨询与我们做思想工作的优良传统结合起来，借鉴国外心理咨询工作的成功经验，努力探索有中国特色的心理咨询工作模式；其二，重视情商教育，侧重培养学生具有较强的情绪控制能力和丰富而稳定的情感、集中而持久的注意力、良好的意志品质、完整统一的人格、较强的社会交往能力和对环境的适应能力，对于失败和挫折的承受力等。情商教育可以开启学生的聪明才智，挖掘学生的内在潜力。只有将心理情感、人文道德等思想素质与科学精神、科学道德等科学素养融为一体，才能达到创新教育的目的。

总之，德育内容的创新是一个动态优化的过程，是传统德育内容的发展与延伸。

3. 德育功能的创新

德育在"三个面向"教育战略思想的指导下，在进行观念与内容创新的同时，其德育功能必定在新的环境里得以扩大，产生新的影响，并发挥更大的作用。德育功能的创新主要体现在以下两个方面。

（1）德育经济功能日益突出

首先是通过德育的发展提高学生的综合素质，使之成为推动知识经济发展最重要的人力资源，并通过对人力资源的开发，不断提高劳动生产率，改变和选择新的生产方式和经济增长方式，不断提高经济的科技含量和竞争能力，促进经济与环境、经济发展与社会文明进步的和谐，从而实现社会经济的可持续发展。其次，德育使经济发展建立起应有的价值文化体系，以健康的经济行为为价值标准，提高其商业伦理、道德水准，使经济趋向文明发展。总之，德育的经济功能要得以充分体现，还必须将其置于宏观教育与经济的关系中来认识，把教育的发展与改革作为新的经济增长点和新的经济发展支撑因素来考察。

（2）德育开发功能不断扩展

所谓德育的开发功能，是指通过德育最大限度地调动人的主观能动性和最大限度地发掘人的内在潜能。德育开发功能的扩展，首先体现在对人智力的开发，通过德育调动学生的主观能动性。正确的思想与学习目的能够产生持久的精神动力，促进学生业务学习与智力活动。其次，德育开发功能的扩展也表现在对学生非智力因素的培养，如需要、兴趣、动机、情感、意志、性格以及想象力、创造力，等等。再次，德育的开发功能，还表现在培养科学观与方法论上。科学的世界观和方法论，就是马克思主义哲学。真正帮助学生学会正确运用科学的世界观和方法论观察事物、分析问题。具有科学思维能力往往比掌握知识更有意义、更重要。因此，对学生科学思维、创新思维能力和方法的培养是知识经济时代赋予德育的一项更高要求的使命。

4. 德育方法与手段的创新

德育方法与手段的创新应在现有德育方法与手段的基础上拓展与延伸，富于时代特征与现代化气息，并且在实践中不断创造行之有效的新方法，以提高德育工作效果。为此，应从以下几方面入手。

（1）思维方法的创新

德育方法的创新首先应改变德育工作主体的思维方式，树立创新意识。善于针对德育工作中出现的新问题、新情况，运用新的方法来加以解决。实现从传统的静态、片面、封闭的思维方式向动态、系统、开放的现代思维方式转变。

（2）创造性地综合运用德育方法

以现代思维方式为指导，对传统的德育方法加以综合和灵活的应用，在不同的时间、地点，对不同的教育对象采用两种或两种以上的方法，在具体的教育过程中动态优化，从而达到单个方法或几种方法简单相加所难以达到的教育效果。影响人们思想形成、变化、发展的因素往往不是单一、简单、静止的，而是多样、复杂、变化的，特别是在知识经济时代，由于人类活动领域的不断拓展、通信手段和传播媒介的迅速发展，以及社会生产、生活节奏的日益加快，影响人们思想形成、发展、变化的因素更是多样而复杂。这就要求德育工作者创造性地综合运用多种德育方法，多角度、多侧面地开展工作。

（3）加强自我教育的方法

加强自我教育是知识经济时代社会开放性与竞争性发展的必然要求。在德育教学过程中应把教育的单向活动变为教与学的双向过程，采用启发式、讨论式、研究式等互动型教育方式，营造生动活泼的教学氛围，培养学生的自主人格、独立思维能力与理解能力，充分发挥他们的主观能动性与进取心。在多元化的知识经济时代还要着力增强学生的道德选择力、鉴别力与实践能力。

（4）充分运用显性教育与隐性教育相结合的方法

知识经济时代知识传播的途径多、变化快，人的主体性突出，因而需要充分运用隐性与显性教育相结合的方法。显性教育主要是以直接的、外显的、明确的方式影响学生；而隐性教育则主要是以间接的、内隐的方式影响学生。隐性教育方法的表现形式是多种多样的，它可以是一次随机的聊天，也可以是精心营造的影响心理的环境或文化氛围等。它的优点在于能够有效避免德育工作对象产生的逆反情绪，增强德育工作的吸引力、愉悦感，延伸德育工作的时间与空间。当然，隐性教育方法也有它的局限性，例如无法完成系统理论教育的任务，无法对德育工作过程进行动态控制等。因此，我们要善于把二者有机地结合起来，使二者互补其短，各扬其长，相得益彰，互相促进。

（5）注重定性与定量相结合的德育工作方法

由于单纯定性型德育工作方法不注重研究各种思想品德行为的数量关系，它对各种思想品德的认识往往达不到应有的全面、深刻和精确的程度，因此，德育工作方法必须注重定性与定量相结合。如针对德育中的随机性与模糊性因素进行定量分析，建立数学模型并编制计算机程序，从而帮助我们更全面、更快捷、更精确、更深刻地把握人们思想品德的质的规定性，使德育工作针对性更强、措施更有力、方法更得当、效果更明显。因此，定性与定量相结合的方法是知识经济时代由于科技发展而导致德育方法创新的一种必然选择，有着广阔的应用前景。我们应对此有充分认识，加大研究力度。

（6）德育手段的创新

知识经济时代德育手段的创新应着重实现以计算机技术为核心的现代信息技术与德育的紧密结合。大数据时代是人类社会发展的必然趋势。将大数据技术与德育理论进行结合后，我们可以预测学生的思想行为，还可以建立自主学习的"云课堂"，提高德育的效果。德育手段的现代化，主要是指收集处理德育信息手段现代化、存储和检索德育信息手段现代化、德育信息传播现代化、德育环境和德育场所建设手段现代化。在教育过程中，改变教师主要运用粉笔、黑板教学的传统手段，转向推广运用幻灯、电影、投影仪、电视、虚拟实验室等电化教育和多媒体教育手段，通过校园计算机网络进行道德宣传、道德教育，如设立学习指导、生活指导、就业指导和心理辅导等服务及国际交友网站。首先，充分利用网络进行道德教育。一方面，将网络作为道德教育的辅助工具，学校德育工作者在进行道德教育的过程中，要适时地利用网络完善德育课程，提高德育效果。充分利用好多媒体技术和网上交流工具，保证师生之间的互动交流，促进德育教学的发展。另一方面，利用网络开设德育课程。教师根据规定的教学目标与教学内容进行在线道德教育时，可以根据课堂进度及论证需要，及时搜集一手的网络信息，并引导学生对包含道德知识的网络热点以及有针对性的事例进行讨论分析，从而避免枯燥知识的直接讲解，把握学生通过了解真实案例而引发其道德需求的心理历程，提高教学效果。另外，学校方面要积极创建有意义的德育网站。通过构建自己的主题网站，将最新、最具有代表性的道德案例或者蕴含道德知识的娱乐程序容纳进来，吸引学生浏览网站、参与讨论与评价，使其在轻松、惬意的氛围中潜移默化地受到影响。同时，还要给予每一个青少年学生丰富校园及班级德育网站的权利，鼓励学生积极参与德育网站的建立，充分发挥学生集体的力量。其次，学校道德教育要充分体现"寓教于乐"，有效地将道德教育渗透到生活之中。网络时代的到来，为学校更好地开展道德教育活动提供了广阔的空间，学校不再苦恼于如何在保障学生个人安全、维护活动秩序并保证活动效果的前提下展开实在的实践活动，而是可以借助网络进行虚拟的道德教育活动。通过设置逼真的生活情境，采用游戏的形式，引导学生在轻松、愉快的参与过程中体验真实的生活场景，接受道德教育。

适应知识经济时代要求的学校德育创新体系的建立是一个复杂的系统工程，它需要在国家教育方针与科教兴国的宏观战略的指导下，在实际的德育工作中不断探索、总结经验、勇于创新、动态优化。要切实加强德育管理，树立全员育人理念，建立全方位、多层次、网络化的德育格局，培养造就一支高素质的德育工作者队伍，建立德育创新过程中真实反映具体工作成果与业绩的评价体系、评价制度和评价方法，以提高德育效率与效果。总之，探索建立适应知识经济时代的我国学校德育创新体系，是一项繁重而又光荣的任务，它的建立与不断完善，不仅对于加强和改进我国学校德育工作具有非常重要的现实意义，而且对于整个教育事业的持续发展也将产生深远的影响，并将为国民经济的可持续发展、综合国力的提高以及中华民族的伟大复兴做出更大贡献。

（三）现代德育创新的实践

教育的真正目的并不是塑造为适应既有社会规范而全盘接受知识或义理的人，而是为化解国家乃至人类未来的风险与挑战、创造历史上未曾出现过的新文明、新社会而持续探索的"未来人"。恰如联合国教科文组织20世纪末早就预见到的："人类教育正愈来愈倾向于为一个尚未存在的社会培育新人。"德育是学校工作的基础环节，也是学生成长成才的重要内容。面对德育出现的新情况和提出的新要求，以理论创新为先导，以学科建设为支撑，以实践教育为平台，以成长成才为目的，努力创新学生思想道德教育教学。

1. 以改革创新为动力，积极探索新形势下德育的体系创新

以毛泽东思想、中国特色社会主义理论体系为指导，积极进行德育创新，深入进行德育教学改革，在研究思想政治教育学科的基础上，对学生思想道德教育教学进行积极的探索和实践，加强"思想道德修养与法律基础"精品课程的建设，创建"三主五结合"的思想道德教育教学新体系，积极探索新形势下大学生思想道德教育的新途径、新办法，努力体现时代性，把握规律性，富于创造性，增强实效性。

创建"三主五结合"的思想道德教育教学新体系。"三主"是指"以教师为主导、学生为主体、成才为主线"。以教师为主导，就是充分发挥教师在思想道德教育教学中的组织者和引领者的作用，教书育人，为人师表。以学生为主体，就是在教育过程中十分重视学生在思想品德方面的内在需要，充分调动学生接受思想道德教育教学的积极性，发挥学生的自主性、能动性，同时在思想道德教育活动中尊重他们，让他们成为活动的主角。以成才为主线，就是在思想道德教育教学中坚持以人为本，以学生成长成才为根本目的，把这一根本目的贯彻于思想道德教育教学的各个环节和方面。

"五结合"是指"理论与实践相结合、课内与课外相结合、继承与创新相结合、育人与成才相结合、思想教育与人格塑造相结合"。理论与实践相结合，就是以党的历代领导人关于思想道德教育的理论为指导，遵循思想道德教育的客观规律，积极地开展思想道德教育教学工作。我们党历

来十分重视思想道德建设，毛泽东提出要培养德智体全面发展的人，邓小平强调要造就"有理想、有道德、有文化、有纪律"的新人，江泽民指出思想政治素质是素质教育的核心，胡锦涛提出以"八荣八耻"为主要内容的社会主义荣辱观和社会主义核心价值体系，习近平关于中国梦的系列论述，这些重要思想为学生思想道德教育指明了方向。在工作实践中学习理论，更新观念，探索规律。课内与课外相结合，就是坚持思想政治理论课为主渠道，建设"思想道德修养与法律基础"精品课程，在思想政治理论课教学中结合学生的实际和社会的实际，在学生课外活动中渗透思想政治理论课教学的内容，做到课内与课外在内容上相互呼应，在形式上相互映衬。继承与创新相结合，就是继承中华民族的优秀文化传统，特别是我党在思想政治教育方面的优秀传统，总结高校在思想道德教育教学方面的好经验、好做法，同时根据新形势、新情况，改进和创新思想道德教育的工作理念和方法。在继承的基础上进行创新，在创新的指导下发展传统。育人与成才相结合，就是调动好教师的育人和学生的成才两个积极性，使思想道德教育不仅提高学生的思想道德素质，而且促进学生其他素质的发展，在培养其他素质中贯彻思想道德教育，在提高思想道德素质中发展其他素质。思想教育与人格塑造相结合，就是使思想教育不仅在于解决学生的思想实际问题，更重要的在于培养学生的思想道德品质，使思想道德教育成为塑造学生健全人格的重要手段；同时，在学生人格塑造中贯彻思想道德教育，使人格塑造成为思想道德教育的重要内容。

2. 以人才素质为核心，努力完善新形势下德育的内容创新

全面推进学生素质教育，坚持知识、素质、能力三位一体，按照加强基础、鼓励创新、发展个性、健全人格、注重素质、培养能力的总体要求，着力建设"思想道德修养与法律基础"精品课程，研究学生思想道德教育教学的规律。按照社会主义核心价值体系的要求，加强对新形势下学生思想道德教育教学内容的创新研究。美国学者约翰·埃利亚斯指出"道德教育是一个需要多学科共同研究的领域"[1]，结合学生思想实际及现状，对思想道德教育教学内容进行层次性梳理，分三个层次分别进行专题教育：主导性内容——政治道德（包括爱国主义等）；基础性内容——社会公德、职业道德、学术道德等；拓展性内容——包括网络道德、环境道

---

① J. Elias：*Moral Education：Secular Religions*. Robter E. Krieger pbulishing co. Inc，1989：56.

德、心理健康等。根据学生专业特点，采取讲授法、案例法、讨论法、辩论式、社会调研等多种方法实施教学，引进"学习共同体"，让每一个学生都参与到教学中来。学生不是灌输道德知识的容器或行为训练的客体，而是有主动学习能力、能在教师的引导下自主探求真理的能动主体。通过课堂交流，创设一种得以自由表达、平等对话、相互促进的学习环境，把理论知识与现实问题有机地结合起来，积极引导学生思考问题、解决问题。

在思想道德教育教学环境上，营造积极向上的舆论氛围。校训是学校办学理念和学校精神的集中体现。如某学校在教育教学改革中坚持传承"湖学"精粹，对校训"明体达用"的教育思想作了创造性新探索、新实践。明体：就是要明根本，明方向，要胸怀大志，心系祖国和人民，以"振兴中华"为己任，塑造现代人格，努力培养有理想、有道德、有文化、有纪律的建设者和接班人；达用：就是要坚持学以致用，面向社会，服务地方，培养富于创造精神和实践能力的高素质专门人才。概言之，"明体达用"就是学会做人，学会做事。

在思想道德教育教学活动上，推行导师制，开设学生成长成才的系列讲座，组织丰富多彩的课外活动，举办有深刻内涵的活动节和活动周，指导学生深入企业、社区、少数民族地区开展社会调查和社会服务等，充分发挥思想道德教育教学在人才培养中的作用，使学生的个性发展与社会的需求相统一，逐步形成"学生素质综合化，培养内容个性化，实践锻炼全程化，成长成才多样化"的特色。

3. 以行为修身为导向，不断推进新形势下德育的实践创新

社会实践是学生思想道德教育的重要环节，对于促进学生了解社会、了解国情，增长才干，奉献社会，锻炼毅力、培养品格，增强社会责任感具有不可替代的作用。在注重理论教学的同时，强化分层次实践教学和实践环节，促进理论教学与实践教学相长，知与行相统一。坚持以学生行为准则为导向，突出学生道德实践能力的培养，提高学生道德实践教育教学效果。具体从以下几方面进行：

改革实践教学内容，形成校内道德实践系列：开展学生文明修身活动，告别陋习；开展节水节电节粮活动，为建设环境友好型、资源节约型社会做贡献；讲诚信、杜绝考试作弊；加强团队协作和班集体建设；校园文化的熏陶等。把道德实践活动融入学生学习生活之中，引导学生从身边

的事情做起，从具体的事情做起，培养良好的道德品质和行为习惯。

改革实践教学方式，建立学生校外实践基地：包括革命传统教育基地、师德教育基地、地方文化教育基地、爱心教育基地、素质拓展教育基地、新农村建设教育基地等。聘请校外德育导师，依托校外实践基地，开展德育实践活动。

改革实践教学途径，探索实践育人的长效机制：组织学生进行社会调查、志愿者服务、公益活动；开展以"志愿服务献真情，爱心传递促和谐"为主题的青年志愿服务活动，引导学生走出校门，到基层去，到工农群众中去；整合各类教育资源，构建课程实践教学、综合实践教学和社会实践教学三个实践教学平台，形成学生思想道德教育教学实践保障体系。

在社会实践方面，师范生到中小学开展"拜师学教"活动，了解课程改革；学生走进社区，了解社情民意，推动和谐社区建设；暑期赴少数民族地区实践，开阔社会视野；进入企业实践，使理论知识与实际工作进行了初步的结合，提高了实践的能力。

4. 以成长成才为目的，全力优化新形势下德育的机制创新

学生思想道德教育教学的目的是帮助大学生成长成才，推出以"导论、导研、导读、导做、导师"的"五导"机制，通过制度与管理、信息与反馈、评估与激励等措施，全力优化大学生思想道德教育教学。如建立"导论"机制，举办两院院士、著名专家学者高层次学术报告，创设硕博论坛、博雅论坛等专业论坛品牌。建立"导研"机制，充分发挥导师优势，指导学生学业、科研。建立"导读"机制，向学生推荐一批优秀书目，开展形式多样的读书报告会，切实提高学生的理论水平和人文素养。建立"导做"机制，以教学实践为主，以社会实践为辅，着力提高学生的实际创新能力和社会适应能力等。建立"导师"机制，以全员育人为基本要求，全力构建高等教育大众化背景下德育工作队伍。"思想政治理论课"教师和政工干部是思想道德教育队伍中的中坚力量，通过进修培养，不断提高他们的思想政治素质、业务素质和工作能力。积极开展"三育人"活动，树立人人都是德育工作者的思想，把德育渗透在教学、管理和服务等工作中，做到德育与各项工作同步进行，使每一位教职工在自己的岗位上发挥好思想道德教育的积极作用。推行导师制，完善班主任和辅导员工作制度。实行低年级以班主任全面负责制为主，高年级以导师

制为主的管理模式；完善班主任和辅导员聘任、考核、评优机制；落实导师、班主任、辅导员的相关待遇。改革和完善教师评价激励机制，建立"教学、科研、学生思想政治教育"三维评价体系，强化育人工作在教师职务评聘、岗位聘任、评优评奖等关键环节的作用。提高广大教职工对学生思想道德教育重要性的认识，引导教师积极投身教书育人工作。成立"帮困救助站"，切实解决学生的特殊经济困难，帮助学生顺利完成学业。建立"心理急救站"，悉心呵护学生的心灵，帮助学生健康成长。

二　现代德育发展论

现代德育的发展必须与世界德育大发展的趋势相接轨。德育具有很强的民族性、文化性，在全球化的大潮下，德育发展必须面向世界，必须与当代世界德育发展的实践成果相接轨。

1. 在人、社会、自然广阔的背景下思考德育发展问题

1963 年，美国率先建立包括社会、经济、文化、环境、生活等各项指标在内的新的社会发展指标体系，第一次冲击了以单一的 GDP 为中心的"发展＝经济"的经济学发展观。1995 年 3 月在哥本哈根召开的各国首脑会议通过了《哥本哈根社会发展问题宣言》和《社会发展问题世界首脑会议行动纲领》，这两个文件提出的理论观点是：第一，社会发展以人为中心，人是从事可持续发展的中心课题，社会发展的最终目标是改善和提高全体人民的生活质量。第二，社会发展与其所处的文化、生态、经济、政治和精神环境不可分割。第三，社会发展是全世界各国人民的中心需要和愿望，也是各国政府和民间社会各部门的中心责任。

由于全世界经济区域化、一体化步伐的加快，特别是电信、贸易、旅游业的发展，地球正在"变小"。现在东西方文化的交流与合作、基督教与佛教的对话，也表明世界文化正在呈现"综合的趋势"。地球只有一个，我们要共同保护我们的家园。因此，随着生态伦理学的产生，以及可持续发展理论的提出，我们应在人、社会、自然这个更为广阔的背景下认识德育。只有在人、社会、自然广阔的背景下思考德育问题，才能更好地体现现代德育的思想，才能保持现代德育的可持续发展。

2. 重视德育发展是各国教育发展的共同趋势

重视德育已成为世界发展趋势。因为未来社会的竞争是人的竞争，德

育有利于开发人类潜能。越来越多的人已经意识到，人类道德的巨大潜力以及对社会发展的重大作用绝不能忽视。从可持续发展的角度看，未来人类所面临的挑战已远远超出个人、地区和一个国家的范围，尤其需要道德的力量将人类凝聚在一起，共同发展。世界的现代化和全球化的特征表明，如果我们不能让人们更好地理解世界相互依存的性质，使每一代新人有责任感地生活，那么人们的生活能力将危险地遭到削弱。人类必须倡导一种"全球合作精神"，共同担负起保护环境、珍惜能源、拯救人类的责任。这不但需要当代人的觉醒，尤其需要通过道德教育唤醒青年一代的责任感。所以，无论是发达国家还是发展中国家，对推进德育发展的必要性及紧迫性都已达成共识，并着手付诸实施。

中国是一个发展中国家，现代化建设任务繁重，西方国家出现过的经济至上、拜金主义、道德荒芜等不良现象，在我们的社会生活中已有所体现。有人曾抛出所谓"代价说"，认为经济的增长必须以牺牲道德为代价。在一些西方国家，确实曾有过未能避免的失误。但是，我们必须清醒地意识到，中国现代化建设的起步比世界发达国家晚了近一百年。我们没有时间也没有理由重演别人的悲剧，必须以高度的责任感，关注社会的道德建设，尤其是对青少年的道德教育。只有这样，才能保证全民素质的提高，从而为现代化建设创造基础。因为社会的现代化归根到底是人的全面发展，是人的现代化。

3. 活化传统道德资源，塑造民族共同价值观

道德现象是经济关系的集中反映。各国之间经济利益互相补偿的需要，必然呼吁有一些被世界公认的符合时代精神的共同道德规范的产生。与此同时，近年来人们已注意到由于科学主义以及价值取向上重智育、重学历所导致的非人格化和道德虚无主义的困境，更加注重探讨可持续发展的哲学问题，提供更广博的知识教育，提升人文精神和终极关怀，使德育发展的价值取向具有更深厚的民族文化底蕴。世界各国更加注意挖掘民族文化遗产，强化社会共同责任心的认识，进行道德建设，克服个人利己主义及文化相对主义，努力架起通向道德理想的桥梁。在此过程中，西方学者在反思西方文化的局限性时大声呼吁"光明自东方来"。

中国传统的道德核心——儒家伦理，已经跨越国界成为世界文化宝库中的一颗璀璨的明珠。作为一种文化现象，它已成为全人类的共同财富。在欧美，孔子的思想受到专家学者的尊重。几年前，美国出版了《人民

年鉴手册》，列举了世界十大思想家，孔子被列为首位。以日本、韩国、新加坡、港澳台等一些国家和地区为代表的"亚洲伦理工业国"的发展，为儒家伦理与西方先进的科技和管理相结合提供了成功的经验。1991 年新加坡政府公布《共同价值白皮书》，提出了各种族都能接受的五大价值观，即"国家至上、社会为先；家庭为根，社会为本；关怀扶持，尊重个人；求同存异，协调共识；种族和谐，宗教宽容"。① 他们把儒家精神加以现代意义上的转换和升华，形成完整的民族精神价值体系。

在世界只有一个地球的呼吁声中，我们要树立为全球做贡献的民族主体意识和历史使命感，运用马克思主义唯物辩证法，对传统文化加以诠释、改造和升华。同时，我们既要克服传统道德中隐含的消解科学精神和工具理性的历史局限性，又要汲取传统文化所特有的人文精神和价值理性，把握精神的脉搏，培养国民的民族精神。历史证明，越强调德育要培养民族精神，并且民族精神培养越突出的国家，德育越有成效。我们应当坚持从建设中国特色社会主义的实践需要出发，认识和筛选国外有用的东西，大力弘扬优秀民族文化，建设社会主义核心价值体系。

现代社会政治、经济、文化的迅速发展，特别是现代科学技术的发展，使社会发展呈现加速发展的趋势。社会的加速发展，决定和影响着德育的发展。把握德育的发展趋势，提高德育质量，推动社会发展和人的发展，意义重大而深远。

（一）德育的现代化发展趋势

所谓现代化，是指社会和人的现代特性发生、发展过程的现实活动。现代化是一个发展过程，是现实的创造性活动。它一方面指由传统向现代转变的过程，另一方面指现代社会自身的发展过程。在我国，德育现代化具有鲜明的中国特色。

首先，德育的性质和方向是社会主义的。它既坚持马克思主义的基本原理和社会主义方向，又在实践中不断总结新经验、发展新理论、开辟新道路。同时，它既以广大学生为德育主体，又以广大学生为德育客体。德育理论的科学性和先进性是区别于其他社会功能的根本特征。这一特征，随着我国社会的发展也在不断发展。

---

① 王大龙：《新加坡的公民与道德教育》，《光明日报》1995 年 11 月 10 日。

其次，德育具有鲜明的中国特色。德育之所以在中国这块土地上发展起来，除了社会主义的政治、经济需要并决定德育之外，还有一个重要原因是德育符合我国的文化国情。自古以来，我国就有重德治、讲礼仪，重伦理、讲德育，重理想、讲修养，重内在、讲人格的传统，这种文化传统与西方国家重法制、讲规范，重外在、讲行为的传统是有区别的。正是这种文化传统，不仅留下了民族的传统美德，而且铸塑了国民的深层心理，形成了民族的习惯，为我国德育的产生、发展奠定了浓厚的文化基础，也为德育发挥巨大作用提供了条件。所以，我国学校的德育，经历了几十年的发展，逐步地丰富和完善。在新的历史条件下，德育遵循改革发展的路径，更以富有中国特色的面貌，融入世界的文化热潮，不仅在国内上下重视，而且声震海内外，成为我国政治范畴的重要内容。

德育现代化是一个全面、深刻的变革过程，也是一个系统整合运行的过程，其发展趋向主要体现在以下几个方面。

1. 德育观念的现代化

德育观念的现代化是德育现代化的前提条件，是影响其他环节现代化的决定性因素。德育作为一种有目的的、有指向的、社会的、文化的活动，更加突出地显示受思想观念的支配。因此，德育现代化，首先必须更新德育观念，实现德育观念的现代化。德育观念现代化的标志主要表现在以下几个方面。

一是开放的观念。现代社会是一个空前开放的社会，世界经济和区域经济一体化发展趋势，科学技术发展所带来的"地球村""全球观念"，各国文化的相互激荡，各个领域和各个学科的相互渗透，大大扩充了社会的开放性程度，提高了人们的社会化程度。德育面临着开放的大舞台，必须改变传统的、封闭的德育观念和德育体系，打破德育仅仅局限于课堂、书本、理论的界限，确立开放的德育观念，并建立开放的德育体系，才能与现代社会这一发展趋势相一致。

二是发展的观念。世界各国的经济、文化、德育、科技等，都处在不断改革发展之中，处在激烈竞争之中，处在广泛渗透发展之中。改革与竞争彻底改变了传统社会发展迟缓、变化迟滞的状况，成为现代社会各个领域发展的动力。面对迅速、全面发展的社会，德育也要在竞争中不断改革，在改革中不断发展，既要以社会的全面迅速发展作为发展的条件，更要担负促进社会全面、迅速改革发展的重任。德育的发展，包括向纵深方向的不断更新、拓展，即在新的社会条件下，不但继承、弘扬传统并赋予传统以新的活力，而且发展、创新并形成新的理论与方法。

三是多样化的观念。无论是在自然经济条件下，还是在计划经济条件下，德育都倾向于千篇一律，即统一的德育要求和评定标准，单一的德育内容和德育进度，模式化的德育格局和德育方式。这种简单化、单一性的德育已经不适应社会主义市场经济的发展，也不适应社会发展的要求。经济、社会、文化的多样性发展，大大增强了人们的独立性、自主性和选择性。价值取向的多样性，思想表现的层次性，德育要求的广泛性，必然成为现代社会多样化发展的一个侧面，使德育领域呈现出主导性与多样性相结合、先进性与广泛性相结合的生动活泼、丰富多彩的局面。

四是创造性的观念。现代社会的开放性、竞争性和发展性，客观地提出了创造性要求，而人们自主性、选择性的增强，又为人们发挥创造性提供了主观条件。因而，现代德育不能再像过去那样只注重传达，必须以马克思主义为指导，紧密结合现代社会的实际，创造性地开发德育。德育的创造性，不仅表现在过程上是理论与实际的高度结合，思想与行为的协调一致，而且表现在结果上是创新本单位富有特色的精神文化，有效调动人们的主观能动性，最大限度地开发人们的潜能和人力资源。

总之，德育观念的现代化，就是要在广泛的时空上，确立一种动态的、立体的、辐射的德育观念，一种创造的、高效的德育观念。

2. 德育体制的现代化

德育的体制，包括德育决策与管理体制、运行与结构体系。德育体制的现代化，是实现德育现代化的重要保证。首先，德育体制的现代化，是德育决策、管理的民主化和科学化。德育决策、管理的民主化，就是要充分尊重、发挥学生在德育决策、管理上的自主性与创造性，让更多的人关心德育；就是要把德育与学生的实际结合起来，动员、组织更多的人参与决策与管理，主动地参加各项活动；就是要把德育同人的全面发展与切身利益结合起来，经常听取学生的意见，满足学生发展提高的需要。德育决策和管理的科学化，首先是要民主化，依靠群众，广开言论，尊重群众的首创精神，集中群众的创造智慧。同时，决策和管理要遵循科学程序，运用科学方法，按照德育规律办事，改变过去凭经验办事的传统方式，克服主观性和盲目性，尽可能减少和避免决策和管理上的失误。德育体制现代化，还要符合现代社会资源配置的要求，实现德育结构最优化，即各种德育机构、德育人员都能充分配合，发挥特色、优势，使之产生最好的效果。

3. 德育内容的现代化

德育内容是最能体现和反映时代特点和面貌的，选择什么内容开展德育，决定整个德育的特征。因此，德育的内容现代化，是整个德育现代化的着力点。

德育的内容现代化。中国梦为学校德育注入了新的强大的动力，中国梦以宽广的视野引领现代德育，以朴实的话语创新现代德育，以丰富的内涵拓展现代德育。从宏大历史视域来看，中国梦是时代的梦，也是历史的梦。5000 多年文明传承的滋养，170 多年深重灾难的砥砺，90 多年艰苦卓绝的追寻，60 多年艰难曲折的探索，30 多年改革开放的绽放，共同构成了我们理解和阐释中国梦的历史之维。中国梦是在中国这块具有悠久历史传统的土地上生长出来的理想之花，5000 多年绵延不绝的文明传承滋养、孕育和哺乳，为其提供了最为深厚的历史积淀。多样性统一的中华文化，孕育了构筑中国梦的文化资源。以爱国主义为核心的民族精神，提供了构筑中国梦的精神元素。

中国梦的深刻时代意义和深远历史影响力在于：一是在时空观上把历史、现实、未来融为一体，为我们提供了把握历史、顺应时代、面向未来的崭新的认识论、方法论和实践论的战略视野，构筑了实现中国梦的"道路共同体"。中国梦为我们提升了新的共同理想、信念教育的崭新思想，提升了中华民族的共同理想认同、价值认同和精神凝聚；中国梦体现了道路认同，从历史、现实、未来三个时空节点告诉我们，实现中国梦必须走中国特色社会主义道路，因为这是复兴之路，也是人间正道。二是在整体观上把国家梦、民族梦、个人梦紧密相连，把宏大的民族复兴梦与每个人的梦想紧密相连，体现了国家富强、民族振兴与个人成长的相互联系，构筑了实现中国梦的"理想共同体"。中国梦把国家和民族的远大理想建立在每一个人梦想实现的现实基础上，更加可知可感，必定汇聚起实现中国梦的磅礴力量。三是在价值观上彰显了中国的核心价值，内蕴着富强、民主、文明、和谐的核心思想，构筑了实现中国梦的"价值共同体"，弘扬了中国精神的价值理想。在价值取向上，中国梦体现出社会理想对个体价值的包容与肯定，有助于理想信念教育走出社会理想对个体价值关照缺失的现实困境。四是在发展观上把国家富强、民族振兴、人民幸

福紧密结合在一起，把国家和民族的战略目标与人民对美好生活的向往融
为一体，构筑了实现中国梦的"目标共同体"。正如习近平总书记指出：
"人民对美好生活的向往，就是我们的奋斗目标。"中国梦体现了国家利
益、民族利益和人民利益的一致性。中国梦既宏大高远，又真切平实，既
描绘了国家、民族的宏伟蓝图，又与每一个普通人的生活息息相关，找到
了全体中华儿女的最大共识点、最优结合点。

德育的内容现代化，还必须选择现实生活中的实际内容和环境内容开
展德育，用具有现代发展趋势、体现时代特点的人和事来引导群众，选择
和创造开放环境、竞争环境、信息环境、创新环境的内容来感染群众、激
励群众，而不应选择过时、保守、狭隘的事例去教育群众。

4. 德育手段的现代化

德育手段，是在德育过程中德育者与受教育者相互传递、接受德育信
息的工具及其使用的方法。德育手段的现代化，就是不断地用现代科学技
术武装、改造德育信息的传播媒体，以实现德育手段的最优化。德育手段
现代化是整个德育现代化的推动力量。

传统的德育手段单一，方法单调，储存、加工、传播的信息量少，强
度弱，效率低。这种状况与现代大众传播媒介的广泛影响，与电视电化教
学已不相称，与大量德育信息需要的选择、加工、储存的需要不相适应。
因而，改革德育手段，运用现代科学技术是德育手段现代化的重要途径。

（二）德育的生活化发展趋势

传统的德育大多只是一种"象牙塔"中的道德建构，是一种追求普
适性的道德灌输；强调教师是道德的权威，学生被当作"美德袋"进行
单向灌输，心灵与心灵没有碰撞，思想与思想没有交锋，忽略了德育中蕴
含的道德价值与道德精神的个人生活体验。在这样的德育教学中，教师往
往简单移植和大量借用德育理论的概念术语，丢失了充满着个人体验的
"真诚"的德育实践话语，阻碍了学生个人德育实践知识的形成以及与教
师之间的互动。去生活化是造成当前德育低效的主要原因，表现为德育观
念上过度理性化，德育对象缺失主体地位，德育过程脱离学习主体的生活
以及德育情境脱离社会实际等。回归生活是德育走出困境的现实路径，回
归生活的内核是回归实践、回归多样、回归应用和回归交往。

德育应该注重生活体验。生活是德育的起点。德育应关注人的现实生

活环境和现实生命需要。更重要的是，生活是德育的途径。美国教育家杜威强调道德只不过是人们为了适应不同环境的社会反应，学生在生活实践中学习道德远远重要于直接的灌输、教导。确实，生活本身就是对人们进行道德教育，过什么样的生活，就受什么样的德育，就会有什么样的德性。如通过集体生活培养集体精神是德育的有效途径。德育来源于生活的需要，德育也是为了促进生活向更美好的方向发展。生活贯穿于人的一生中，德育应和生活同步，贯穿于生活的始终，成为一种终身行为。德育的生活化不是封闭式灌输而是开放式指引，不以追求确定性的道德知识为目标，而是给学生实践和反思道德行为的机会。德育生活化表现出如下特征和趋势。

1. 整合性。主体道德生活需要的多面性，决定了德育不可能以一种狭隘和孤立的形式存在，它应该是具有整合性和渗透性的。一是德育寓于智育之中。无知即是无德，道德与知识具有不可分割性，道德认知本身就是知识，道德推理和道德判断必须以知识为基础，没有知识支撑的道德无异于空中楼阁。努力使学生受到良好的道德熏陶，提高道德判断能力，摆正道德价值取向，选择正确的人生道路。二是德育寓于开放模式之中。生活是作为过程而存在的，是开放而非封闭的，生活的开放性决定了德育的开放性。开放型德育模式应该是"面向社会，双向参与"的模式。面向社会就是设法为学生提供实践机会，依靠校外实践基地，充分利用实践时机，将德育整合到实践环节中去。双向参与就是学生参与社会的改革实践，开展社会服务，同时争取和促进社会更多地参与学校的德育过程，使学校教育与社会教育相辅相成。三是德育寓于校园环境之中。在物质环境上，为学生健康成长提供良好的外部环境，使教学活动多样化，使教育对象更好地吸收德育知识；在精神环境上，要充分发挥学生的自主性，让学生自己发现问题，通过讨论、反思与自我建构取得认识上的一致，自己解决问题。

2. 主体性。教育是学习主体自我建构的过程，灌输式的德育是对学习主体主体性地位的严重侵犯。我国传统的德育方法未能充分考虑学习主体的个性和内在要求，以外在的规定性要求"规范"学生，对德育产生了不良影响。德育生活化要求实现德育从知识本位向学生本位的转变，它要发挥的不只是德育的管理和规制功能，还应该更多地唤醒学生的主体意识，使之在生活化的情境中得到塑造。德育的主体性表现在学校德育的方方面面：在目的上尊重人的自由发展；在原则上强调权利平等；在方法上强调启发引导；在内容上强调理解、包容、团结、合作等精神。

3. 生长性。教育既是生活，是生活的需要，也是生长，是生长的需要。生长是"朝着后来结果的行动的累积运动"，① 它既是潜在的，又是现实的，是潜在性与现实性的统一。人类的生长是在自然与社会环境中一点一滴地完成的，是一个渐进的过程。人的发展是一个由潜在性向现实性转变的过程，是从未成熟状态走向成熟状态的过程，人的潜能的多样性和未知性决定了这个过程将伴随人的一生。长期以来，学生往往不被社会和学校当成"生长中"的个体，德育也不被视为"生长"德育，德育要么强调历史上沿袭下来的传统的道德观念，要么强调预期的、过高的道德理想，忽视了学生道德观念正处于生长、发展过程中这样一个事实。将学生视为生长过程中的学习主体，是德育生活化的内在要求。德育要关注社会主流价值观念，培养符合社会主流价值观念的人才，但德育也应关注学习主体的道德需求，为满足学习主体的道德需求创造条件。道德教育"仅仅有潜能是不够的，人的德性成长还必须由教育经历、社会环境、文化生态为其提供支持性条件和引导。尤其是个体外部存在的对其道德潜能及其运用持肯定、赞许和鼓励态度的情感氛围，以及由此带来的个体适应感和成功感，必然促成新的道德成长动机。反之，如果缺失了这种外部和内部感情上的支持，人的道德学习潜能将很可能被压抑而沦为道德麻木"。②

（三）德育的网络化发展趋势

当代信息科学技术迅猛发展，互联网集先进的计算机技术、信息压缩技术、快速传输技术和海量存储技术于一身，超乎想象地把信息送到了每个人的身边。大数据时代的到来，以其独有的广泛而深度的渗透性对社会的政治、经济、文化等层面产生了革命性的影响。德育作为社会活动的一个重要组成部分，无疑也正面临和经历着由互联网带来的一次深刻的变革。网络德育已经成为教育工作者日益关注的话题。

网络德育是运用计算机技术和网络手段，围绕德育目标、内容，开展德育活动，实现德育的过程。它是使德育网络化，即运用网络系统传递、

---

① ［美］杜威：《民主主义与教育》，王承绪译，人民教育出版社 2001 年版，第 49 页。

② 朱小蔓等：《面对挑战：学校道德教育的调整与革新》，《教育研究》2005 年第 3 期。

接受和处理德育信息，实现传统德育形式和内容、理论和实践、课堂和现场、可能和现实、对象和主体的真正有机统一和整体综合创新或再造。

网络德育是一种开放的动态发展的概念，包含以下五方面的内容：一是网络德育是通过网络进行的德育活动过程，网络是德育的一种工具、一种手段、一种方式；二是网络德育在网络上进行德育活动，意味着把网络作为德育的一种环境；三是网络德育是开发和利用网络知识与信息资源的过程，网络是德育的资源，网络德育是对这种信息资源的开发、利用和创新；四是网络德育把网络作为德育的内容，关注、预防和矫正与网络有关的各种德育问题；五是网络德育着力利用网络所提供的快捷便利条件形成德育的网络系统。

网络德育是德育适应现代化信息网络技术发展的体现，是网络技术与德育的联姻，是德育的一种现代化方式，也是现代德育的一个时代特征。"利用网络进行的道德教育"是网络德育的一个方面。它还有另外一层含义，即"针对网络进行的道德教育"。只有在这两个层面都得到充分的重视和发展，网络德育才能真正有所成效，其德育才会发挥得更好。网络德育具体表现在以下几方面：

首先，网络时代以多媒体技术和网络技术等一系列现代和当代教育技术，把抽象、复杂和空洞的德育理论，变成具体、形象、生动、有趣的教育内容，让受教育者在轻松愉快、声情并茂的平面动画、立体动画和逼真的影视境遇的审美感受中，学习和掌握德育理论。现代教育技术从以广播电视为主体、以个人自学为主要学习方式，转为以计算机、多媒体技术和通信技术为主体、以个人自主的个别化学习和交互式集体合作学习相结合为主要学习方式。我们不仅需要务实的德育教学理论和实践，更需要把德育理论和实践转化成务实的可操作性技术和技巧。

其次，知识和信息的全息即时同步。今天，网络可把人与人之间交流的时间间距无限缩短，空间间距无限拉近。传统德育课堂因不能与时代发生即时或实时联系，导致教学知识、资料信息严重滞后。然而，这一切在今天却发生了根本变化。把互联网引入德育课堂教学过程中，实现德育课堂教学网络化，那么教师就可一边传授教材和教参等载体上已有的知识、资料信息，一边即时或实时从网上下载最新的知识、资料信息（文字、图像、声音等）。德育教学知识、资料信息也和其他知识、资料信息一样，与时代跳动的脉搏同步。不仅如此，在提前设计、预约的条件下，师生还可以直接通过网上的聊天室与特邀专家针对某一热点、难点问题，进行网上即时的现场讨论。在网络化德育课堂教学中，课堂即是时代德育发展的真实现场，德育教学理论与社会现实生活最新信息发生即时的交互式全息联系，这就是网络时代的崭新德育课堂——网络化德育教学课堂。

再次，实景和虚拟的融洽互补。在传统德育教学过程中，德育教学内容和形式的可能性和现实性之间存在着严格的界限。可能就是可能，现实就是现实；可能若转化成现实一般必须经过较大的现实空间范围和较长的时间。以电脑为主的媒体让世界耳目一新的地方，便是它将抽象化为现实的能力……虚拟现实技术创造出的虚拟现实世界（各类虚拟社区等），可能使想象世界与现实世界之间有机地联系起来，架起了人们内心想象可能世界与外部现实世界之间相互转化的桥梁。

就此而论，虚拟技术使可能直接转化成为现实。借助虚拟现实技术，我们可以实现德育教学过程中理想观念和实践模式与现实观念和实践模式之间的融洽互补。把理想模式虚拟现实化，变成具体、生动的"灵活"电脑时空现实，进行仿真模拟教学和研究，对即将发生的现实过程做超前的了解和显现；把现实模式虚拟理想化，变成抽象、概括和理论化的人为创造时空，进行同样的仿真模拟教学和研究。对已经发生、正在发生和即将发生的复杂感性现实道德生活，做超前的理论概括和加工、总结和提炼，预先提出未来德育教学新理念模式和新实践模式。在这里，真实的德育教学情境教育和虚拟现实技术成就的虚拟现实教育互相引发、指导和修正、整合，融会贯通，恰当互补，共同前进，从而真正实现德育的网络化。

（四）德育的学科化发展趋势

德育在理论和实践方面都提出了一系列的新问题、新要求。要解决新问题，达到新要求，其出路就是要实现德育学科化和德育科学化。

所谓德育学科化，就是要把德育的领域、内容、模式等实际问题纳入德育学科研究的范围，建立德育的主体理论体系和分支学科体系，使德育真正成为一门科学。现在，我国学校已经建立了思想政治教育学科，这一学科同教育学下属德育学科在性质和内容上基本上是一致的。所谓德育科学化，就是要用正确的理论和方法，有效解决新形势下的新情况和新问题，提高德育的质量与效果。德育学科化和德育科学化是德育问题的两个方面，即德育理论与德育实践，这两个方面的研究和探索要同时进行，并且在新形势下必须迅速向前推进。

现代科学技术的惊人发展，推动各个学科领域出现了信息化、社会化、综合化、专业化的新趋势，并从根本上改变了生产力的结构，改变了劳动和各项实际工作的内容与条件，促进社会劳动和实际工作智力化，大大提高了劳动和各项工作的效率。德育学科和德育工作也会毫不例外地经受现代科学技术的推动和改变，促进德育的信息化、综合化和科学化，改善德育的手段和条件，提高德育的质量和效率。如果德育脱离现代科学技术的洪流，放慢科学化进程，德育就会落后于时代而缺乏活力。

德育学科有马克思主义雄厚的理论基础，有党的思想政治工作的丰富经验，有广大德育工作者的广泛实践，因而它发展很快，而且对德育指导直接而有力，它是一门在发展中的、富有活力和中国特色的新型学科。

在新的形势下，德育学科还要有新的发展，而新的发展要与现代科学技术发展的特点相一致：第一，高度分化和高度综合相统一的发展趋势。德育学科的分化，如前所述，就是向各个不同领域的深入，揭示德育在各个领域的具体规律，形成德育的分支学科。德育学科的综合，也如前所述，就是向相关领域渗透，与相关学科结合，揭示德育发挥作用与影响的规律，形成德育交叉、综合学科。德育学科分化和综合是统一于德育学科发展过程之中的，分化中有综合，综合中有分化，分化与综合的发展，推动德育向纵深领域拓展，促进德育学科的丰富和完善。

第二，与人文社会科学相结合的发展趋势。我国的德育学科已经形成了自己的理论与方法体系，成为人文社会科学中的一个分支。由于它是一个综合性学科，必定与相关学科有交叉结合之处。相关学科的发展，一方面可以为德育学科提供新知识和新方法的借鉴，另一方面也不可避免地会触及、渗透到德育某些领域，使德育学科面临挑战。因此，德育学科要审视人文社会科学发展的新趋势，及时吸收相关学科的最新研究成果，在学科竞争之中求发展、求完善。

第三，与现代科学技术相结合的发展趋势。现代科学技术既向德育提出了现代化、科学化的迫切要求，又为德育现代化和科学化提供了条件和手段。现代高科技已经渗透到人们的学习、生活的各个方面，从而拓宽了人们学习、生活的视野，丰富了生活的内容，提高了学习、生活的质量。在德育过程中，人们不会满足于德育传统的老方式和"我讲你听"的老办法，他们在有限的时间内，更追求德育的高质量和高效率，更向往具有现代气息的德育。因此，用现代科学技术变革德育的方法和手段，是德育学科发展的重要内容。德育方法和手段的现代化，主要是收集处理德育信息的手段现代化，存储和检索德育信息手段现代化，德育信息传播现代化，德育环境和德育场所建设手段现代化。只要德育有效地、综合地利用了现代的电子技术、传播技术及声、光、电技术，德育就会创造出新的教育感化力量，也会创造出富有时代气息的育人环境。大数据时代的到来，使德育工作可以从宏观群体走向微观个体，我们将比任何时候都更贴近每一个学生的真实，也更有可能让德育以个性化的方式"润物细无声"地走进每一个学生的内心。

附　录

教育部关于整体规划大中小学德育体系的意见

教社政〔2005〕11 号

为贯彻落实《中共中央国务院关于进一步加强和改进未成年人思想道德建设的若干意见》（中发〔2004〕8 号）和《中共中央国务院关于进一步加强和改进大学生思想政治教育的意见》（中发〔2004〕16 号）精神，现就整体规划大中小学德育体系提出以下意见。

一　充分认识新形势下整体规划大中小学德育体系的重要意义

1. 学校教育，育人为本；德智体美，德育为先。德育主要是对学生进行政治、思想、道德、法制、心理健康教育。青少年学生的爱国情感，文明行为习惯，良好道德品质，遵纪守法意识，科学的世界观、人生观、价值观和中国特色社会主义理想信念，是一个通过教育逐步形成和发展的过程。整体规划大中小学德育体系，就是根据不同教育阶段学生身心特点、思想实际和理解接受能力，准确规范德育目标和内容，科学设置德育课程，积极开展德育活动，努力拓展德育途径，有针对性地进行教育和引导，使学校德育更具科学性，更好地促进青少年学生全面健康成长。目前，大中小学德育各阶段的德育目标划分还不够准确，内容安排还不尽合理，存在着一定程度的简单重复交叉和脱节的问题。整体规划大中小学德育体系，充分发挥学校教育的主渠道、主阵地、主课堂作用，是一项极为紧迫的重要任务，是加强和改进大学生思想政治教育和中小学生思想道德教育的重要举措，是贯彻党的教育方针的必然要求。

2. 整体规划大中小学德育体系的总体要求是：以邓小平理论和"三个代表"重要思想为指导，全面贯彻党的教育方针，坚持以人为本，遵循学校德育工作规律和青少年学生成长成才规律，适应社会发展要求，贴近实际、贴近生活、贴近学生，把理想信念教育、爱国主义教育、公民道德教育和基本素质教育贯穿始终，使大中小学德育纵向衔接、横向贯通、螺旋上升，不断提高针对性实效性和吸引力感染力，更好地促进青少年学生健康成长。

3. 整体规划大中小学德育体系的基本原则是：（1）坚持把邓小平理论和"三个代表"重要思想作为根本指针，始终坚持学校德育的正确方向。（2）坚持把培养有理想、有道德、有文化、有纪律的"四有"公民作为根本目标，努力培育社会主义事业的合格建设者和可靠接班人。（3）坚持把帮助青少年学生树立正确的世界观、人生观、价值观作为根本任务，不断促进他们形成正确的思想道德观念。（4）坚持把课堂教学和社会实践作为根本途径，不断提高学校德育的实效。（5）坚持把有效衔接、分层实施、循序渐进、整体推进作为根本要求，始终保持学校德育的生机与活力。（6）坚持把学校、家庭、社会共同参与、相互配合作为根本举措，切实增强德育工作的合力。

二　准确规范各教育阶段德育目标和内容

4. 小学教育阶段德育目标是：教育帮助小学生初步培养起爱祖国、爱人民、爱劳动、爱科学、爱社会主义的情感；树立基本的是非观念、法律意识和集体意识；初步养成孝敬父母、团结同学，讲究卫生、勤俭节约、遵守纪律、文明礼貌的良好行为习惯，逐步培养起良好的意志品格和乐观向上的性格。

小学教育阶段德育主要内容是：开展热爱学习、立志成才教育，开展孝亲敬长、爱集体、爱家乡教育，开展做人做事基本道理和文明行为习惯养成教育，开展热爱劳动和爱护环境教育，开展尊重国旗、国徽，热爱祖国文化的爱祖国教育，开展社会生活基本常识和安全教育。

5. 中学教育阶段德育目标是：教育帮助中学生初步形成为建设中国特色社会主义而努力学习的理想，树立民族自尊心、自信心、自豪感；逐步形成公民意识、法律意识、科学意识以及诚实正直、积极进取、自立自强、坚毅勇敢等心理品质，养成良好的社会公德和遵纪守法的行为习惯。中等职业学校还要帮助学生树立爱岗敬业精神和正确的职业理想。

中学教育阶段德育主要内容是：开展爱国主义、集体主义、社会主义教育，开展中华民族优良传统和中国革命传统教育，开展法制教育和民主、科学教育，开展基本国情和时事教育，开展民族团结教育、国防教育和廉洁教育，开展青春期卫生常识和心理健康教育，开展社会公德和劳动技能教育。中等职业学校还要加强职业道德、劳动纪律和职业规范教育。

6. 大学教育阶段德育目标是：教育引导大学生确立在中国共产党领导下走中国特色社会主义道路、实现中华民族伟大复兴的共同理想和坚定信念，牢固树立爱国主义思想和全心全意为人民服务思想，自觉遵守法律法规和社会道德规范，加强自身道德修养，具备良好的心理素质和艰苦奋斗、开拓进取的精神，促进大学生思想政治素质、科学文化素质和身心健康素质全面协调发展。同时，积极引导大学生中的先进分子树立共产主义的远大理想，确立马克思主义的坚定信念。

大学教育阶段德育主要内容是：加强马克思列宁主义、毛泽东思想、邓小平理论和"三个代表"重要思想教育，加强党的基本理论、基本路线、基本纲领和基本经验教育，加强中国革命、建设和改革开放的历史教育，加强基本国情和形势政策教育，加强民族精神和时代精神教育，加强社会公德、职业道德和家庭美德教育，加强法制和诚信教育，加强人文素质和科学精神教育，加强心理健康和就业创业教育。

三　科学设置各教育阶段德育课程

7. 小学开设以公民基本道德素质教育为基本内容的品德与生活、品德与社会类课程。小学 1—2 年级的品德与生活课着重引领小学生健康安全、愉快积极、负责任有爱心、动脑筋有创意地生活，逐步养成良好的生活习惯。小学 3—6 年级的品德与社会课着重讲解个人成长，讲解家庭、学校、家乡（社区）、祖国，讲解世界，引领小学生逐步认识自我、认识社会，为形成良好的品德奠定基础。

8. 中学开设以提高学生思想道德水平为基本内容的思想品德、思想政治类课程。初中开设的思想品德课着重讲解个人成长应具备的基本要求、个人与他人的关系、个人与集体、国家和社会的关系，引领初中学生感悟人生意义，提高道德素质，了解基本法律知识，培养健康心理品质，确立责任意识和积极的生活态度。普通高中开设思想政治课，着重讲解哲学基本常识和政治生活、经济生活、文化生活常识，公民道德与伦理常识、法律常识，引导学生运用矛盾和实践的观点和方法认识问题、分析问题和解决问题，使高中学生具备在现代社会生活中应有的自主、自立、自强的能力和态度，初步形成正确的世界观、人生观和价值观，初步掌握辩证唯物主义和历史唯物主义的观点、方法，为终身发展奠定思想道德基础。中等职业学校开设哲学基础知识、经济与政治基础知识、法律基础知识和职业道德与职业指导类课程，帮助学生树立正确的职业理想，养成良好的职业道德，具备基本的就业创业意识，为步入职业生涯和终身发展奠定思想道德基础。

9. 大学开设《马克思主义基本原理》、《毛泽东思想、邓小平理论和"三个代表"重要思想概论》、《中国近现代史纲要》和《思想道德修养与法律基础》等德育课程。加强对大学生进行马克思列宁主义、毛泽东思想、邓小平理论和"三个代表"重要思想基本理论教育，帮助大学生全面准确把握马克思主义基本原理和毛泽东思想、邓小平理论、"三个代表"重要思想等基本理论，正确认识人类社会发展的规律，坚定走中国特色社会主义道路的信念，提高自觉应用马克思主义立场、观点和方法认识、分析和解决问题的能力，使大学生了解国史、国情，深刻领会历史和人民是怎样选择了马克思主义，选择了中国共产党，选择了社会主义道路，帮助大学生提高思想道德素质，增强社会主义法制观念，解决成长成才过程中遇到的实际问题。

10. 科学构建各级各类学校德育课程体系，合理确定课程的设置及课程标准，是整体规划大中小学德育体系工作的重点。教育部将不断优化各级各类学校德育课程的设置，并制定德育课程标准，明确教育目标、内容及要求，使小学、中学、大学各教育阶段的德育课程形成由低到高、由浅入深、循环上升、有机统一的体系。

四　积极开展各教育阶段德育活动

11. 小学教育阶段德育活动要体现生动性、趣味性，动手动脑，丰富情感体验的特点。积极组织开展感受家乡变化、欣赏自然风光等活动，增强小学生爱国情感。开展介绍名人名言和英雄人物事迹等活动，激励小学生树立远大人生志向。开展学习身边的榜样、遵守课堂纪律等活动，规范小学生行为习惯。通过传唱新儿歌新童谣、做游戏等文体活动，提高小学生基本素质。

12. 中学教育阶段德育活动要体现知识性强、吸引力大、参与度高，开阔视野、促进思考的特点。积极组织开展感受社会主义现代化建设成就等社会实践活动，帮助中学生逐渐树立为国家、为人民、为民族奋斗的志向。开展了解中华民族历史文化、参观爱国主义教育基地等活动，引导中学生树立民族自尊心、自信心、自豪感。开展践行基本道德规范教育活动，帮助中学生养成遵守法律和社会生活基本规范的良好习惯。开展富有趣味、怡情益智的课外文体和科技活动，促进中学生身心发展。

13. 大学教育阶段德育活动要体现政治性、思想性，与学生成才紧密联系的特点。积极组织开展邓小平理论和"三个代表"重要思想理论学习和实践活动，教育引导大学生树立走中国特色社会主义道路的理想。开展弘扬民族精神、时代精神和深入工农群众、深入社会的教育实践活动，坚定大学生报效祖国、服务人民的信念。开展社会公德、职业道德和家庭美德的教育实践活动，不断提高大学生道德自律的意识和能力。开展学术、科技、体育、艺术和娱乐等活动，帮助大学生德才并进、全面发展。

五　努力拓展大中小学德育的有效途径

14. 挖掘各类课程的德育资源，把德育渗透到学生学习的各个环节。大学哲学社会科学和其他各类专业课程，中小学语文、历史、地理、艺术和其他各类课程都要蕴含对学生进行德育的内容，使学生在学习知识、增强能力的过程中受到思想道德教育，加强思想道德建设。

15. 明确全员育人的要求，把德育落实到教学、管理、服务的各个方面。各类课程教师要提高师德和业务水平，爱岗敬业，教书育人，为人师表，以良好的思想政治素质和道德风范影响和教育学生。学校管理和服务人员要在严格管理和优质服务中体现育人导向，使学生从中受到感染和教育。

16. 积极开展丰富多彩的德育活动，在活动中增强德育效果。大中小学校都要举行隆重的开学和毕业典礼，培养学生荣誉感和责任意识。要利用重大节庆日举行升旗仪式等活动，激发学生爱国情感。大力开展日常校园文化活动，把德育与智育、体育、美育有机结合起来，寓教育于健康向上的文化活动之中。积极开展网上思想政治教育活动，努力建设一批融思想性、知识性、趣味性、服务性于一体的校园主网站，使校园网成为传播先进文化的新渠道，加强德育的新阵地，全面服务学生的新平台。深入开展社会实践活动，让学生在实践中受教育、长才干、作贡献。

17. 推进教育、管理、服务相结合，在关心人帮助人中教育人引导人。要依照法律和规章制度，严格校规校纪，加强和改进学校管理，加强校风、教风、学风建设。要做好服务工作，把解决思想问题与解决实际问题结合起来，不断改善办学条件，提高办学水平，指导学生处理好在学习、成才、择业、交友、健康、生活等方面遇到的问题。充分调动学生的积极性和主动性，提高学生自我教育、自我管理、自我服务的能力。大学和中等职业学校要对学生进行职业指导，为学生就业创业提供服务。

18. 构建学校、家庭、社会紧密配合的德育网络，使德育工作由学校向家庭辐射，向社会延伸。学校要主动和学生家长及社会各方面加强沟通与合作，使三方教育互为补充、形成合力。要正确引导家庭教育，通过家长学校、家庭教育指导中心、家访等多种形式，引导家长树立正确的人才观、质量观和择业观，掌握科学教育子女的方法。要高度重视并充分发挥校外教育基地、爱国主义教育基地和社区教育的作用，依托社会的各种活动阵地，组织开展富有吸引力的德育活动。

19. 积极开展党团活动，充分发挥党团组织和学生组织在德育中的重要作用。少先队、共青团和党组织是学校德育工作重要的组织体系和保障，要充分发挥少先队、共青团和党组织政治优势、组织优势，做好大中小学德育工作。小学阶段要重视发挥少先队的作用，加强少先队中队建设，积极开展少先队活动，团结广大小学生好好学习，天天向上。中学阶段要对学生开展团的基本知识教育，加强团支部建设，积极发展共青团员，积极开展团组织活动。在高中阶段学生中开展党的基本知识教育，努力培养一批入党积极分子。大学阶段要高度重视加强在大学生中发展党员工作，加强学生党支部建设，使其成为德育工作的坚强堡垒。要利用小学生加入少先队、中学生加入共青团和大学生加入中国共产党等人生成长的重要时机，有针对性地开展具有深刻意义的教育活动。同时，要发挥学生会、研究生会的桥梁和纽带作用，积极开展生动有效的德育活动。

六　切实加强整体规划大中小学德育体系工作的领导

20. 建立健全领导体制。各级教育部门要从"培养什么人、如何培养人"的战略高度，切实加强对整体规划大中小学德育体系的领导。教育部成立学生思想道德建设工作领导小组，对全国大中小学德育统一规划、组织协调、宏观指导和督促检查。成立大中小学德育工作专家指导委员会，对整体规划大中小学德育体系工作进行咨询论证、提出建议、具体指导、培训人才。成立大中小学德育课程开发和教材编审委员会，统筹大中小学德育课程体系设计，统筹大中小学德育课程标准制定和教材编写，保证大中小学德育课程内容的衔接。各地教育部门也要成立相应的组织机构，保证国家规定德育课程计划能够得到切实执行。

21. 建立完善工作机制。各地教育部门要研究制定本地区整体规划大中小学德育体系工作的具体实施方案，把工作要求具体化。要着力建立长效工作机制，深入开展社会实践，大力推进校园文化建设，为学生办实事好事，减轻学生课业负担，改进德育考试和评价方法，整合社会德育资源，加大投入，努力形成全员、全过程、全方位育人的格局，促进学校德育全面、协调、可持续发展。要把大中小学德育评估指标纳入教育教学评估指标体系之中，并放在突出位置，通过评估促进学校德育工作。要对德育工作成绩优秀的集体和个人给予表彰和奖励；对存在的问题，要限期整改。

22. 切实加强德育工作队伍建设。要像重视和关心业务学术骨干的选拔培养那样重视德育队伍人员的选拔培养。教育部制定政策，做出规划，组织示范性培训。各地教育部门要组织实施德育人才培养工程，实现德育队伍的职业化、专业化和专家化。学校要建立完善培养德育队伍的激励和保障机制，按照有关规定配备好德育队伍，特别是德育课教师和辅导员、班主任队伍，努力创造良好的政策环境、工作环境和生活环境，充分调动他们的积极性和创造性。

23. 推动整体规划大中小学德育体系研究。整体规划大中小学德育体系的科学性、政策性很强，有其自身规律。要组织力量深入研究，为增强整体规划大中小学德育体系的系统性、前瞻性和创造性提供理论支持和决策依据。要培养和造就一批德育专家、教授、特级教师和理论家。

各地教育部门要根据本意见，结合实际，制定具体实施意见，认真贯彻执行。

中国普通高等学校德育大纲

（1995 年 11 月 23 日）

一　总则

　　高等学校的根本任务是培养德智体等方面全面发展的社会主义事业的建设者和接班人。现在和今后一二十年高等学校培养出来的学生，他们的思想道德和科学文化素质如何，直接关系到 21 世纪中国的面貌，关系到我国社会主义现代化建设事业能否实现，关系到能否坚持党的基本路线一百年不动摇。为此，必须重视德育，把坚持坚定正确的政治方向放在学校工作首位。德育即思想、政治和品德教育，它体现教育的社会性和阶级性，是学校教育的重要组成部分。它与智育、体育等相互联系，彼此渗透，密切协调，共同育人。高等学校德育对学生健康成长和学校工作具有导向、动力、保证作用，对建设社会主义物质文明和精神文明，促进社会全面进步具有重要意义。高等学校德育的任务，是用马克思列宁主义、毛泽东思想和邓小平建设有中国特色社会主义理论教育学生坚持社会主义方向，树立科学的世界观和正确的人生观，形成良好的道德品质，把学生培养成为有理想、有道德、有文化、有纪律的一代新人。为贯彻落实《中共中央关于进一步加强和改进学校德育工作的若干意见》和《中国教育改革和发展纲要》，保证高等学校德育有效实施，根据《教育法》特制定《中国普通高等学校德育大纲》。

　　本大纲是国家对高等学校德育工作与大学生思想、政治、品德素质要求的具体体现，是指导和规范全体教职员工教育思想与行为的重要依据，也是各级教育行政部门对高等学校德育实行科学管理与检查评估的根据。制定本大纲旨在全面贯彻教育方针，全面提高教育质量，加强和改进高等学校德育工作，建立全方位德育格局，形成全员德育意识，增强德育整体效果，提高德育水平，建立和完善有中国特色的社会主义高等学校德育体系。

　　本大纲以马克思列宁主义、毛泽东思想和邓小平建设有中国特色社会主义理论为指导，适应改革开放、建立社会主义市场经济体制和迎接21世纪的新形势，继承和发扬高等学校德育的优良传统，总结新经验，促进高等学校德育工作逐步实现规范化、制度化。本大纲由总则、德育目标、德育内容、德育原则、德育途径、德育考评和德育实施等七部分构成，立足当前，面向未来，与中学德育相衔接，注意系统性和可操作性，并在实践中不断充实和完善。

二　德育目标

　　德育目标是德育工作的出发点和落脚点。高等学校德育目标是：使学生热爱社会主义祖国，拥护党的领导和党的基本路线，确立献身于有中国特色社会主义事业的政治方向；努力学习马克思主义，逐步树立科学世界观、方法论，走与实践相结合、与工农相结合的道路；努力为人民服务，具有艰苦奋斗的精神和强烈的使命感、责任感；自觉地遵纪守法，具有良好的道德品质和健康的心理素质；勤奋学习，勇于探索，努力掌握现代科学文化知识。并从中培养一批具有共产主义觉悟的先进分子。

　　具体规格要求是：

　　1. 了解中国的历史和国情，继承和发扬中华民族优秀文化传统和中国共产党领导下的革命斗争传统。具有民族自尊心和自信心；自觉维护祖国的荣誉、独立统一和各民族的大团结；把个人利益和国家利益联系起来，视国家利益为最高利益。立志为实现我国社会主义现代化建设战略目标而奋斗，做一个忠诚的爱国主义者。

　　2. 正确理解和坚持党的基本路线，坚持以经济建设为中心，坚持四项基本原则，坚持改革开放。学会识别和抵制各种背离党的基本路线的错误倾向，拥护中国共产党的领导，走建设有中国特色的社会主义道路。

　　3. 树立社会主义民主法制观念。自觉维护和遵守中华人民共和国宪法和法律；正确行使法律所赋予的民主权利，自觉履行法律所规定的义务，知法、守法、用法，维护学校和社会稳定。

　　4. 努力学习马克思列宁主义、毛泽东思想和邓小平建设有中国特色社会主义理论。逐步学会运用辩证唯物主义和历史唯物主义的立场、观点、方法，分析现实社会生活中的政治、经济、文化、道德现象，识别各种社会思潮，正确认识人类社会历史发展客观规律。

5. 树立以社会主义集体主义为核心的人生观和价值观。努力为人民服务，发扬对国家和人民的奉献精神，顾全大局，正确处理国家、集体、个人之间的利益关系；反对拜金主义、享乐主义和极端个人主义。

6. 树立正确的学习目的。养成良好的学风，努力攀登科学文化高峰。

7. 养成高尚的社会主义道德品质和文明行为习惯。努力做到：诚实守信、勤劳敬业、谦虚谨慎、言行一致、乐于助人、见义勇为、尊敬师长、礼貌待人、朴素大方、廉洁奉公、尊重他人劳动、爱护公共财物、维护公共秩序、抵制不良社会风气。严格遵守校纪、校规，维护校园的安全和秩序。

8. 努力学习新知识，树立与改革开放、社会主义市场经济体制和社会全面进步相适应的开拓进取、讲求实效、公平竞争、团结协作、艰苦奋斗、自力更生等观念。

9. 具备健康、高雅的审美情趣和正确的审美观点，努力培养辨别美、丑的能力，自觉创造美的生活。

10. 具备良好的个性心理品质和自尊、自爱、自律、自强的优良品格，具有较强的心理调适能力。

三　德育内容

德育内容根据德育目标和教育对象思想政治品德发展的一般规律而确定，并随着社会发展进程而充实调整。高等学校德育内容是学校教育内容的组成部分，是中学德育内容的深化和延伸，要针对高校学生及各学习阶段的特点安排德育内容，形成以爱国主义、集体主义、社会主义教育为核心的、相对稳定的教育内容体系。

1. 马克思主义列宁主义、毛泽东思想和邓小平建设有中国特色社会主义理论教育。马克思主义的基本原理教育。中国革命的理论和历史教育。建设有中国特色社会主义理论和实践的教育。正确认识当代世界经济政治与国际关系的教育。

2. 爱国主义教育。中华民族爱国主义传统教育。中国近、现代史教育。中国国情教育。热爱社会主义祖国教育。民族团结教育。国防教育和国家安全教育。

3. 党的路线方针政策和形势教育。党的基本路线教育。国内外形势与政策教育。

4. 民主、法制教育。社会主义民主教育。社会主义法制教育。纪律教育。

5. 人生观教育。人生价值观教育。人生理想教育。人生态度教育。

6. 道德品质教育。中华民族优良道德传统教育。社会主义道德教育。社会公德教育。职业道德教育。

7. 学风教育。学习目的教育。治学态度教育。

8. 劳动教育。劳动观念教育。劳动态度教育。热爱劳动人民教育。

9. 审美教育。审美观念教育。审美情趣教育。审美能力培养。

10. 心理健康教育。心理健康知识教育。个性心理品质教育。心理调适能力培养。

四　德育原则

高等学校德育原则是高校德育工作规律的具体体现，是德育过程中必须遵循的准则。

1. 方向性原则。高等学校德育必须坚持社会主义方向，坚持以马克思主义为指导，抵制各种错误思想影响。

2. 理论联系实际的原则。思想理论教育，要联系国内外政治经济文化的发展变化和学生的思想实际；既要注重理论教育，又要注重实践教育，知行统一。要求实务实，提高教育实效，防止形式主义。

3. 继承和创新的原则。高等学校德育，要继承和发扬中华民族优秀的德育思想和党的思想政治工作的优良传统，学习和借鉴国外有益经验和成果；要适应新的历史条件，不断改革内容与方法，不断创造新经验。

4. 整体性原则。高等学校德育，要完善科学的工作体系，发挥全体教职员工、各种途径和环节的德育功能，协调一致，形成卓有实效的德育合力。

5. 层次性原则。坚持德育目标，要从实际出发，针对学生的不同类型、不同层次和个体差异进行教育。

6. 正面教育为主的原则。要注重正面引导和说服教育，坚持灌输与疏导相结合，表扬与批评相结合，引导学生以积极因素克服消极因素。

7. 教育与管理相结合原则。管理是强化教育的必要手段。在各项管理、服务中要贯彻对学生的德育要求。各级管理人员应以敬业精神与良好作风去影响学生，并要发挥学生自我管理的作用。

8. 严格要求与热情关怀相结合原则。教育者要全面关心学生的健康成长，对他们既要严格要求，又要热情关怀，积极主动帮助他们解决思想、学习和生活等方面的实际问题。

9. 教育与自我教育相结合的原则。要发挥教育者和受教育者的两个积极性；教育者与受教育者要建立一种民主、平等、彼此尊重、相互学习的师生关系；增强学生接受教育的主动性，并不断提高自我教育的能力。

五　德育途径

德育途径是落实德育内容、实现德育目标的渠道和方式。要进一步拓宽德育途径，形成综合育人的有效运行机制。

1. 马克思主义理论课和思想品德课。马克思主义理论课和思想品德课是对学生系统进行思想政治教育的主渠道和基本环节，是每个学生的必修课程。要把"两课"作为重点课程来建设，要以邓小平同志建设有中国特色社会主义理论为指导，不断改革"两课"的教学内容和方法，努力提高实效。本科马克思主义理论课应设置马克思主义基本原理课程、有中国特色社会主义建设课程、中国革命史课程；思想品德课应设置思想道德修养课程、法律基础课程和形势与政策课程。文科类专业还应开设世界政治经济与国际关系课程，有条件的理工农医院校和专业可列入选修课。综合大学和师范院校的人文社会科学理论专业、思想政治教育专业和财经政法、民族类院校的课程设置，可与本专业基础课程统筹考虑，作必要的调整。马克思主义理论课的教学时数，文科类不少于250学时，理工农医类不少于200学时，专科文理科均不少于150学时。实行学分制的学校的马克思主义理论课，文科类至少安排15学分，理工类至少安排12学分。法律基础课程和思想道德修养课程教学时数，本科不少于85学时，专科不少于68学时。实行学分制的学校这两门课至少安排5学分。各层次各科类的学生都要开设形势与政策课程，可按专题或讲座，或集中或分散安排教学，平均每周一课时，可不占教学计划内学时，但要按必修课要求学生和安排教学。研究生继续开好现有课程并保证必要的学时。

2. 教书育人、管理育人、服务育人。全体教职工都负有德育工作的责任。要高度重视和充分发挥教师的育人作用。教师要树立正确的教育思想，做到言传身教，为人师表。要发挥各科教学中的德育功能，结合教学相关内容和各个环节，有机地对学生实施德育。学校各项管理工作都应与德育工作紧密结合，着眼教育，从严要求，注意方法，使之成为学校德育的重要途径。学校各项服务工作都应有德育功能，全体服务人员都应热爱本职工作，以身作则，优质服务，使学生从中受到感染、激励和教育。

3. 日常思想教育工作。辅导员和班主任是日常思想政治教育的直接组织者和协调者。要深入学生，搞好班集体、宿舍和年级工作；组织开展形式多样、生动活泼的教育活动；有针对性地做好深入细致的个别思想工作；加强心理健康和心理素质方面的咨询与指导；要通过各种行之有效的方式，密切学校与学生家长的联系，争取家庭教育与学校教育的良好配合。

4. 党团工作和学生会工作。加强大学生中的党团建设，充分发挥学生党团组织在思想政治教育中的作用。通过业余党校、团校和学习马列、党章小组，加强大学生积极分子的教育、培养和学生党员发展工作，形成以学生党员为核心的学生骨干队伍。学校党团组织要加强对学生会（含研究生会）和学生社团组织的领导与管理，充分发挥它们的自我教育、管理、服务与约束的作用。

5. 社会实践。教育与生产劳动相结合是坚持社会主义教育方向的一项基本措施。社会实践是促进理论与实际、学生与工农群众相结合的有效途径。学校要把劳动教育、军政训练、社会实践纳入教学、教育计划，有组织地开展各类社会实践活动，在活动中加强思想政治教育。学校应努力争取和借助社会各种教育力量，与社会企事业、部队、农村、机关共建社会实践基地。

6. 校园文化建设。加强校园文化建设，优化育人环境，发挥环境的育人功能。要加强校风建设；开展各种文明健康的文化、科技和体育等活动；建设"文明、整洁、优美、有序"的校园环境；加强广播、影视、报栏、专刊等宣传舆论阵地的建设和管理，丰富精神生活，发挥正确的舆论导向和宣传教育作用；充分利用和发挥社会主义文化设施和大众传媒对德育的积极作用。

六　德育考评

德育考评是高校德育工作的重要环节，是实现高校德育目标的必要保证。通过考评，全面了解和衡量学生的思想政治品德表现及其发展水平。

各高等学校以德育目标和普通高等学校学生行为准则为依据，建立和完善德育考评的指标体系和考评办法，按照思想、政治、品德的分项内容及其标准进行考评。德育考评应坚持实事求是，采用科学方法和技术手段进行整体考核和综合评定，力求客观公正。应当以事实为依据，做到动态考评与静态考评相结合，定性考评与定量考评相结合，全面考评与重点考评相结合，阶段性考评与总结性考评相结合，教师考评与学生考评相结合。在考评过程中，要贯穿教育，注重实效。要激发学生参与的积极性，引导学生自我评价、自我教育。德育考评是一项十分严肃与细致的工作，学校党组织与行政领导要高度重视、精心组织，并把考评结果与执行有关奖惩制度挂钩。

七 德育实施

实施德育大纲必须加强领导，必须有健全的领导体制，专门的组织机构，得力的队伍，完善的规章制度和必要的经费与物质保证。

1. 领导体制与组织机构。党委是学校德育工作的领导核心，应研究德育的指导思想、工作方针、任务和重要问题，主持制订德育的总体规划与实施计划，定期分析学生思想政治状况和德育工作状况。在党委的统一部署下，建立和完善校长及行政系统为主实施的德育管理体制，校长对学生德、智、体全面负责。应明确一名副校长（可由党委副书记兼任）具体负责德育工作。可成立学校德育工作领导小组，由党委书记或校长，或主管学生思想政治教育的副书记或副校长任组长。系（科）也应建立相应的德育工作领导小组。高等学校的党委宣传部、学生工作部、"两课"的教学部门、教务处、学生处、团委是组织德育实施的主要职能部门；党委组织部、学生工作部和学校人事处是德育队伍的管理部门。学校的其他相关部门都要主动参与、密切配合，真正做到齐抓共管。各省、自治区、直辖市和中央有关部委教育部门应有相应的机构，推动本地区和本系统高校德育的组织实施。

2. 德育队伍建设。高等学校德育队伍包括学生专职政工人员、"两课"教师和众多的兼做德育工作的业务课教师和党政干部。学生专职政工人员和"两课"教师都是德育专职教师。要优化队伍结构，建设一支专兼结合、功能互补、政治坚定、业务精湛的德育队伍。学生专职政工人员是指专职从事学生思想政治教育的人员，包括学校分管德育工作的党委副书记（可兼副校长）、学生工作部（处）、团委中从事学生思想教育的人员、系党总支副书记（可兼副系主任）、团总支书记、辅导员（或年级主任）以及专职从事思想政治教育的其他人员等。与学生人数的比例大体掌握在 1∶120—150。规模较小的学校应视情况酌情提高比例。高等学校的德育专职人员是教师队伍的重要组成部分。学校应当采取有效措施切实加强这支队伍建设，努力培养和造就一批思想政治教育的专家和教授。马克思主义理论课和思想品德课教师队伍，应按照国家教委有关规定的比例配齐编制，优化结构。教育行政部门和高等学校应依据有关规定，采取切实措施，解决德育专职人员和"两课"教师的学习培训、专业技术职务评聘、待遇等问题，改善其工作、生活条件。

3. 建立与健全实施德育的规章制度。各地区和中央有关部委、各高校应根据有关规定和本大纲要求，结合实际建立健全有关规章制度。

这些规章制度应包括：

（1）高校德育大纲实施细则。

（2）关于高校德育大纲实施情况的评估制度与办法。

（3）德育专职教师的培训制度、职务评聘办法。

（4）德育专职教师的工作条例、业绩考评和奖励制度与措施。

（5）兼职辅导员（或年级主任）、班主任（或班导师）的岗位责任及考核、奖励办法。

（6）关于教书育人、管理育人和服务育人的制度。

（7）有关学生的考评、奖惩的具体办法。

4. 实施德育的经费及物质保证。德育经费要确立科目、列入预算。基本来源为政府拨给的事业费和收缴的学生培养费或学杂费。其投入比例以占同年上述两项经费总数的 2%—4% 为宜，人数较少的学校比例应高些。还应从预算外"学校基金"（含校办产业收入）中划拨一定比例的金额，弥补德育经费的不足。高校德育经费投入的范围，包括对学生进行思想政治教育的教学、管理和日常德育活动两部分。思想政治教育教学、管理经费投入包括马克思主义理论课和思想品德课教学、德育专职教师的培训提高、社会考察与调研、有关教研室的业务条件建设和图书资料、德育科研。日常德育活动经费投入包括对学生的日常思想教育、假期和课余组织的学生社会实践、大型德育活动，以及用于学生和德育队伍表彰奖励（不含奖学金）等所需经费。学校应把建设适应学生德智体全面发展的现代化德育设施、设备和活动场所、基地纳入总体建设规划，并从基本建设费和设备费中给予保证。

5. 德育工作评估。德育工作的质量是评价学校办学水平的重要指标之一，德育工作评估是使德育由软变硬，由虚变实的重要措施。按国家教委有关高等教育评估的规章对高等学校的德育工作实行两级评估。各省、自治区、直辖市教育行政部门负责对当地各高校（包括中央各部委所属高校）德育实施情况定期进行督促、检查，年终进行评估。各高校负责对本校各系、各部门德育实施情况定期进行督促、检查，年终进行评估。评估要围绕《中共中央关于进一步加强和改进学校德育工作的若干意见》和《中国普通高等学校德育大纲》执行和落实情况进行。

主要内容包括：

（1）领导体制、机构和队伍建设情况；

（2）"两课"建设情况、"三育人"工作开展情况，日常思想政治教育工作开展情况、党团工作和学生会工作情况、社会实践开展情况、校园文化建设情况；

（3）规章制度建设情况；

（4）德育投入情况；

（5）学校德育的总体效果。

6. 精心组织，加强领导。各省、自治区、直辖市和中央有关部委的教育部门和高等学校，要精心组织高校德育大纲的实施。用大纲统一认识，认真做好宣传、组织工作，充分调动学校各方面力量的积极性，认真执行，落到实处。还要有效地组织德育队伍大力开展德育科学研究，不断探索改革开放条件下学校德育的新经验和新方法，改进和加强学校德育工作。

本大纲自颁布之日起生效，国家教育委员会负责解释。

中学德育大纲（试行）

国家教委

1988 年 8 月 20 日

一　绪言

中学德育大纲反映了党和国家对中学生的思想政治道德素质的基本要求，它是中学德育工作的依据，也是各级教育部门对学校德育实行科学管理的指南。

中学德育工作，是关系到能否把中学生培养成为有理想、有道德、有文化、有纪律的新一代，关系到社会主义事业的成败、国家和民族的前途和命运的一项战略任务。制定中学德育大纲的目的，是为了有计划地加强和改革中学德育工作，使学校与家庭、社会各方面一起，按照明确的德育培养目标，区别不同的教育阶段，分清内容的层次和要求，利用多种有效途径，形成强大的统一的教育合力，逐步实现德育工作科学化、序列化、制度化，不断提高德育的整体效果。

制定本大纲遵循的指导原则是：以马克思主义为指导，以社会主义初级阶段的理论和基本路线为依据，适应我国大力发展生产力、大力发展社会主义的商品经济和改革开放的需要，适应建设民主政治，加强社会主义精神文明的需要；在继承学校德育优良传统基础上对德育工作进行整体改革；从中学生的实际出发，重视基本道德、基本观点、基础文明行为的教育和养成，重视个性心理品质和能力的培养；坚持实践的观点，引导学生适应改革开放和商品经济的社会环境，并做到知行统一；加强学校德育的科学研究，在改革中探索新形势下中学德育工作的新路子。

本大纲的内容包括中学德育的培养目标、中学德育的基本内容和要求、中学德育的途径、学生品德的评定、实施德育大纲的领导和管理等五个部分。实施中学德育大纲，是一项整体工程，要充分发挥广大中学教育工作者和家长、社会各方面的积极性和创造性，协调一致，共同做好对学生的思想政治道德教育。

二　德育目标

德育目标是中学德育大纲的核心部分，德育内容的确定、德育途径方法的选择、学生品德的评定以及德育工作的领导和管理，都要致力于德育目标的实现。本大纲德育目标是依据绪言提出的指导思想、立足于我国社会主义初级阶段的现实，面向共产主义的未来，从当前中学的实际出发而科学地制定的。

中学德育目标包括思想、政治、道德品质、个性心理素质和能力等方面。通过中学阶段的教育，使学生达到以下目标：热爱祖国，拥护党在社会主义初级阶段的基本路线；初步树立为人民服务的思想和为实现社会主义现代化而奋斗的志向；具有良好的道德品质和文明行为；具有诚实正直、自尊自强、勤劳勇敢、开拓进取等品质和一定的道德判断能力及自我教育能力。成为有理想、有道德、有文化、有纪律的社会主义公民。

（一）初中阶段德育目标的要求

1. 思想政治方面的基本要求：

热爱祖国、热爱家乡，关心家乡建设；有民族自豪感、自尊心。

懂得社会主义初级阶段基本路线的主要内容，了解社会主义现代化建设的常识；初步具有惜时守信、重视质量、讲求效益、优质服务等与发展社会主义商品经济相适应的思想观念。

有基本的民主与法制的观念，知法、守法。

立志为实现四化，振兴中华而学习，正确对待升学和就业，初步树立为人民服务的思想。

相信科学，反对封建迷信和陈陋习俗。

2. 道德行为方面的基本要求：

尊重、关心他人，爱护、帮助他人。

热爱班级和学校集体，爱护集体荣誉。积极参加劳动，初步养成劳动习惯和生活自理能力。

养成自觉遵守社会公德的良好品质。

3. 个性心理素质和能力方面的基本要求：

养成诚实正直、积极向上、自尊自强的品质。

具有初步的分辨是非等能力。

（二）高中阶段德育目标的要求

1. 思想政治方面的基本要求：

正确认识社会主义建设与改革、开放的形势，具有与祖国休戚与共的感情。

有振兴中华，建设家乡的事业心和责任感，能够把个人前途与社会主义建设的需要结合起来。

进一步树立与发展社会主义商品经济相适应的价值观念、竞争观念和改革、开放的意识。

初步运用马克思主义观点和方法观察分析社会现象。

2. 道德行为方面的基本要求：

具有国家利益、集体利益和个人利益相结合的社会主义集体主义精神。

树立劳动观点，有良好的劳动习惯、较强的生活自理能力和艰苦奋斗的思想作风。

遵守公民道德；懂得现代文明的生活方式和交往礼仪。

3. 个性心理素质和能力方面的基本要求：

形成坚毅勇敢不怕困难、敢于创新的品格。

对不良影响有一定识别能力和抵制能力，并具有一定的自我教育和自我管理等能力。

三　德育的基本内容

（一）初中阶段的基本内容

1. 初步的马克思主义常识教育：

初步的社会发展规律的教育。

中国社会主义建设常识的教育。

2. 爱国主义教育和国际主义教育：

国家观念的教育。

热爱祖国河山、文化、人民以及悠久历史和优良传统的教育。

社会主义建设伟大成就的教育。

尊重兄弟民族，加强民族团结教育。

热爱和平，同各国人民友好交往的教育。

3. 理想教育：

社会主义"共同理想"的教育。

为实现我国社会主义现代化而学习的学习目的教育。

4. 道德教育：

《中学生日常行为规范》的教育和训练。

社会主义人道主义教育。

公民道德和社会公德教育。

热爱集体，维护集体利益的教育。

初步的职业道德教育。

5. 劳动教育：

热爱劳动和勤劳致富的教育。

尊重劳动人民的教育。

勤劳俭朴和珍惜劳动成果的教育。

6. 社会主义民主、法制与纪律教育：

公民的基本权利和义务的教育。

初步的民主和法制观念教育以及宪法、刑法等法律知识教育。

自由和纪律的关系的教育。

《中学生守则》的教育。

7. 身心卫生与个性发展教育：

青春期心理卫生和性道德教育；男女同学真诚友谊的教育。

良好意志品格和审美情趣培养的教育。

升学与就业的指导。

（二）高中阶段的主要内容

1. 马克思主义常识教育：

初步的科学人生观和世界观教育。

经济常识教育。

政治常识教育。

2. 爱国主义教育：

为祖国富强、人民幸福贡献青春的教育。

正确认识中华民族思想文化优良传统，抵制资本主义腐朽思想影响的教育。

国家利益高于一切的教育。

遵守民族政策，维护民族团结和祖国统一的教育。

3. 国际主义教育：

我国独立自主的和平外交政策及热爱和平的教育。

发展各国人民之间友好合作的教育。

献身人类进步事业的教育。

4. 理想教育：

进一步的社会主义"共同理想"的教育。

立志成才的教育。

5. 道德教育：

社会主义社会人际关系的教育。

现代文明生活方式和交往礼仪的教育。

个人利益、集体利益和国家利益相结合的社会主义集体主义观念教育。

职业道德教育。

提倡共产主义精神的教育。

6. 劳动教育：

进一步加强劳动教育与社会实践指导。

社会主义劳动态度和提高劳动生产效率的教育。

艰苦奋斗、勤俭建国的教育。

7. 民主、法制与纪律教育：

社会主义民主政治的教育。

进一步的法制与纪律教育。

8. 身心卫生与个性发展教育：

继续进行青春期教育。

加强心理保健指导。

加强良好意志性格的教育。

除对高中、初中各年级学生进行思想、政治、道德品质、良好个性心理素质和能力等以上各系列内容的教育外，还要随着经济、政治形势发展及党和国家重大决策进行形势任务和时事政策等教育；结合纪念重大节日以及班、年级教育主题的需要进行革命传统教育，结合有关学科教学和各种课外活动进行审美教育。总之，要针对不同年级的学生的特点和需要，有计划、有步骤地进行综合的、系统的、经常的思想政治道德教育。

四 德育大纲的实施途径

对学生进行思想政治道德品质和性格心理素质等教育，学校必须与家庭、社会密切合作并充分发挥学校的主导作用。德育各个途径均应以《大纲》为指导，发挥各自的功能，互相配合，形成合力，共同完成德育任务。

（一）思想政治课

思想政治课是向学生较系统地进行社会主义思想品德和政治教育的一门课程，在诸途径中居于特殊重要地位。它以课堂教学为主要形式，用以马克思主义为指导的理论观点和社会科学基础知识武装学生，逐步提高学生的思想政治觉悟和认识能力，培养他们的社会主义道德品质。

思想政治课的教学方法应适合学生的年龄和心理特点，紧密联系学生思想和社会实际，避免空洞说教、简单灌输。

（二）其他各科教学

各科教学是向学生进行思想品德教育的最经常、最基本的途径，它对培养学生的思想道德素质具有重要的作用，因此，各科教师均要教书育人，寓德育于各科教学的教学内容和教学过程的各个环节之中，把德育大纲的贯彻实施，看作是各科教师的一项重要任务，在日常教学中，要注意培养学生正确的学习动机、学习态度、学习习惯和良好的学风与意志品格。

各科教学，特别是文科教学，应结合学科特点，有计划地对学生进行爱国主义和共同理想教育。理科教学要注意培养学生实事求是、勇于探索的科学精神，帮助学生学习和树立辩证唯物主义的一些基本观点。艺术课程要努力培养学生正确的审美观点。

（三）班主任工作

班级是进行德育的基层单位。班主任工作是进行日常思想品德教育和指导学生健康成长的最重要途径。班主任要根据《大纲》内容要求，结合本班学生的实际情况，有计划地开展教育活动，要加强班级管理，组织和建设班级集体，做好个别教育工作，形成良好的班风。班主任要发挥学生的主体作用，培养他们的自我教育和自我管理的能力。还要协调本班各科教师的教育工作和沟通学校与家庭、社会教育之间的联系。

（四）共青团、少先队、学生会

团、队、学生会是学生自己的组织，是学校德育工作中一支最有生气的力量。团、队、学生会应根据各自任务和工作特点，充分发挥组织作用，通过健康有益、生动活泼的活动，把广大青少年吸引到自己周围，配合学校落实德育大纲的各项要求，引导学生树立远大的理想和良好的道德风尚，继承革命传统，学会自我教育、自我管理。

（五）劳动与社会实践

劳动与社会实践是培养全面发展的一代新人、提高民族素质的不可缺少的重要途径。

学生的劳动观点、劳动习惯与热爱劳动人民的思想感情，只有在劳动实践中才能逐步形成。要指导学生学会自我服务性劳动和必要的家务劳动，组织学生参加一定的生产劳动和公益劳动，在劳动中切实培养学生热爱劳动、珍惜劳动成果的思想品德和行为习惯，发扬艰苦奋斗的作风。同时，还要积极组织学生参观、访问、社会调查、参加社会服务和军训等实践活动，使学生开阔眼界、了解社会、增长才干，把理论与实践结合起来，增强辨别是非和自我教育的能力。

（六）课外活动

课外活动是促进学生全面发展和身心健康的一条重要途径。学校和班级应有计划地在课余时间组织学生开展丰富多彩的科技、文娱、体育等活动（包括课外兴趣小组和各种竞赛活动），通过课外活动，丰富学生的课余生活，扩展学生的知识视野，发展学生的个性特长，培养学生的良好思想品质、意志性格和生活情趣，提高他们的审美能力。

（七）校外教育

校外教育是对学生进行思想品德教育、培养健康文明生活方式的一个重要阵地，教育部门要建立校外教育的指导机构，并根据德育大纲的要求，有计划地建设与校内德育相配套的校外教育基地和场所。学校要主动与少年宫（家）、儿童少年活动中心、文化馆、博物馆、纪念馆、科技馆等校外教育单位建立联系，充分利用这些专门场所和教育设施，组织学生参加各种活动，在活动中进行教育。

（八）家庭教育

家庭对学生思想品德和心理素质的形成有着重要的潜移默化作用，家庭教育是贯彻德育要求的重要渠道。随着独生子女的增多，家庭教育对青少年的影响日益增加。学校要通过家访、家长会、家长接待日、举办家长学校、开展家庭教育咨询、建立家长委员会等多种方式，密切与家长的联系，指导家长提高家庭教育的水平。要帮助家长增强对德育工作的重要意义的认识，使家长了解学校对学生的德育要求，争取家长与学校教育的良好配合。

（九）社会教育

在开放改革条件下发挥社会环境的积极作用，对学生身心的健康成长有着重要意义。学校应采取有效措施，充分利用社区各种教育力量，如，和附近街道委员会、村民委员会以及工厂、商店、部队、机关建立固定联系，逐步建立学校与社会相互协作的教育形式，聘请各行业的先进模范人物、离退休干部、退休工人、校友等担任校外辅导员，形成社会教育网络。

学校要重视各种社会信息对学生的影响，大力加强书刊阅读指导，选择有益于学生身心健康的书籍、电影、电视、音像、文娱节目等，对学生进行生动形象的思想品德教育。可与老前辈、战斗英雄、改革带头人、劳动模范、科学家等建立联系，发挥他们对学生的榜样教育作用，并要积极争取社会团体和各方面力量的支持，共同创造全社会关心下一代健康成长的新风尚。

五　学生品德的评定

对中学生品德进行评定是中学德育工作的重要组成部分，通过评定，鼓励学生发扬优点，克服缺点，促使学生不断进步，并检查德育工作的情况，促进德育工作水平的提高。品德评定的基本方法是写操行评语和评定操行等级。

（一）评定的内容与标准

学生品德评定内容与标准以《大纲》规定的教育目标、要求、内容和《中学生守则》、《中学生日常行为规范》为依据。各地可根据本地区实际情况，对不同年级学生在思想政治觉悟、道德品质、行为表现等方面提出具体的要求规定，制订具体标准。

根据初、高中学生在以上内容诸方面的表现，中学生的操行等级可分别评为优秀、良好、及格、不及格四个等级。

优秀：对评定内容规定的诸方面都做得好，或在某些方面有突出好的表现。

良好：对评定内容规定的诸方面基本能做到。

及格：对评定内容规定的大部分基本做到，或在某些方面做得不好，有严重缺点，或虽有错误，但已改正。

不及格：对评定内容规定大部分不能做到，或在某些方面有严重错误，或有违法和轻微犯罪行为，且不接受教育，无改正表现。

（二）评定的原则与方法：

1. 坚持实事求是的原则。要根据评定内容的基本要求，从学生实际出发，用全面、发展的观点看待学生，实事求是地分析学生的优缺点，防止片面性。

2. 实行民主评定的方法。既要充分发挥班主任在考核评价中的作用，又要实行学生自评、小组互评，并征求任课教师的意见。对学生的意见既要尊重又要引导，防止压制民主或放任自流。

3. 操行评语由班主任负责，在学生个人小结和小组评议的基础上写出。每一学期末，班主任对学生个人小结、小组评议签署意见，学年末写出评语。在评语中要指出优点、缺点、努力方向，以表扬为主。对犯有错误受到学校记过以上处分或处分未撤销的，其主要错误和处分均应如实写在评语中。对受到校级或校级以上部门表彰奖励的，其事迹和表彰情况也应写在评语中。

操行等级由班主任在征求学生和任课教师意见基础上评定。学期末初评，学年末总评。具体办法由各地自定，要力求科学合理，简便易行。

（三）评定的领导与管理：

1. 学校要有一名副校长分管学生品德评定工作，学生操行评为优秀、不及格者需经分管德育工作的校长或教导主任审定。

2. 评定结果（包括操行评语和操行等级）应通知家长，并记入学生学籍档案。

初一、初二、高一、高二各年级学生操行等级不及格者以试读生论处。初三、高三学生操行等级评为不及格者不予毕业，按肄业处理。初中学习成绩优良，操行连续三年评为优秀等级的学生可取得免试保送高中（含职业高中）的资格。

3. 凡由原校转出或毕业的学生，到新的学校或工作岗位后，一年内在道德品质、思想政治等方面有严重问题，并查明这些问题在原校时确已发现，而在操行评语中加以隐瞒的，应追究原校有关人员的责任，并根据具体情况严肃处理。

六　实施德育大纲的领导和管理

实施德育大纲关键在于加强各级教育行政部门和学校对德育工作的领导，提高对德育工作的科学管理水平。

（一）中学应有一名校长全面负责德育工作，在校长领导下由教导处（德育处）或德育工作指导小组具体组织、指导德育大纲的实施。其任务是：调查分析学生的思想品德状况，制订实施大纲的年度、学期计划；确定和协调思想政治课，年级组、团、队、学生会等各方面的任务分工；组织和协调各教研组、各科教师的德育工作；争取家庭、社会各种教育力量的支持，形成学校、家庭、社会互相配合的教育网络等。

（二）年级组是实施德育大纲的重要环节。年级组应定期组织年级教师分析研究本年级学生的思想品德状况，制订有针对性的德育措施，沟通信息，协调各方面的关系，组织本年级教师共同贯彻德育大纲的要求。

（三）班主任是班级实施德育大纲的直接组织者和领导者，并负责对学生的品德评定。学校应加强对班主任工作的领导，组织他们学习德育理论，总结交流经验，开展科学研究。

（四）思想政治课教学要同日常的思想品德教育互相配合，形成合力。学校领导应帮助思想政治课教师了解和分析学生的思想品德状况，遵循理论联系实际的原则改革教学方法，引导学生做到知行统一。

（五）各科教师、全体职工都要坚持教书育人、管理育人、服务育人。学校领导应建立健全贯彻德育大纲的岗位责任制，对教师、职工分别提出明确具体要求，并以此作为评价考核教师职工工作成绩的重要标准。

（六）贯彻德育大纲，既要求发挥教师的主导作用，又应发挥学生的主动性、积极性。学校领导和教师应该十分重视共青团、少先队、学生会在贯彻德育大纲中的作用，引导他们自己管理自己，自己教育自己。学校制订德育工作计划和重要教育措施应吸收团、队、学生会代表参加，并创造条件使学生对学校领导和教师的管理工作进行评价、提出建议。

（七）各级教育行政部门要切实加强对实施德育大纲的领导和管理。

要有计划地培训学校的校长、教导（政教）主任、班主任和各科教师，组织他们学习社会主义初级阶段的理论、路线，学习教育科学理论、教育方针，使他们不断补充新知识，更新观念，提高认识，掌握德育大纲的内容要求，积极参加德育工作的改革实践。

要建立健全具有活力的科学管理制度，形成有目标、有计划、有总结、有检查及评估的管理体系。

要注意做好社会各界对青少年教育的协调工作。

要加强德育科学研究工作，对学生思想品德的现状和发展趋向进行调查研究，开展德育科学的理论研究和应用研究，指导德育大纲的科学实验，为实施德育大纲提供咨询。

要积极创造条件为实施德育大纲提供劳动和社会实践基地、校外活动场所、教育资料和电化教育手段等必要的条件。

（八）在实施《大纲》的过程中，各地应注意从实际出发，既要坚持统一要求，又要因地制宜，可对《大纲》的教育内容进行适当调整或提出补充规定和实施细则。

小学德育纲要（试行）

国家教委
1988 年 8 月 10 日

　　小学德育即学校对小学生进行思想品德教育。它是社会主义精神文明建设的奠基工程，是我国学校社会主义性质的一个标志，属于共产主义思想道德教育体系。它贯穿于学校教育教学工作的全过程和学生日常生活的各个方面，渗透在智育、体育、美育和劳动教育之中，在小学教育中居重要地位。它与其它各育互相促进、相辅相成，对促进学生的全面发展，保证人才培养的正确方向，起着主导作用。

培养目标

　　为提高整个中华民族的思想道德素质，培养学生初步具有爱祖国、爱人民、爱劳动、爱科学、爱社会主义的思想感情和良好品德；遵守社会公德的意识和文明行为习惯；良好的意志、品格和活泼开朗的性格；自己管理自己、帮助别人、为集体服务和辨别是非的能力，为使他们成为有理想、有道德、有文化、有纪律的社会主义公民，打下初步的思想品德基础。

教育内容和基本要求

　　小学德育主要是向学生进行以"爱祖国、爱人民、爱劳动、爱科学、爱社会主义"为基本内容的社会公德教育和有关的社会常识教育（包括必要的生活常识、浅显的政治常识以及同小学生有关的法律常识），着重教育学生心中有他人，心中有集体，心中有人民，心中有祖国；着重培养和训练学生逐步养成良好的道德品质和文明行为习惯。

一　热爱祖国的教育

　　教育学生知道自己是中国人，尊敬国旗、国徽，认识版图，会唱国歌；初步了解家乡的物产、名胜古迹、著名人物，祖国山河壮丽、历史悠久、文化灿烂和社会主义建设的伟大成就以及改革开放带来的巨大变化，培养热爱家乡、热爱祖国、热爱社会主义的感情和民族自尊心、自豪感；知道历史上中华民族曾遭受帝国主义的欺辱和进行的英勇反抗，我国与世界发达国家的经济水平还有很大差距，社会主义现代化建设还会遇到很多困难，逐步树立长大为建设家乡、振兴中华做贡献的理想；知道我国是一个多民族的国家，各族人民要互相尊重、平等相待，完成祖国统一大业是各族人民的共同心愿；逐步懂得"祖国利益高于一切"，爱护国家财产，立志保卫祖国，热爱和平，反对侵略战争。

二　热爱中国共产党的教育

教育学生知道中国共产党过去领导人民进行革命斗争，建立了新中国，现在领导人民进行社会主义现代化建设；学习老一辈无产阶级革命家和优秀共产党员英勇奋斗、艰苦创业、大公无私、坚持真理、全心全意为人民等高尚品质，培养热爱中国共产党的感情；知道共产党是中国少年先锋队的创建者和领导者，少先队员要接受党的教育，做党的好孩子。

三　热爱人民的教育

教育学生知道人民是国家的主人，各族人民共同建设我们的国家；了解我国人民勤劳智慧、勇敢顽强、酷爱自由与和平等传统美德，培养热爱人民的感情；要尊重各行各业的劳动者，向全心全意为人民服务和改革开放中的先进人物学习，初步培养为人民服务的意识；知道热爱人民要从身边做起，要孝敬父母、尊敬师长、尊老爱幼、友爱同学、同情和帮助残疾人、助人为乐、与各族少年儿童、外国小朋友友好相处。

四　热爱集体的教育

教育学生知道自己是集体中的一员，要热爱集体、关心集体，培养集体意识和为集体服务的能力；服从集体决定，遵守纪律，努力完成集体交给的任务，珍惜集体荣誉，为集体争光；在集体中团结、谦让、互助、合作，关心他人，积极参加集体活动，学习做集体的小主人。

五　热爱劳动、艰苦奋斗的教育

教育学生懂得劳动光荣，懒惰可耻，祖国建设离不开各行各业的劳动，幸福生活靠劳动创造；要热爱劳动，参加力所能及的自我服务劳动、家务劳动、公益劳动和简单的生产劳动，掌握一些简单的劳动技能，培养劳动习惯，爱护公物，勤俭节约；学习老一辈艰苦创业的优良传统，初步培养吃苦耐劳、艰苦奋斗的精神。

六　努力学习、热爱科学的教育

教育学生知道学习是学生的主要任务，是公民的义务；初步懂得建设祖国、保卫祖国离不开文化科学知识，从小把自己的学习与实现社会主义现代化的理想联系起来，启发学生的学习兴趣和求知欲望；培养勤奋好学、刻苦努力、专心踏实、认真仔细的学习态度和良好的学习习惯；热爱科学，相信科学，不迷信，提倡爱动脑筋，培养动手能力。

七　文明礼貌、遵守纪律的教育

教育学生关心、爱护、尊重他人，对人热情有礼貌，会用礼貌用语，不讲粗话，不打架，不骂人；初步掌握在家庭、学校、社会上待人接物的日常生活礼节；遵守学校纪律和公共场所的秩序；讲究个人卫生，保持环境整洁；爱护公用设施、文物古迹，爱护花草、树木，保护有益动物，养成文明礼貌、遵守纪律、讲究卫生的良好习惯。

八　良好的意志、品格教育

教育学生要诚实、正直、谦虚、宽厚、有同情心、活泼、开朗、勇敢、坚强、有毅力、不怕困难、不任性、不骄傲、珍惜时间、负责任、守信用、自尊自爱、积极进取，提倡讲效率、重质量、勇于创新。

九　民主与法制观念的启蒙教育

教育学生懂得在集体中要平等待人，有事和大家商量，少数服从多数，个人服从集体；在少先队组织里学习开展批评与自我批评，行使少先队员的民主权利，学习过民主生活；知道国家有法律，初步树立遵纪守法观念，学习和遵守《交通管理规则》、《治安管理处罚条例》、《道路交通管理条例》等法规中与小学生生活有关的规定。

十　辩证唯物主义观点的启蒙教育

引导学生学习怎样正确看待周围常见的事物；初步学习全面地发展地

看待问题的方法。

教育途径

实施德育主要通过各科教学、校级班级工作和各种教育活动、少先队教育、家长工作和校外工作等途径。诸途径均应以本《纲要》为指导，在校长的领导下，发挥各自的独特作用，互相配合，形成合力，创设良好的教育环境，共同完成德育任务。

一　各科教学

各科教学是向学生进行思想品德教育最经常的途径。

思想品德课是向学生比较系统地直接进行思想品德教育的一门重要课程。它着重提高学生的道德认识和道德判断能力，培养道德情感，以指导他们的行为。任课教师要以思想品德课教学大纲和教材为依据，联系学生实际，在讲清道理的基础上，对学生提出适当的行为要求。

其它各科教学对培养学生良好的思想品德素质具有重要作用。任课教师要在全部教学活动中，注意培养学生良好的学习态度、学习习惯和良好的意志、品格，促使学生养成文明行为习惯；要根据各科教学大纲中关于思想品德教育的要求和教材中的教育因素，按各科自身的教学特点，自觉地、有意识地在课堂教学中渗透思想品德教育。例如：

语文教学要贯彻文道统一的原则，将语言文字的训练、句段篇章的学习与思想品德教育统一于教学过程之中，充分利用课文内容中丰富的思想品德教育因素，使学生经常地受到多方面的教育。

数学教学最易于渗透辩证唯物主义观点的启蒙教育，要通过数学训练，培养学生认真严谨、一丝不苟的学习态度和积极思维的良好习惯。

史地教学最易于具体、形象、生动地进行热爱祖国的教育。要通过教学，教育学生学习中华民族的光荣传统和中国共产党的革命传统，激发他们的爱国情感，增强民族自尊心和自豪感。

自然教学要在讲授自然常识的同时对学生进行热爱科学的教育，培养学生尊重科学、相信科学的精神和学科学、用科学的志趣及能力。

音乐、美术教学要充分发挥艺术教育的力量，陶冶学生的情操，培养活泼开朗的性格和爱美情趣。

体育教学要在体育技能技巧训练的同时，培养学生良好的卫生习惯和锻炼身体的习惯以及朝气蓬勃、不怕困难、勇敢顽强的精神。并通过体育活动进行集体主义教育，培养集体荣誉感，组织纪律性和合作精神。

劳动教学要把传授劳动知识技能与培养良好的劳动习惯结合起来，通过劳动实践活动，培养学生热爱劳动的思想、吃苦耐劳的精神和对工作的责任心，养成劳动习惯。

二　校级、班级工作和各种教育活动

校级教育工作是结合学校实际，面向全校学生进行的。学校校长和有关负责人是校级教育工作的组织者和领导者。要认真贯彻《小学德育纲要》、《小学生守则》、《小学生日常行为规范》，组织全校性的教育活动，建立升旗仪式、重要集会、校长讲话等制度以及开辟教育陈列室等，并通过加强日常管理，创设良好的教育环境，形成良好的校风。

班级教育工作是向全班学生进行经常性的思想品德教育和组织管理。班主任是班级教育工作的组织者和领导者。要全面了解学生，组织培养班集体，开展各种教育活动，加强班级管理，深入细致地做好个别学生的教育工作，建立和形成良好的班风；协调班级各方面的教育力量，保持教育的一致性。

学校和班级要积极组织丰富多彩的适合小学生年龄特点的教育活动和劳动、社会实践活动，寓思想品德教育于活动之中。要依靠校内外的力量，组织各种兴趣小组，丰富学生的课余生活，培养和发展学生健康的兴趣爱好；要通过参观、访问、劳动、社会调查等活动，扩大学生的视野，帮助他们了解和认识社会；还应重视社会环境和社会信息对学生的影响，选择有益于学生身心健康的书籍、影视、文娱节目等，对学生进行生动、形象的思想品德教育，抵制各种不良影响。

三　少先队教育

少先队教育要按照队章的要求，充分发挥其组织作用。要运用其特有的教育手段，通过队员当家作主的集体生活和丰富多彩的活动来进行。少先队辅导员是少先队工作的指导者，要充分发挥少先队员的积极性、主动性、创造性，在配合学校教育的同时，加强少先队的组织教育。

四　家长工作和校外工作

实施德育，学校教育必须与家庭教育、社会教育密切配合，学校应起主导作用。

学校要指导家庭教育，帮助家长端正教育思想，改进教育方法，提高家庭教育水平。家长的思想品德、行为习惯、爱好特长和对子女的教育方法，对学生思想品德的形成和发展具有特殊的、潜移默化的作用。学校和教师要通过家长委员会、"家长学校"、家访、家长会等形式了解家长对子女进行教育的情况，向家长宣传和普及教育子女的知识，推广家长教育子女的成功经验，促使家庭教育与学校教育协调一致。

校外工作中的思想品德教育是学校教育的重要补充和扩展。学校和教师要主动和少年宫（家）、儿童少年活动中心、文化馆、科技馆、博物馆、图书馆、纪念馆、艺术馆、业余体校等校外教育单位建立联系，充分利用这些专用场所和教育设施，组织学生参加各种活动，在活动中接受教育。

学校和教师还应重视与革命老前辈、战斗英雄、劳动模范、科学家、企业家等建立联系，发挥他们对学生的榜样教育作用。还要争取乡镇、街道、工厂、部队、文化科学等单位的支持，开辟教育活动场所，共同创造全社会关心下一代健康成长的新风尚。

教育原则

一　坚持正确的政治方向

小学德育工作必须坚持以马克思主义和党在社会主义初级阶段的基本路线为指导，遵照国家对小学生思想道德素质的基本要求，进行思想品德教育，反对和抵制资本主义和封建主义腐朽思想的影响。

二　热爱学生、了解学生

要热爱学生，以对祖国未来和对学生负责的态度，满腔热情地爱护并全面关心每一个学生，要信任和尊重学生，对缺点较多和有特殊情况的学生，更要亲近和帮助他们，切忌偏见和偏爱。要了解学生的年龄特点；了解他们的思想品德状况和日常行为表现；了解社会和家庭环境变化给他们带来的新情况、新问题；了解每个学生的性格和兴趣爱好等，有的放矢地进行教育，以取得良好的教育效果。

三　加强针对性

要针对小学生的年龄特点，遵循小学生生理心理发展的基本规律，运用生动感人的题材、形象化的方式对学生进行教育，不要给他们讲空洞的大道理和难以理解的政治概念，防止成人化；要针对不同年级学生的知识水平和理解能力，分清层次，由浅入深，由近及远，从具体到抽象，循环反复，不断加深；要针对不同地区的实际情况，学生的思想品德实际以及个性差异，提出不同的要求，采用不同的教育方法，坚持因材施教，避免一般化。

四　坚持正面教育

要对学生进行耐心细致的正面教育，坚持正面启发，积极诱导，使学生掌握正确的道德认识和道德行为标准，调动学生的积极因素；对缺点较多的学生更要鼓励他们积极向上，要充分运用榜样的力量，坚持以表扬为主；对学生的缺点和错误要给予批评并指出努力方向，但要注意防止简单粗暴，禁止体罚和变相体罚。

五　提高道德认识和行为训练相结合

在教育过程中，既要重视提高学生的道德认识，使他们懂得一些浅显的道理；同时也要相应提出一些合理、适度、具体、明确的行为要求，进行严格的管理和训练，引导他们在道德行为实践中逐渐加深认识，养成良好的行为习惯。

六　集体教育与个别教育相结合

学生集体既是教育的对象，又是教育的手段。良好的集体是一种巨大的教育力量。教育者要重视培养学生集体，通过开展集体活动，建立正确的集体舆论，形成良好的风气和传统，发挥集体的教育作用。要调动每个学生的积极性，同时还要针对学生的不同情况进行个别指导，促使其个性在集体中得到充分发展，并初步培养他们自己教育自己的能力。

七　言传身教、为人师表

对学生进行思想品德教育是每一位教师的责任。全体教职员工都要树立教书育人的思想，把言传和身教结合起来。小学生模仿性强，只有以身作则，才能使教师的言教发挥更大的教育作用，才能使学生从教师的形象中感受到所学的道德准则可信，从而激励他们积极行动。

八　保持教育的连续性和一致性

学生思想品德的形成和发展，是长时间多方面教育影响的结果。学校内各年级的教育要注意承上启下，互相衔接；各条教育途径之间要互相联系，保持一致；学校要指导家庭教育，争取社会力量的配合，避免教育思想、教育要求的互相对斥和互相抵消。

学生品德评定

品德评定是德育过程的一个重要环节。通过评定可以衡量学生所达到的实际水平，引导他们学习正确评价自己和别人，激励他们不断进步。同时也有利于学校和教师检查教育效果，不断提高思想品德教育质量。

品德评定应根据本《纲要》及《小学生守则》、《小学生日常行为规范》，从不同年级的实际出发，制定适当标准。经过学生个人、集体和教师（包括班主任和各科教师）评定，参考校外表现，最后由班主任写出评语，记入学生成绩册，通知本人和家长，并作为评选"三好"学生的依据之一。

思想品德课考核，是学生品德评定的依据之一，应依据教学大纲和教材，着重考查学生的道德认识，考核成绩列入成绩册。

《纲要》实施

本《纲要》是小学德育工作的指导性文件。它是学校实施德育的依据，是家庭和社会配合学校对学生进行思想品德教育的依据，必须认真贯彻执行。

一、从实际出发。鉴于我国幅员广阔，各地情况差异较大，各级教育行政部门和学校，可根据实际情况，制定实施细则；也可对《纲要》的教育内容和要求进行分解，使之成为适合于不同年级段，各有侧重的系列，并可补充一些乡土教育内容。学生品德评定的办法，各地可继续实验。

二、加强指导。各级教育行政部门要对各类小学实施《纲要》进行分类指导，确定专人负责，并把工作重点放在端正教育思想，培训骨干，提高班主任工作水平，总结交流经验等方面。

三、组织实施。学校要由主要领导负责组织实施《纲要》，配备好德育骨干力量并发挥其作用，领导和协调校内各条教育途径的工作，指导全体教职工言传身教，教书育人。要根据不同年级学生的情况，逐一落实。

并指导家庭教育，争取社会有关方面的支持。

四、列入评估内容。教育行政部门和学校要把实施《纲要》的情况列入评估学校、考查教师的重要内容。作为评选先进、教师晋级、评定职务的重要条件之一。成绩突出的思想品德课教师和教研员可评为高级教师，德育工作卓有成效的校长、教导主任和教师可获人民教师奖章。

五、开展德育科学实验和理论研究。要结合实施《纲要》积极开展德育科学实验，加强理论研究。要将科研（教研）、学校、教育行政三方面的力量组织起来，调查研究新情况、新问题，探索新时期小学德育工作的特点和规律；要遵循继承、发展、改革、创新的原则，积极开展各种形式的学术讨论和理论研究活动，并对小学德育整体改革加以指导。

六、争取有关部门配合。各级教育行政部门在贯彻执行《纲要》时，要注意协调好与共青团、妇联、文化、司法等有关部门之间的关系和各项教育活动，共同做好工作。对于社会上损害小学生身心健康的不法行为，要与有关部门积极配合，依照法律严肃惩处。

索　引

参 考 文 献

1. 《马克思恩格斯选集》第1—4卷，人民出版社1995年版。

2. 《列宁选集》第1—4卷，人民出版社1959年版。

3. 《毛泽东选集》第1—4卷，人民出版社1964年版。

4. 《邓小平文选（1957—1982）》，人民出版社1980年版。

5. 《邓小平文选》第2卷，人民出版社1994年版。

6. 《邓小平文选》第3卷，人民出版社1993年版。

7. 《毛泽东邓小平江泽民论思想政治工作》，学习出版社2000年版。

8. 《毛泽东邓小平江泽民论教育》，中央文献出版社2002年版。

9. 江泽民：《论"三个代表"》，中央文献出版社2001年版。

10. 胡锦涛：《高举中国特色社会主义伟大旗帜为夺取全面建设小康社会新胜利而奋斗——在中国共产党第十七次全国代表大会上的报告》，人民出版社2007年版。

11. 习近平：《习近平关于实现中华民族伟大复兴的中国梦论述摘编》，中央文献出版社2013年版。

12. 田建国：《大学德育新视野》，中国石油大学出版社2006年版。

13. 郑永廷等：《德育发展研究：面向21世纪中国高校德育探索》，人民出版社2006年版。

14. 李康平：《德育发展论》，中国社会科学出版社2004年版。

15. 王仕民：《德育功能论》，中山大学出版社2005年版。

16. 宋春宏：《比较德育新论》，西南师范大学出版社1999年版。

17. 周长春：《新形势下大学生思想政治教育探索》，北京工业大学出版社2005年版。

18. 李萍：《现代道德教育论》，广东人民出版社1999年版。

19. 戚万学：《活动道德教育论》，南开大学出版社1994年版。

20. 戚万学:《冲突与整合——20 世纪西方道德教育理论》,山东教育出版社 1995 年版。

21. 鲁洁、王逢贤主编:《德育新论》,江苏教育出版社 1994 年版。

22. 鲁洁主编:《德育现代化实践研究》,江苏教育出版社 2003 年版。

23. 鲁洁:《当代德育基本理论探讨》,江苏教育出版社 2003 年版。

24. 班华主编:《现代德育论》,安徽人民出版社 2005 年版。

25. 檀传宝:《学校道德教育原理》,教育科学出版社 2003 年版。

26. 张澎军:《德育哲学引论》,人民出版社 2002 年版。

27. 郑永廷:《现代思想道德教育理论与方法》,广东高等教育出版社 2000 年版。

28. 张耀灿、郑永廷等:《现代思想政治教育学》,人民出版社 2001 年版。

29. 佘双好:《现代德育课程论》,中国社会科学出版社 2003 年版。

30. 项久雨:《思想政治教育价值论》,中国社会科学出版社 2003 年版。

31. 高德胜:《知性德育及其超越:现代德育困境研究》,教育科学出版社 2003 年版。

32. 肖川:《主体性道德人格教育》,北京师范大学出版社 2002 年版。

33. 刘德华:《让教育焕发生命的价值》,广西师范大学出版社 2003 年版。

34. 朱小蔓:《教育的问题与挑战》,南京师范大学出版社 2000 年版。

35. 朱永康主编:《中外学校道德教育比较研究》,福建教育出版社 1998 年版。

36. 刘献君:《大学德育论》,华中科技大学出版社 1996 年版。

37. 王坤庆:《精神与教育》,上海教育出版社 2002 年版。

38. 张锡生:《中国德育思想史》,江苏教育出版社 1993 年版。

39. 刘次林:《幸福教育论》,南京师范大学出版社 2003 年版。

40. 黄向阳:《德育原理》,华东师范大学出版社 2000 年版。

41. 秦尚海:《高校德育评估论》,中国社会科学出版社 2006 年版。

42. 王立仁:《德育价值论》,中国社会科学出版社 2004 年版。

43. 范树成:《德育过程论》,中国社会科学出版社 2004 年版。

44. 郭凤志:《德育文化论》,中国社会科学出版社 2008 年版。

45. 赵志军:《德育管理论》,中国社会科学出版社 2008 年版。

46. 杨超:《现代德育人本论》,广东人民出版社 2005 年版。

47. 钟启泉、黄志成编著:《西方德育原理》,陕西人民出版社 1998 年版。

48. 朱永新：《我的教育理想》，南京师范大学出版社 2004 年版。

49. 林崇德：《教育的智慧——写给中小学老师》，开明出版社 1999 年版。

50. 陈小鸿：《论人的自由全面发展》，人民出版社 2004 年版。

51. 檀传宝：《德育美学观》，山西教育出版社 1996 年版。

52. 王本陆：《教育崇善论》，广东教育出版社 2001 年版。

53. 吴亚林：《德育创新论》，东方出版中心 2001 年版。

54. 王荣德：《教师人格论》，科学出版社 2001 年版。

55. 王荣德：《教师道德教育论》，科学出版社 2004 年版。

56. 王荣德：《教师素质培养论》，天津教育出版社 2009 年版。

57. 杨柳、王荣德：《思想政治教育新论》，中央文献出版社 2003 年版。

58. ［英］休谟：《人性论》，关文运译，商务印书馆 1997 年版。

59. ［美］杜威：《杜威教育论著选》，赵祥麟、王承绪编译，华东师范大学出版社 1981 年版。

60. ［美］杜威：《道德教育原理》，王承绪等译，浙江教育出版社 2003 年版。

61. ［美］恩斯特·卡西尔：《人论》，甘阳译，上海译文出版社 1985 年版。

62. ［古希腊］柏拉图：《理想国》，郭斌和、张竹明译，商务印书馆 1997 年版。

63. ［美］约翰·罗尔斯：《正义论》，何怀宏等译，中国社会科学出版社 1988 年版。

64. 联合国教科文组织总部中文科译：《教育——财富蕴藏其中》，教育科学出版社 1996 年版。

65. 联合国教科文组织国际教育发展委员会：《学会生存——教育世界的今天和明天》，华东师范大学比较教育研究所译，教育科学出版社 1996 年版。

66. ［美］麦金太尔：《德性之后》，龚群等译，中国社会科学出版社 1995 年版。

67. ［法］涂尔干：《道德教育》，陈光金等译，上海人民出版社 2001 年版。

68. ［法］卢梭：《爱弥儿——论教育》（上），李平沤译，人民教育出版社 1978 年版。

69. ［苏］B. A. 苏霍姆林斯基：《怎样培养真正的人》，蔡汀译，教育科
学出版社 1992 年版。

70. ［捷克］夸美纽斯：《大教学论》，傅任敢译，教育科学出版社 1999
年版。

71. ［美］柯尔伯格：《道德教育的哲学》，魏贤超等译，浙江教育出版社
2000 年版。

72. ［美］彼得斯：《道德发展与道德教育》，邬冬星译，浙江教育出版社
2000 年版。

73. ［美］杜威：《民主主义与教育》，王承绪译，人民教育出版社 1990
年版。

74. ［古希腊］亚里士多德：《尼各马可伦理学》（修订本），苗力田译，
中国社会科学出版社 1999 年版。

75. ［美］R. D. 赫斯利普：《美国人的道德教育》，王邦虎译，人民教育
出版社 2003 年版。

76. ［美］罗伯特·科尔斯：《道德智商——成为灵魂健全的人》，姜鸿舒
等译，北京出版社 1999 年版。

77. Thomas Lickona. *Educating yor Character*：*How Our Schools Can Teach Re-
spect and Responsibility*，［M］Bantam Books，1992.

78. Gerard Verbeke，*Moral Education in Aristotle*，［M］Washinlgton，D. C.：
Catholic University of America Press，1990.

后　记

　　德育是学校教育的重要组成部分，学校教育应当帮助学生德、智、体、美和谐发展，知识、素质、能力全面提升，成为一个有益于社会的人。因此，德育主宰一切和去德育倾向都是有害的。《国家中长期教育改革和发展规划纲要（2010—2020年）》指出："切实加强和改进未成年人思想道德建设和大学生思想政治教育工作。构建大中小学有效衔接的德育体系，创新德育形式，丰富德育内容，不断提高德育工作的吸引力和感染力，增强德育工作的针对性和实效性。"全书以当今世界和中国教育改革及其发展趋势为背景，以马克思主义中国化的最新成果作指导，坚持社会主义核心价值体系引领，总结我国德育教育的经验教训，梳理和构建现代德育学。主要包括：导论：传统德育的困境与现代德育的重构；现代德育的内涵探析；现代德育的理论渊源；现代德育的视野拓展；现代德育的系统建构；现代德育的实践展开；现代德育的创新发展。在研究写作过程中，参阅了有关书籍和论文，吸收了国内外学者的研究成果及有关文献资料，在此谨向他们表示谢意！所列注释、参考文献如有疏漏，恳请相关作者见谅。浙江省哲学社会科学规划办和浙江省教育科学规划办将本研究列为重点课题，学校人文社科处列为A类项目资助，中国社会科学出版社有关同志对此书出版给予了很大的支持，在此也一并表示谢意。

　　值此书出版之际，特别感谢中国教育学会名誉会长顾明远先生在百忙之中为之作序，这既是对作者的热情鼓励，同时也寄寓着对德育学科发展的殷切期望。

　　德育研究是一个可持续研究的课题，必将随着时代发展和德育学科发展而不断深入。由于作者学识所限和其他一些因素的制约，书中难免有纰漏乃至错误之处，恳请专家、读者不吝赐教。

王荣德

2014年12月于湖州师范学院